キリシタン文化研究 第29冊

ジョヴァンニ・バッティスタ・シドティ
使命に殉じた禁教下最後の宣教師

マリオ・トルチヴィア◉著
北代美和子／筒井砂◉訳
髙祖敏明◉監訳

Giovanni Battista Sidoti

教文館

Mario Torcivia
Giovanni Battista Sidoti. Missionario e martire in Giappone
© 2017 – Rubbettino
www.rubbettinoeditore.it
Japanese Copyright © 2019 KYO BUN KWAN Tokyo, Japan

> Liber in quo adnotantur nomi-
> na Baptizatorum coniugatorum
> et Defunctorum Eccl̃e Parochialis
> Santę Crucis huius Felicis Vrbis
> Panormi Anni 1666. et 1667.
> Ind: ⁿⁱˢ V.ᶜ

シチリア・パレルモ聖十字架教会の『洗礼台帳』（1666-1667 年度）の扉
（本書 p.48 参照）

洗礼証明書
（上記洗礼台帳に見られるジョヴァンニ・バッティスタ・シドティ受洗を示す文書。
授洗司祭ならびに代父母の名前が読み取れる）
（本書 p.48 参照）

洗礼証明書

最下段が
シドティの洗礼証明書

下から2番目が
シドティの洗礼証明書

ORATIO
HABITA
IN
SACELLO QUIRINALI
Coram Sanctiss. D. N.
INNOCENTIO XII.
PONTIFICE MAXIMO
DIE
S. JOANNIS
APOST. ET EVANG.
A JO: BAPTISTA SIDOTI PANORMITANO
Sacræ Theologiæ, & J. U. Doctore

ROMÆ, M DC XCIII.
Ex Typographia Jo: Jacobi Komarek Boëmi
apud S. Angelum Custodem.

SUPERIORUM PERMISSU.

『1693年12月27日、クイリナーレ宮殿において
教皇インノケンティウス12世の面前でおこなった演説』
表題紙（本書 p.13, 58, 59 参照）

1708年10月10日付、屋久島からの書簡（表ページ）
（カサテナ文庫（ローマ）所蔵手稿本部1635包みに所収）
（本書 pp.208-209 参照）

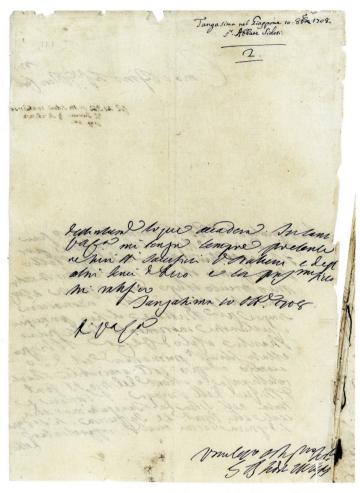

1708年10月10日付、屋久島からの書簡（裏ページ）
（本書 pp.208-209 参照）

兄フィリッポ・シドティの肖像
(パレルモの司教座大聖堂所蔵、ガエタノ・コンプリ神父提供)
(本書 p.51 以下参照)

教皇クレメンス 11 世の肖像
(本書 p.3 ほか参照)

枢機卿トンマーゾ・マリア・
フェッラーリの肖像
(本書 p.45 ほか参照)

枢機卿カルロ・トンマーゾ・
マイヤール・ド・トゥルノンの肖像
(本書 p.13 ほか参照)

パレルモからローマへ
(本書 pp.48-66 参照)

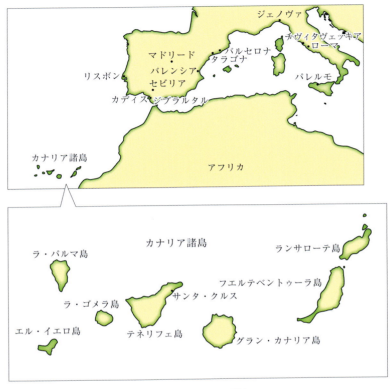

ローマからカナリア諸島へ
（本書 pp.66-70 参照）

インドからフィリピンへ（本書 pp.69-89 参照）

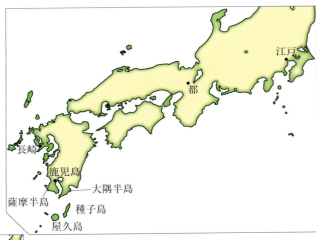
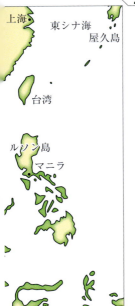

屋久島から江戸へ（本書 p.99 ほか参照）

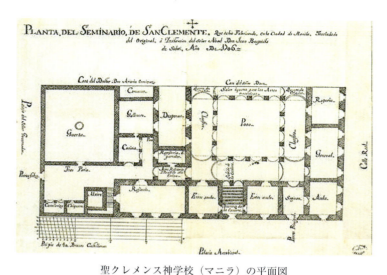

聖クレメンス神学校（マニラ）の平面図
シドティの依頼により、おそらく1705年に描かれた原画をもとに
ペドロ・デ・ヴィニャレスが製作した複製
（AGI, Sevilla, MP-FILIPINAS, 145TER. 聖クレメンス神学校については、本書 pp.77-82 参照）

マニラ大司教
ディエゴ・カマチョ・イ・アビラの肖像
（本書 p.77 ほか参照）

ジョヴァンニ・バッティスタ・シドティ記念碑
（鹿児島県屋久島）

シドティ復顔像
（国立科学博物館提供）

2014年7月、東京で発掘されたシドティの遺骨
（「最終的な169号人骨の出土状況」東京・文京区教育委員会提供）

切支丹屋敷跡(東京)を記念する石碑(カンドゥッチ神父提供)
(左側の碑は1956年に祝別された。本書 p.25 参照)

親指のマリア像（江戸のサンタ・マリア像）
（シドティが日本に持参した複製画は、現在、東京国立博物館に収蔵。本書 p.98 ほか参照）

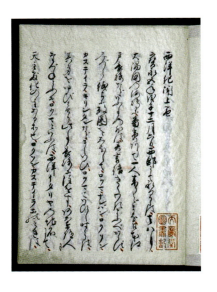

新井白石自筆の『西洋紀聞』
（国立公文書館所蔵）

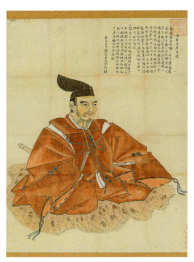

新井白石肖像
（宮内庁書陵部所蔵）

推薦のことば

　キリストを信じる者にとって、神の教えを広く語り伝えることは、イエスが生きていた2000年前から今に至るまで、変わることのない「一番の使命」と考えられています。今でこそ、世界の至る所にキリスト教が伝えられ、日本にあっても全国各地に教会が設立されていますが、500年ほど前の「世界」は、まだまだヨーロッパを中心とした限定された「世界」でありました。
　神の教えを伝えることこそが「一番の使命」と考えるのであれば、聖フランシスコ・ザビエルのように、さまざまな苦難を乗り越えて、極東の地にまで神の教えを伝えようとする人物が教会に現れることも不思議ではありません。
　1549年に始まった日本のキリスト教の歴史は、多くの殉教者とともに歩んだ歴史でありました。与えられた「一番の使命」を果たすために、多くの人がそのいのちを神にささげました。
　教会にとって、今の時代に歴史を振り返って、そういった多くの殉教者を顕彰することは、決して過去のヒーローやヒロインを褒め称え、感傷に浸るためではありません。教会は、今に生きる自分たちの「一番の使命」を再確認するために、歴史における勇者を顕彰するのであって、今に生きる自分たちの歩むべき道を見いだすために、顕彰するのです。
　殉教者たちとは、どのように勇敢に死んでいったのかの模範ではなくて、実は、どのように神にしたがって生きたのかという、生きる姿勢の模範を示しています。
　迫害の時代の最後に潜入した宣教師であるシドティは、囚われの身にあっても、自らに課せられた「一番の使命」を忘れること

はありませんでした。ともに暮らしていたふたり、長助とはるにイエスの福音を告げ、神の教えを広く語り伝えることを止めようとはしませんでした。

さまざまな困難のなかにあっても、信念を曲げることなく、常に自らの「一番の使命」を自覚して生きる姿勢。現代社会に生きる私たちも倣いたい、信仰における頑固さでありました。

このたびマリオ・トルチヴィア師の著 *Giovanni Battista Sidoti (Palermo, 22 agosto 1667-Tokyo, 27 novembre 1715): Missionario e martire in Giappone,* Rubbettino, 2017 が翻訳発行されることは、東京における教会にとって、重要な信仰の模範について深く知る機会を提供するものとして、喜ばしいことです。またそれは、キリスト教と関わりをもっていない多くの現代人にとっても、信念に生きる姿勢を学ぶ道しるべとして、重要な意味を持っていると思います。

2019年3月17日　日本の信徒発見の記念日に

カトリック東京大司教区
大司教　菊　地　　　功

日本の読者へ

　18世紀初頭にローマ教皇クレメンス11世より「日出る国」日本に派遣された宣教師ジョヴァンニ・バッティスタ・シドティ神父。彼の生涯に関する拙書の日本語訳版刊行を大きな歓びをもって迎えたいですし、その実現にご尽力いただいた関係者各位に心から感謝の意を表します。シチリアのパレルモ教区出身のシドティ神父の姿は私たちに勇気を与え、キリストの福音をいついかなるときにも、そして地球上のあらゆる場所で告げるよう私たちを励ましてくれます。それと同時に、私たちの背中を押して、遠く離れた文化と文化のあいだに恐れることなく橋を架け、さまざまな民族どうしの実り豊かな対話を実現するよう促しています。シドティ神父と彼を助けたふたり、長助とはるが、日本の人びとと教会にとって多くの果実をもたらす豊穣の種子となることを切に願っています。

　2019年3月25日　神のお告げの祝日に

　　　　殉教者ジョヴァンニ・バッティスタ・シドティ神父
　　　　　　ならびに長助、はるの列聖調査請願者

　　　　　パレルモ教区司祭　マリオ・トルチヴィア

目　次

推薦のことば（菊地功大司教）……………………………… 1
日本の読者へ（マリオ・トルチヴィア）……………………… 3

   凡　例　8

序 …………………………………………………………… 11

   欧文・和文略符号　15

はじめに ………………………………………………… 19

   正しい姓・所属・「アバーテ」の称号　19
   イタリアとヨーロッパで忘れられたシドティ　25
   日本における「再発見」　32
   16世紀から17世紀にかけての日本におけるキリスト教　42

その生涯の出来事

イタリアからフィリピンへ（1667年-1704年） …… 48

   パレルモからローマへ　48

ジェノヴァ、スペイン、カナリア諸島、インドを経由して
　　マニラに向かう　66

マニラにて（1704年-1708年） ……………………………… 74

　セミナリヨ　77
　オペラ・ピア　82

日本にて（1708年-1714年） ……………………………… 90

　航海　90
　屋久島　99
　長崎にて　オランダ人　105
　江戸にて　新井白石　117
　死　151
　埋葬地　160
　シドティの運命をめぐる報告　162

結　論 ……………………………………………………… 173

　人間性と霊性　173
　シドティは殉教者か　175
　二つの望み　178

　訳　註　180

付　録 ……………………………………………………… 195

　年　譜　195
　「シドティ」という姓についての表記一覧　202

　　　　　目　次　　　　　　　　　　7

　　死亡年月日の表記一覧表　203
　　シドティ神父の3通の書簡　204

参考文献　211
索　　引　269
監訳者あとがき　279

　　　　　　　　　　　　　　　装丁　熊谷博人

凡　例

1　本訳書は、Mario Torcivia, *Giovanni Battista Sidoti (Palermo, 22 agosto 1667–Tokyo, 27 novembre 1715): Missionario e martire in Giappone*, Rubbettino, 2017 を底本としたものである。ただし、例えば、『西洋紀聞』など、底本は外国語に翻訳されたものを使用しているが、原本が日本語文献である場合には、監訳者が原著者の了解を得たうえで、直接日本語原本から引用して訳出した。そのため、訳文が底本から離れている例もある。
2　とりわけ史料原本からの引用がもっとも多い『西洋紀聞』は、松村明校注『西洋紀聞』（日本思想大系 35『新井白石』岩波書店、1975）に依拠して訳出した。新井家に長く秘蔵されてきた白石自筆本の『西洋紀聞』は、明治以降、次の 5 種の校訂本が刊行されている。①大槻文彦博士ほか校訂本（白石社刊、1882）、②国書刊行会編『白石全集』（吉川弘文館、1906）、③村岡典嗣校訂本（岩波書店、1936）、④宮崎道生校訂本（平凡社、1968）、⑤村松明ほか校注本（岩波書店、1975）である。監訳者は、これらのうち⑤が最新刊の校訂本であり、注が施されているものであることを考慮して、『西洋紀聞』からの引用に当たっては、これを採用した。
3　史料原本（例えば、『西洋紀聞』など）からの引用は、現代仮名遣いで読み下し文にした。漢字を平仮名に、平仮名を漢字に改めた部分もある。また、現行の漢字に改めた箇所もある。漢文の場合、送り仮名や符号（返り点など）をつけたりして、日本語の語順で読解できるように改めた箇所がある。なお、読み下し文につづく《　》は監訳者による現代語訳文であり、ときに、理解しやすいように意訳している部分もある。

4 〔 〕は、文意を通じやすくしたり、文意を取りやすくするために、また、年月日などを補足するために、監訳者の補ったものである。
5 引用文と、原著者自身の考察や説明を述べた部分は、前後1行ずつあけ、各行に2字分の空白を設けた。また、引用文と区別するため、原著者自身の考察や説明文は「游ゴシック」のフォントを用い、角丸罫線で段落飾りを施した。
6 外国の人名・地名は、その国の言語の発音に近いものを片仮名で表記した。
7 教会関係の用語（人名・地名を含め）は、原則として、上智学院新カトリック大事典編纂委員会編『新カトリック大事典』6冊（研究社、1996-2010）に拠った。
8 原著者自身による注（脚注）は、そのまま、原本と同じように脚注とした。番号もそのまま踏襲しているが、時に、本文の翻訳文の関係から、多少の番号にズレが生じている場合もある。説明文として挿入した方がよいと監訳者が判断して加えた訳註、すなわち、原本にはない註は、監訳者による訳註としてその付した番号を（　）で囲んで施し、その説明文は本文の末尾に示した。
9 原書で「付録」の後に掲載されている「図版」（Iconografia）は、「口絵」として巻頭に掲載した。

序

　本書は、18世紀のイタリア人宣教師ジョヴァンニ・バッティスタ・シドティの人となりを世に知らしめることを目的として書かれた。シドティは1667年8月22日にシチリアのパレルモに生まれ、1715〔1714〕(1)年11月27日に江戸で世を去った。逝去時の肩書は教皇代理であったが、本人は獄中にあったため、この威信ある任務を与えられていたことはまったく知らなかった。

　司祭叙階の数年後に、教会法と市民法（私法）の学位を得るためにローマに移り、「日出ずる国(2)」日本における多くのキリスト教徒の英雄的な偉業を知る機会を得た。福音を告げるために日本に渡ることを思量するに至り、布教聖省(3)と関係があったおかげで、心の底からの熱い思いを実現することができた。1708年、当時、海禁(4)状態にあった日本に上陸する。

　将軍家の侍講、朱子学者の新井白石によるシドティ尋問は、西洋と日本の文化の幸いなる出会いと対話の好機となった。シドティは将軍の命により生涯を獄中で送る運命にあったが、2名の獄卒に洗礼を授けたために、狭い牢穴に閉じこめられ、劣悪な環境下で死に果てた。

　2014年、東京で、江戸時代にキリシタン専用の牢が設けられていた屋敷〔切支丹屋敷〕の跡地から人骨が発見された。科学的な調査（2016年）の結果、人骨はシドティのものと確認された。この発見は、日本で大きな話題になっただけではなく、ジョヴァンニ・バッティスタ・シドティの宣教活動をふたたび世界に知らしめる好機となった。

序

「ふたたび」というのは、多くの同時代人がシドティについて書き残しているからである。

18世紀には、フランシスコ会、イエズス会、バルナバ会所属の宣教師、さらに教区司祭らのさまざまな書簡が、シドティの日本入国に深い歓びと関心を示し、その宣教活動の成果に熱い期待を寄せていた。

19世紀、日本の開国後、日本国内で活動した欧米の宣教師、さらには数名の日本人研究者のおかげで最初にアメリカ、その後はヨーロッパ、そしてなによりもまず日本において、あらためてシドティについて語られ始めた。

現在、日本では、宣教師シドティの来日がこの国に西欧について知る機会を与えたことはよく知られており、シドティは西欧と日本の文化の出会いを作った功績で高く評価されている。

本書はシドティについての初の学術的な伝記である。シドティはローマを発ち、ジェノヴァ、スペイン、テネリフェ島（カナリア諸島）、ポンディシェリ（インド）、マニラ（フィリピン）、マカオ（中国）を経由して日本に上陸し、そこで悲劇的な死を迎える[1]。

新たに発見された諸史料からシドティの生年月日の特定が可能になった。そのほかにも、兄と姉（姉は修道女に、兄は司祭になった）やその他の家族、与えられた学位、パレルモ司教座聖堂における聖体奉仕などに関する情報が得られた。シドティがパレ

---

1 本書を出版社に預けようとしているとき、数年前に日本人ジャーナリストが書いたシドティについての著作、古居智子『密行　最後の伴天連シドッティ』（新人物往来社、2010。増補版は敬文舎、2018）のイタリア語訳 T. Furui, *L'ultimo missionario: La storia segreta di Giovanni Battista Sidotti in Giappone.* Tr. by Sumiko Furukawa. Milano: Terra Santa, 2017 が書店に並ぼうとしていることを知った。

ルモの聖職者が集う名高い霊的信心会に所属していたこと、そして彼が作成した祈禱文が教皇インノケンティウス12世の前で読みあげられ、印刷もされたことなども分かった。また、シドティはフランス南部に旅し、ローマの名高い枢機卿の聴取官[5]を務め、キリスト教に改宗したあるユダヤ教のラビの洗礼では代父となり、ローマの聖カリストのカタコンベで発見された聖女フェリチッシマの遺体を、教皇庁とパレルモの司教座大聖堂に納めるにさいして、重要な役割を果たした。

　アンティオキア総大司教マイヤール・ド・トゥルノンに随行しておこなったマニラまでの旅の興味深い報告書2点は、カナリア諸島滞在、数か月のインド生活、とくに4年の長きにわたるマニラ滞在の詳細を知ることのできる貴重な史料である。シドティは、フィリピンの首都で病人や貧しい人びと、中国人の幼児に対して示した奉仕の精神、そしてマニラ初のセミナリヨ[6]設立に果たした大きな役割で知られるようになり、尊敬を集めていた。

　日本側の史料（いずれかの西欧語に翻訳されているので、読解が可能である）と同時代の西欧側の史料（長崎の居留地〔出島〕のオランダ人商人や、このころ極東に展開していたヨーロッパの諸修道会に所属する年代記作者たち）は、日出ずる国日本におけるシドティ最後の7年間の出来事を報告している。すなわち、屋久島上陸、薩摩、長崎、そして江戸における尋問、虜囚とその死についてである。

　筆者が参照した多数の論文（ほとんどがイタリア人以外の手になる）から多大の寄与を得たことを特筆しておきたい。これらの文献はシドティが東洋であげた成果を理解するための貴重な鍵を提供してくれた。

　本書を上梓するにあたり、ひとりの真の人間と出会い、その人を知った歓びを読者に伝えたいと思う。その人はみずからの宣教

の使命を愛し、訪れたさまざまな場所で出会った人びとに「キリストによって神に捧げられる良い香り」〔「コリントの信徒への手紙2」2章15節〕を残したのである。

　最後に、私はカプチン・フランシスコ修道会会員ドメニコ・ロ・サルド師に敬愛の念とともに感謝の意を捧げなければならない。聖書学者でもある同師からは、ローマの教皇庁立グレゴリアナ大学図書館において、私が求める数々の論文や研究書を探すのに貴重なご助力を得た。同時にパレルモ大学社会文化学科のジョヴァンニ・トラヴァリアト教授、1708年10月10日付シドティ書簡の理解を助けてくださったパレルモ教区歴史文書館責任者のマルチェッロ・メッシーナ氏にも感謝したい。さらに、親愛なる友であり、同僚のパレルモ大学政治学部名誉教授にしてカターニア聖パオロ神学院教授フランチェスコ・コニリアロ氏にも、ドイツ語文書の解釈を助けてくださったことに対しお礼を申しあげる。

　過剰なまでの注を避けるための工夫について、方法論上の2点[7]を指摘して序の結びとする。まず本文で、引用に加えて、私自身の考察や説明を述べた部分には「游ゴシック」の活字を使用し、角丸罫線で段落飾りを施した〔凡例5参照〕。次にシドティに関する史料は、ただ「参考文献」を追加するだけにとどめ、原典史料あるいは主要な研究について既存の報告に手を付け加えることはしなかった。

　　2017年8月22日
　　　ジョヴァンニ・バッティスタ・シドティ生誕350年の年に

欧文・和文略符号

AA.SS.	*Acta Sanctorum. Septembris*, t. II, Apud Bernardum Albertum Vander Plassche, Antverpiae 1748
ACB	*Archivo Cabildo Badajoz*, Badajoz
ACG	*Acta Congregationum Generalium*
AFIO	*Archivo Franciscano Ibero Orientale*, Madrid
AGI	*Archivo General de Indias*, Sevilla
AHIg	*Anuario de Historia de Iglesia*, Universidad de Navarra, Navarra
AIA	*Archivo Ibero-Americano*, Revista Franciscana de Estudios Históricos, Madrid, 1914–
AP	*Archivo Provincial de los Frailes Minores*, Manila
APF	*Archivio della Congregazione* de Propaganda Fide, Città del Vaticano
ASDPa	*Archivio Storico Diocesano di Palermo*, Palermo
ASPa	*Archivio di Stato di Palermo*, Palermo
ASV	*Archivum Secretum Vaticanum*, Città del Vaticano
BCP	*Biblioteca Comunale di Palermo*, Palermo
BM	R. Streit & J. Dindinger, *Bibliotheca Missionum*, Aschendorffschen Verlagsbuchhandlung, 1916–
BPJS	*Bulletin of Portuguese/Japanese Studies*, Universidade Nova de Lisboa, Lisboa
BS	*Bollettino Salesiano*, Roma: Congregazione salesiana di San Giovanni Bosco, 1877–
CJC	*Codex Juris Canonici*, Città del Vaticano, 1983

Contarini A   *Ricerche su Sidotti e Seiyō Kibun - Testo A*, dattiloscritto (pre-1998), in *Archivio Saveriano Roma*, XIII. 5544 (www.centro-documentazione.saveriani.org)

Contarini B   *Ricerche su Sidotti e Seiyō Kibun - Testo B* (assemblato da Augusto Luca), タイプ打ちした原稿が *Archivio Saveriano Roma*, XIII. 5543 (www.centro-documentazione.saveriani.org)に掲載されている。

DBI   *Dizionario Biografico degli Italiani*, Roma: Istituto della Enciclopedia Italiana, Società Grafica Romana, Roma 1960–

DE   *Dizionario Ecclesiastico*, UTET, Torino 1958

DEI   *Dizionario Enciclopedico Italiano*, Istituto della Enciclopedia Italiana, Istituto Poligrafico dello Stato, Roma 1960

Diari   *Diari della Città di Palermo dal secolo XVI al XIX* (a cura di Gioacchino Di Marzo), Luigi Pedone Lauriel, Palermo 1871

EE   *Enciclopedia dell'Ecclesiastico*, Napoli: Società Editrice, 1845

EI   *Enciclopedia Italiana di scienze, lettere e arti*, vols. 58, Roma: Istituto Giovanni Treccani, 1929–1939

GdS   *Giornale di Sicilia*, Palermo

LEV   *Libreria Editrice Vaticana*, Città del Vaticano

LSC   *Litterae Sacrae Congregationis*

MH   *Missionalia Hispánica*, CSIC Inst. de Historia, Madrid

MN   *Monumenta Nipponica: Studies on Japanese Culture Past and Present*, Tokyo: Sophia University (上智大学), 1938–

Moroni   G. Moroni, *Dizionario di erudizione storico-ecclesiastica da S. Pietro sino ai nostri giorni*, voll. I–CIII, Tipografia Emiliana, Venezia 1840–1861

Ms. 1635   Ms. 1635. *Miscellanea di scritti vari circa il viaggio che l'Abbate Giovanni Battista Sidoti cercò di fare in Giappone,*

	Biblioteca Casanatense, Roma
OFMCap.	Ordo Fratrum Minorum Capuccionorum（カプチン・フランシスコ修道会）
OP	*Ordo Praedicatorum*（ドミニコ会）
OR	*L'Osservatore Romano*, Città del Vaticano
PIME	*Pontificio Istituto Missioni Estere*（ミラノ会）
PS	*Philippiniana Sacra*, University Santo Tomás, Manila
SJ	*Societas Jesu*（イエズス会）
SOCP	Scritture Originali della Congregazione Particolare delle Indie e Cina
SRC	*Santa Romana Chiesa*
The Philippine Islands	*The Philippine Islands, 1493–1898. Explorations by early navigators, descriptions of the islands and their peoples, their history and records of the catholic missions, as related in contemporaneous books and manuscripts, showing the political, economic, commercial and religious conditions of those islands from their earliest relations with European nations to the close of the nineteenth century.* Translated from the Originals, Edited and annotated by Emma Helen Blair and James Alexander Robertson, The Arthur H. Clark Company, Cleveland 1905.1907.1908.
TNTL	*Tijdschrift voor Nederlandse Taal-en Letterkunde*, Leiden University, Leiden
TS	*Theological Studies*, USA

＜日本語訳にさいして訳者が独自に用いたもの＞

長崎	丹羽漢吉・森永種夫校訂『長崎実録大成正編』（長崎文献社、

1973）
日記　　新井白石『新井白石日記』（東京大学史料編纂所編『大日本古記録』上・下、岩波書店、1952）
松村　　松村明校注『西洋紀聞』（日本思想大系 35『新井白石』岩波書店、1975）
宮崎　　宮崎道生校注『新訂西洋紀聞』（平凡社、1968）

はじめに

ジョヴァンニ・バッティスタ・シドティの波乱に満ちた生涯を探ねる前に、あらかじめいくつかの点を指摘しておきたい。

正しい姓・所属・「アバーテ」の称号

姓に関しては、イタリア語にせよ、その他の言語にせよ、18世紀の文書には正しく表記されている[1]にもかかわらず、シドティ

---

1 参考として3例のみをあげる。a) *I. Brief P. Caroli Slaviszek [Karel Slaviček], ... An R. P. Julium Zwicker ..., zu Canton, den 8 Nov. 1716*, in Joseph Stöcklein (ed.), *Der Neue Welt-Bott*, Erben, Augsburg und Graz: M. Philips & J. Veith, 1726, vol. I, VII, n. 155, pp. 14-19 (特に、pp. 18-19); b) *Kort verbaal van het voorgevallene ten hurze del Heeren Nangasackishen Gouverneurs, of Stadsvoogden*, Farrima, *en Figono* C^i. s^a. 〔別所播磨守常治と駒木根肥後守政方〕 *ontrent zeker Roomsch Priester,* Johan Baptista Sidoti *genaamd, in 't laatst van A. 1708 hier in Japan op 't Eiland Iaconossima, een der buiten-leggende Eilanden van Zatsuma, aan land gezet*, in F. Valentijn, *Oud en Nieuw Oost-Indiën*, vol. quinto, parte seconda: *Beschryving Van 't Nederlandsch Comptoir op de Kust van Malabar, En van onzen Handel in Japan, Mitsgaders een Beschryving van Kaap der Goede Hoope. En 't Eyland Mauritius, Met de zaaken tot de voornoemde Ryken en Landen behoorende,* Dordrecht-Amsterdam: Joannes Van Braam, Dordrecht-Gerard Onder De Linden, 1726, pp. 157-164; c) *The Modern Part of an Universal History, from the Earliest Account of Time,* vol. IX, London: T. Osbourne [etc], 1759, pp. 166-168.

関連の著述では「シドッティ」(Sidotti) と誤記されている場合が多いことをまず指摘したい。

〔正確に表記されているものとしては、〕これら 18 世紀の史料に、シチリア側の史料[2]（どの研究者からもほとんど研究も参照もされていない）、20 世紀末の研究論文 2 点[3]、そしてなににもまして、唯一印刷に付されたシドティ自身の著述[4]と本人の書簡[5]を加えておく。

本研究がシドティの姓の誤記に終止符を打ち、正しい姓で呼ばれることを願うものである。

聖職者としての所属については、多くの著者、さらにはローマの研究機関の一部がイエズス会員とし[6]、あるイエズス会員たち

---

2 Cfr. R. Pirri-Mongitore-Amico, Amico-Di Marzo, Mira, Sanfilippo, Mira, Sanfilippo, Di Giovanni-Narbone-Ferrigno (p. 211 以下の「参考文献」を参照されたい)。

3 Cfr. A. Tollini, *Giovanni Battista Sidoti (1668-1715) missionario siciliano in Giappone*, in *Ho Theológos*, 6 n. 23 (1979) pp. 91-110 & B. Rocco, *Una lettera di G. B. Sidoti dall'India*, in *Ho Theológos* 6 n. 23 (1979) pp. 111-114.

4 *Oratio habita in sacello Quirinali Coram Sanctiss. D. N. Innocentio XII Pontifice Maximo die S. Joannis Apost. et Evang.*, Romae: J. J. Komarek Boemi, 1693. この小冊子については、*Heliotropii languor, sive Panorami ob Divae Rosaliae Virginis Panormitanae recessum. Tristia. Ex Augusto Salomonis Epithalamio deprompta et a don Josepho Salina Musice Moderatore perquam bellè emodulata*, Panormi: T. Romulo, 1688 ならびに、「参考文献」p. 213, 脚注 2 を参照されたい。

5 「参考文献」pp. 213-215 を参照されたい。

6 いくつかの例証をあげておくのでそれらを参照されたい。a) C. Martini Grimaldi, *Storia del missionario che si travestì da samurai. Il gesuita e il consigliere*, in OR, 8 giugno 2016, p. 5; b) A. Z. Zavala, *Yaso kunjin kitô*

はシドティに「アバーテ」の称号をつけて呼んでいる[7]。

これに反し、現代のある研究機関はシドティをフランシスコ会所属としている[8]。

実際には、シドティはパレルモ教区所属の司祭で、ローマに移り、布教聖省[9]と関係をもった。

---

genbun [耶穌訓人祈禱原文]. *Texto original de las oraciones del catequista cristiano (1658-1712)*, in *Relaciones* 131（2012）p. 221; c) Miyahira N., *Christian theology under feudalism, nationalism and democracy in Japan*, in *Christian Theology in Japan*（ed. by Sebastian C. H. Kim）, Cambridge: Cambridge University Press, 2008, p. 113; d) Po-chia Hsia R., *The World of Catholic Renewal 1540-1770*, Cambridge: Cambridge University Press, 2005（初版: 1998）, p. 209; e) J. Proust, *L'Europe au prisme du Japon XVIe-XVIIIe siècle. Entre humanisme, Contre-Réforme et Lumières*, Paris: Albin Michel, 1997〔山本淳一訳『16-18世紀ヨーロッパ像　日本というプリズムを通してみる』（岩波書店、1999）〕, pp. 285-286; f) K. Grant Goodman, *Japan: The Dutch Experience*, London, New Delhi, New York & Sydney: Bloomsbury, 2012（初版: 1986）, pp. 45-47; g) T. Takeshita, *La Yōgaku（Rangaku）e la prima introduzione della scienza occidentale in Giappone*, in Istituto Italiano per l'Africa e l'Oriente, *Il Giappone*, vol. 13 (1973), pp. 9-36. そして最後に述べるが、決して軽んずべきではないものとして、la stessa Congregazione *de Propaganda Fide*, cf. infra, p. 21.

7　ベンガル湾から、1711年1月17日付で発信したボエッセ書簡（*Lettres édifiantes et curieuses. Ecrites des Missions Etrangeres par quelques Missionaires de la Compagnie de Jésus*. X, Paris: Nicolas Le Clerc, 1732, p. 56）を参照されたい。

8　Cfr. *Biblioteca Digital Hispánica. Biblioteca Nacional de España,* in www.bdh.bne.es.

9　布教聖省は1599年に教皇クレメンス8世により初めて設置され、その後1622年に教皇グレゴリウス15世が信仰と教会の統一を全世界に広める目的で永続的な機関とした。Cfr. *Congregazione per l'evangelizzione dei*

このあと見るように、このローマの布教聖省が、シドティの強い要請を受け、教皇クレメンス 11 世の許可を得て、シドティを教皇使節として日本に派遣した。「布教聖省よりとくに卓越し、功労のあった宣教師に授与される名誉称号」を携行しての教皇使節である[10]。シドティは、イエズス会と他の修道会を対立させていた典礼問題[(1)]解決のために教皇より清国に派遣されたカルロ・トンマーゾ・マイヤール・ド・トゥルノン[11]に同行した使節団の一

---

popoli, in *Annuario Pontificio per l'anno 2006*, Città del Vaticano: LEV, 2006, p. 1871.

10 *Apostolico*, in www.treccani.it/vocabolario.

11 サヴォワ人マイヤール・ド・トゥルノン (1668 年 12 月 21 日トリノ生 – 1710 年 6 月 8 日マカオ没)。〔彼は、in partibus infidelium (直訳すれば、「不信仰者の地域」、その時点で、司教座の置かれていない地域を指す教会用語)、すなわち、かつて司教座が置かれていたが、その後、イスラム教徒によって破壊された小アジア、北アフリカやギリシアなどの地域で、教会は、これらを「不信仰者 (イスラム教徒) の地域」と呼んでいたが、1883 年にレオ 13 世は、こうした消滅した司教区を「名義司教区」の呼び名に変えた。そうした名義司教区のひとつである〕アンティオキア総大司教に (1701 年 9 月 21 日)、枢機卿に (1707 年 8 月 1 日) 任命された。彼については以下を参照されたい。*Relazione Della preziosa morte dell'Eminentiss., e Reverendiss. Carlo Tomaso Maillard di Tournon Prete Card. della S. R. Chiesa, Comissario, e Visitatore Apostolico Generale, con le facoltà di Legato a latere nell'Impero della Cina, e Regni dell'Indie Orientali, Seguita nella Città di Macao li 8. del mese di Giugno dell'anno 1710. E di ciò, che gli avvenne negli ultimi cinque mesi della sua vita*, Roma: F. Gonzaga & Palermo: G. Battista Aiccardo, 1712; G. M. Crescimbeni, *Ristretto della vita del Cardinal Carlo Tommaso Maillard de Tournon. Torinese*, in *Le vite degli Arcadi illustri*, Parte Terza, Roma: Antonio de' Rossi, 1714, pp. 1-19; *Tournon (Carlo Tommaso Maillard de)*, in EE, t. III, pp. 909-910; *Tournon Maillard C. T.*, in Moroni, vol. LXXIX (1856), pp. 26-29; G. Di Fiore,

員であった。

シドティは〔マニラ到着後〕、フィリピン初のセミナリヨ開設にあたって一方ならぬ働きをしたので、教皇の側はその仕事を完成させるために、シドティがマニラにとどまるよう望んだ。しかし、シドティの旅の目的地は日出ずる国日本であった。そのためにシドティは、教皇の希望があったにもかかわらず、見込みが立つとすぐに日本に渡航するための船を建造させた。

さらに、シドティがフランシスコ会第三会会員だったこともわかっている[12]。

最後に、シドティに付与された「アバーテ」の称号についてであるが、この称号はフランス語から影響[13]を受けて、近代においてはプレーテ〔イタリア語の Prète. 司祭〕に対して使われる敬称となったことを指摘しておきたい（たとえば、「アバーテ・パリーニ」のように）。さらに、ローマでは聖職者の服装をしている者すべてにこの敬称の使用が認められていた。

しかし、このような使用については批判もあった。

Maillard de Tournon, Carlo Tommaso, in DBI, vol. 67 (2006), pp. 539-544; A. S. Rosso, *Apostolic Legations to China of the Eighteenth Century,* South Pasadena: P. D. & I. Perkins, 1948. マイヤール・ド・トゥルノンが中国への教皇使節として選ばれたことについては、E. Menegon, *Culture di corte a confronto. Legati pontifici nella Pechino del Settecento,* in *Papato e politica internazionale nella prima età moderna* (a cura di Maria Antonietta Visceglia), Roma: Viella, 2013, pp. 563-600（特に、pp. 574-583）を参照されたい。

12 本書 p. 77 を参照されたい。
13 現在でもフランス語圏諸国で使用されている。アベ・ピエールの名が思い浮かぶ。

〔サチェルドーテ（イタリア語のSacerdòte. 司祭）の〕ひとりひとりについて、同じ敬称〔サチェルドーテ〕は、誤用されている「アバーテ」の称号よりも適切だろう。1793年刊行のミラノ版[(2)]の第3巻268ページで、すでにそうしたことが述べられているのだから、……ロンバルディーアのシトー会の学識ある修道士たちは、新しいもの好きのために、「称号」やものごとの名称まで変更されていることを、当然ながら嘆いたうえで、つづけて、次のように言っている。「サチェルドーテとプレーテの尊敬すべき聖名は、司祭叙階によって称号を授与された者がみずからを呼び、他者からも呼ばれるのに使われるが、今日、それがアバーテの称号に変更されていることはほとんど不快に感じられている。アバーテはどこかのつまらない侍祭[(3)]にふさわしい。このフランス〔語圏〕からきた流行の呼称は、アバーテの称号が〔イタリア語の〕アバツィア（Abbazia, 修道院）を前提としており、修道院がない場合は実体に欠けるのだから、つねに不適当、不適格で偽りであることに気づかないままに、イタリア全体に広まっている[14]」。

私見では、今日、少なくともイタリアでは、この称号を〔教区司祭である〕シドティに付与するのはやめたほうがよいと思う。「アバーテ」の呼称は修道院の世界と完全かつ直接的に結びついているので、現代の読者に混乱を招くと考えるからである。

---

14 *Lettera di Francesco Cancellieri al sig. Abate Don Niccola Saverio Dormi …… sopra l'origine delle parole* Dominus *e* Domnus *e del Titolo di* Don *che suol darsi ai Sacerdoti ai Monaci ed a molti Regolari,* Roma: Francesco Bourlie, 1808, p. 74.

イタリアとヨーロッパで忘れられたシドティ

すでにひと昔前になるが、1956年、淳心会（スクート会）のベルギー人宣教師アルベール・フェリックス・ヴェルウィルゲン神父と日本カトリック中央協議会が、東京の切支丹屋敷跡地にジョヴァンニ・バッティスタ・シドティの記念碑[15]を建立した[16]。

「切支丹屋敷」は周囲を塀で囲まれた小さな建物で、1645年ごろ、将軍の命令による残酷な宣教師迫害が終了[(4)]したあと、

---

15 記念碑は、〔4本の枝が同じ長さの〕ギリシア十字の形をし、シドティの生涯が400字の碑文でもって刻まれ、蓮の葉の図柄が飾られている。1956年3月17日にイエズス会のヨハネス・ロス〔広島〕司教の祝福を受けて除幕された。Cfr. *Agenzia Tosei News*, 30 marzo 1956; *Agenzia Fides*, 7 aprile 1956, p. 106; F. Germani, *Un monumento al missionario palermitano D. Giovanni B. Sidotti (1669-1715)*, in *Venga il tuo Regno* 12（1956）, pp. 137-141. ミラノ会のジェルマニ神父は、さらに、毎土曜日、ベルギー人宣教師ヴェルウィルゲン神父が日本人カトリック信徒を集めて、記念碑への巡礼を組織していると伝えている（p. 138）。M. Muccioli, *Inauguration of Father Sidotti's Memorial Stone in Tōkyō*, in *East and West*, vol. 7（1956/3）, pp. 256-266; *La testimonianza di Marcello Muccioli sulla stele commemorativa per il Sidotti a Tokyo*, in Istituto Italiano per l'Africa e l'Oriente. Roma-Università degli Studi di Napoli "L'Orientale", *Italia-Giappone 450 anni*（a cura di Adolfo Tamburello）, Roma-Napoli 2003, vol. I, p. 74. を参照されたい。

16 切支丹屋敷の牢獄については以下を参照。M. von Küenburg, *Kirishitan Yashiki das ehemalige Christengefängnis in Koishikawa*, in *MN*, vol. I（1938/2）pp. 300-304; R. Tassinari, *The End of Padre Sidotti. Some new Discoveries*, in *MN*, vol. V（1942/1）pp. 246-253; R. Contarini-A. Luca, *L'ultimo Missionario. L'Abate Giovanni Battista Sidotti e la sua scomparsa in Giappone nel 1708*, Milano: Edizioni Italia Press, 2009, pp. 71-79; www.stutler.cc/russ/kirishitan.html.

日本人、外国人を問わず、なおもキリストへの信仰を維持する者、あるいは、棄教をした俗人や司祭が監禁された。シドティが移送されたとき、この場所にはかなり以前から人が住んでいなかった。そこに監禁されていた最後の囚人は、〔ヴェトナムから派遣されてきていたイエズス会の宣教師で、すでに、〕1700年に死亡していた[5]。以下はいまから数十年前のサレジオ会宣教師による描写である。「かつての切支丹屋敷跡は、いまでも東京市区内西北部の小石川区で目にすることができる。昔は木々の生い茂る丘の背に1ヘクタール以上にわたって囲いがめぐらされ、この囲いの内側に、さらにもうひとつ囲いがあり、そのなかに木造の監獄、小さな蔵、召使の小屋、そして井戸があった。この井戸は現存する（すべて1724年に焼失し、再建はされなかった)[17]」。

　ヴェルウィルゲン神父はシドティ終焉の地に礼拝堂が建立されることも望み、シドティの生誕地パレルモ市がイタリアにおけるシドティの業績を示す史料を送ってくれるよう願った。

　2008年には、また新たな要請がアウグスト・ルカ神父よりなされた[18]。ルカ神父はザベリオ宣教会の宣教師で、同じ会の宣教師、ロレンツォ（レンツォ）・コンタリーニ神父が手がけたシドティの晩年に関する著作を引きついだ。「われわれはこのイタリア人宣

17　R. Tassinari, *Brevi cenni sul P. Sidotti*, in V. Cimatti, *Una gloriosa pagina di storia missionaria italiana [Lettera a don Ricaldone]*, Miyazaki, 31 marzo 1941, in *BS* 65（1941/7）p. 163.

18　Cfr. C. Pelliccia, *Tre Saveriani cinesi missionari in Giappone. Note*, in *Quaderni del Centro Studi Asiatico*, vol. 9（2014/1）, pp. 15-26（特に、p. 18, n. 17）. なお、ルカ神父は、1951年から1966年まで宣教師として日本で活動し、1958年から66年までザベリオ宣教会の日本管区長を務めた。

教師シドティの高潔な人物像が、イタリア人の歴史の記憶のなかにひとつの場所を見出し、せめてその出身地パレルモに、東京にあるような記念碑が建立されることを願う[19]」。

しかしながら、この希望はまだ実現していない。シチリアの首都パレルモ市とその教会の偉大な息子シドティは、日本では有名だが、いま現在、パレルモではほとんど知られていないからだ。

19世紀にパレルモで出版されたある本のなかで、純粋に単なる郷土愛的な理由からではあるが、シドティのことが言及されている。そこには、パレルモの守護聖女である聖ロザリーア信仰が、「聖職者ドン・ジャンバッティスタ・シドティの熱意によって日本にもたらされた[20]」とある。

20世紀にはパレルモ教会の3人の大司教、すなわち、ベネデット・ロッコ（1979年）、サルヴァトーレ・マリア・ボッタリ（1981年）、パオロ・コルッラ（1983年）のみが、同郷のシドティについて書いている。ロッコ（2013年没）はシチリアの神学部で長年にわたり旧約聖書注釈を担当し、ヘブライ語の指導にあたった。ボッタリ（2012年没）は司教座大聖堂参事会員、コルッラ（1997年没）はパレルモ教区歴史文書館館長であった。

2014年、シドティ没後300周年の機会に在イタリア日本大使が、シドティを讃えて日本で開催される行事にパレルモ市長を招待した[21]。

同年9月17日、シドティを記念してパレルモ市でラウンド

---

19 A. Luca, *Prefazione*, Parma, 25 aprile 2008, in R. Contarini, A. Luca, *L'ultimo Missionario*, p. 9.

20 P. Sanfilippo, *Vita di Santa Rosalia*, Palermo: Francesco Lao, 1840, p. 47.

21 Cfr. L. Gaziano, *Giovanni Battista Sidotti nel ricordo di Carmello Umana*, in *Palermo Parla*, n. 97, ott.-nov. 2014, p. 53.

テーブル(円卓会議)が開催された[22]。

このふたつのイベントのあと、すべてはふたたび忘却のかなたに沈み込んだ。

私自身は、シドティの存在を全国紙のある記事[23]で知り、そこから自分が所属する教会の司祭だったシドティについて、この本を書こうと思い立った。

シドティがパレルモで「忘れ去られている現実」については、ヴェネツィアのカ・フォスカリ大学アルド・トッリーニ教授も書いている。

> 日本で大きな関心がもたれているのに反し、イタリアでは研究者のみならず、一般人のあいだでも、シドティには相変わらず関心がもたれないままであることを嘆かないわけにはいかない。実のところ、シドティがその生誕地パレルモにおいても、ほとんど知られていない事実をこの目で確認し、至極残念に思った。

教授は続けて、シドティがその功績にふさわしく認められるために実現すべきこととして、こう語っている。

> けれども私は、生誕地パレルモの当局が主要な役割を果たし、シドティの名を知らしめ、シドティにふさわしい名誉を与え、遠く日本に西欧文化をもたらしたひとりの人物を生み出した

---

22 Cfr. *A Villa Niscemi Tavola Rotonda su padre Sidotti*, in www.comune.palermo.it/noticext.php?id=4877 (15 settembre 2014).

23 Cfr. L. Fazzini, *Ritrovati i resti di padre Sidotti,* in *Avvenire*, 16 giugno 2016, p 24.

ことを誇りとすべきだと思う。パレルモ市長と市当局の関係者が率先してこの機会を利用し、シドティの人物像を記念するための行動をとり、さらには大司教の同意のもと、その遺灰の一部がパレルモ市に、したがってイタリアに移譲されるよう求めることを願う[24]。

実際には、シドティはイタリアのみならず、ほぼヨーロッパ全体で忘れ去られている。

> わが国〔イタリア〕では、辞書、百科事典、教会史、キリスト教史に見られるいくつかの記述、とくに2000年から現在までの記事や書物のなかで、ついでに触れられる場合を除いて、シドティについて書いているのはタシナリ神父、コンタリーニ神父、トッリーニ教授だけである。最初のふたりは宣教師として、最後のトッリーニ教授は研究者として、3人とも日本と関係が深い。コンタリーニ神父は「1951年から日本に滞在し、シドティを称賛するあまり、シドティが300年前に上陸した屋久島に移住し、そこに教会をつくり、シドティの記念碑を建立して、殉教した[(6)]宣教師の記憶を新たにし続け、その生涯についてさまざまな研究に着手し、新井白石の著述を原典から翻訳した[25]」。同神父は1998年3月27日に逝去するまで日本で暮らした。

実をいえば、シドティが初めてヨーロッパで知られたのは、1884

---

[24] S. Carrer, *La missione impossibile di Sidotti*, in *Il Sole 24 Ore*, 25 settembre 2016, p. 26.

[25] A. Luca, *Prefazione*, in R. Contarini, A. Luca, *L'ultimo Missionario*, p. 8.

年にフランスのカトリック雑誌『レ・ミッション・カトリック』（*Les Missions Catholiques*）に一連の記事が掲載されたときである。そしてこの記事がミラノ外国宣教会の隔週誌『レ・ミッショーニ・カットーリケ』（*Le Missioni Catholiche*）にイタリア語に翻訳掲載されて発表されたおかげで、イタリアで知られるようになった。

　各修道会の研究機関に所属する研究者については、18世紀初頭のフィリピンですでにシドティとフランシスコ会オブセルヴァント派[7]とのあいだに関係があったのだが、20世紀前半になってようやく、シドティはフランシスコ会員のあいだで「よりよく」知られるようになった。「〔シドティの〕名前については、ごく最近まで私たちスペイン人は見落としていた。ただ日本の殉教者たちの名簿にのみ記載されていたということを、認めなければならない……[26]」。すなわち、上記文章の『名簿』に記載されている「1715年——ブーガ神父の証言によれば、1715年12月15日に江戸で、フランシスコ会第三会に所属するアバード・フアン・バウティスタ・シドッティが殉教した……」を見落としていた、ということである[27]。

　日本で宣教活動をしたレナート・クロドヴェオ・タシナリ神父のおかげで、サレジオ会は1940年代にはシドティを知っていた[28]。サレジオ会員タシナリ神父がシドティの伝記を書かなかったことを残念に思う。しかし、神父はシドティを主役にした戯曲を創作し、「シドティについて4幕ものの『殉教者シドッティ』[8]を執筆

26　A. Abad Perez, *El abad Sidotti y sus Obras Pias al servicio de la misiones (1707-1715)*, in *MH* 40, n. 117 (1983), p. 109.

27　L. Pérez, *La Venerable Orden Tercera y la Archicofradia del Cordón en el Extremo Oriente (Conclusión)*, in *AIA* 17 t. XXXIII n. 98 (1930) p. 212.

28　Cfr. V. Cimatti, *Una gloriosa pagina*, pp. 159-164.

している。これはイタリア語でも出版され、何度も上演されて成功をおさめた[29]」。ここでタシナリ神父が言及しているのは、1942年にパヴィアのアンコラ社から出版された『最後の宣教師　3幕の歴史劇』という戯曲のことである。この戯曲については、チマッティ神父も書いている。

> 「王であるキリスト」の祝日が10月の終わりを告げた[(9)]。この祝日は、当地で盛んな修道会〔サレジオ会〕によって特別に宮崎の神学校で厳粛に祝われた。荘厳なミサのほかに発表会が開催され、弾圧時代の最後の宣教師として名高い「ジャン・バッティスタ・シドッティ神父」についてのタシナリ神父による新作戯曲が初演され、大成功をおさめた。あらゆる意味で、そして心をこめた俳優たちの好演によって、大変に味わい深い上演だった。そして日本人観客の魂にごく近くから触れたので、日本人は、日本史のきわめて感動的な一部がこの劇にみごとに描かれているのを理解した[30]。

現在、学界ではシドッティの生涯はよく知られており、しばしば国際的な学会のテーマになる。もっとも最近の一例として、2017年7月26日にロンドン大学クイーン・メアリーカレッジで開催された国際修辞学史学会[31]主催の「イエズス会修辞学研究の展

29　R. Tassinari, *La temeraria sfida di Sidotti* (Beppu, 28 agosto 1982), in *Cristo tra Shinto e Buddha*, Gesp, Città di Castello, 1991, p. 86.

30　V. Cimatti, *Agli Amici e Benefattori della Missione e dell'Opera salesiana in Giappone. Relazione n. 3*, Miyazaki, novembre 1939, in www.sdl.sdb.org/greenstone/collect/cimatti1.

31　Cfr. www.ishr-web.org.

望」で、インディアナ大学（アメリカ）のアイコ・オカモト・マクフェール教授が発表された「日仏間におけるイエズス会修辞学交流」をあげておこう。その一部分では、まさにシドティが扱われていた。

日本における「再発見」

18世紀から19世紀半ばにかけては、プロテスタント教会[32]も含めてシドティに関する多くの著述がある。

しかし、その波乱万丈の生涯が詳しく知られるようになったのは1865年以降である。

実際、この年、開国後[33]初めて日本に入国した3人の〔プロテスタント教会の〕宣教師のひとり、アメリカ・オランダ改革教会のサミュエル・ロビンズ（ロリンズ）・ブラウン師が、明治政府が国史編纂のために設置した修史館(10)で、新儒教的合理主義の第

---

32 Cfr. *The Beauties of the Evangelical Magazine*, vol. II, William W. Woodward, Philadelphia 1803, pp. 429-431; T. D'A., *Intrepidity of A Roman-Catholic Missionary*, in *The Evangelical Magazine and Missionary Chronicle*, vol XXIV, June 1816, J. Dennett, London, pp. 214-216; *Japan*, in *The Spirit of the Pilgrims*, vol. IV (1831/10), pp. 528-538（特に、pp. 533-534）; *Missionary Record*s, India- the Life of W. Carey, D. D. &c., in *The Calcutta Christian Observer*, vol VI, n. 57 (April 1837), pp. 199-206（特に、pp. 199-200）.

33 1859年、シドティ上陸の150年後、日本はアメリカの艦隊によって開国を余儀なくされたために、パリ外国宣教会のフランス人司祭数名が日本に常時滞在できるようになった。Cfr. A. Brou, *L'Abbe Jean Baptiste Sidotti. Confesseur de la foi. Mort a Yedo en 1715*, in *Revue d'Histoire des Missions* 15 (1938/1), p. 91.

一人者、新井白石[34] による『西洋紀聞』[35]（1715年）の自筆原稿を発見した。

> 新儒教は中国で生まれた教義で、日本には17世紀に導入された。新儒教の主要な二つの主題は、a) 小人（女・子供・被治者）それぞれがそれぞれの主君に対して守るべき絶対的服従と、b) 強力な社会統制に関わる。強力な社会統制がしかれるために、上述の秩序の転覆が起こり得ると考えるのは不

34　新井白石（1657年3月24日生–1725年6月29日没）については以下を参照。A. Castellani, *Arai Hakuseki*, in *EI*, vol. III (1929) p. 922; K. Matsuo, *Histoire de la littérature japonaise des temps arcaïques à 1935*, Paris: E. Malfère, 1935, pp. 76-77; *Arai Hakuseki*, in *Dictionnaire historique du Japon*, Tokyo; Kinokuniya, 1963, Fasc. 1 Lettre A, pp. 53-55; Contarini-Luca, *L'Ultimo Missionario*, cit., pp. 50-51. 白石とシドティについては以下を参照。*Told Round a Brushwood Fire. The Autobiography of Arai Hakuseki*, tr. & with an introduction and notes by Joyce Ackroyd, Tokyo: University of Tokyo Press & Princeton: Princeton University Press, 1980, pp. 13, 31, 112, 194, 333, 334 & J. Pigeot, *Le prêtre et le lettré: un dialogue des cultures dans le Japon du XVIIIe siècle*, in *Axes,* vol. 14 (1982/1-2) pp. 49-62.

35　Cf. H. Arai, *Seiyô Kibun* (= *Note sull'Occidente*), 3 voll. mss., marzo 1715 (cf. Contarini A, p. 30). 鮎沢信太郎教授は、白石が最初はシドティに対する尋問を覚書『ヨハンバッティスタ物語』に書き留め、そのあと整理して、『西洋紀聞』にまとめたと書いている（S. Ayusawa, *Geography and Japanese Knowledge of World Geography*, in *MN*, vol. 19 (1964/3-4) p. 285)。ブラウンはシドティの尋問を初めて英語に翻訳した欧米人のひとりである。*Sei Yo Ki-Bun, or Annals of the Western Ocean*, in *Journal of the North-China Branch of the Royal Asiatic Society*, NS n. II (1865), Part I, pp. 53-67 & Part II, pp. 67-84; *Sei-Yoō Ki-Bun* (*Annals of the Western Ocean*) *An account of a translation of a Japanese Manuscript* n. III (1866), Part III, pp. 40-62.

> 可能である。新井白石はこの教義の主要な主唱者のひとりであり、そのために白石は真の、そして本来的な階層的官僚制の創始者となった。新儒教の教義は、シドティの尋問にあって中心的な役割を果たした。というのも、尋問について述べる箇所で見るように、白石にとってキリスト教は、明時代末期の中国に起きたのと同様に、日本の社会秩序を不安定にする力となり得るからであった。

自筆原稿は、ほぼ1世紀のあいだ新井家に秘蔵されていた[11]。1793年〔寛政5年〕、幕府は『西洋紀聞』自筆本の献上をふたたび要求した[12]。刊本として出版されたのは日本開国後の1882（明治15）年である[36]。ジェルマニは、自筆本が「白石の子孫である新井姓の老婦人の編集で印刷された」とする[37][13]。

活字本の出版により、多くの日本人読者がシドティの使命をより深く知ることができるようになった。

タシナリによれば、「とくにこの重要な著述のおかげで、シドティ神父はキリスト教界の外でもヨワン・シローテ[14]の日本名で知られている」[38]。

> 日本語が読めないので、『西洋紀聞』の日本語原文は引用できない。イタリア語訳は未刊[39]のため、コンタリーニの書[40][15]

36　Y. Saito, *La fortuna della scuola olandese 《rangaku》 in Giappone*, in *Annali della Fondazione Luigi Einaudi*, vol. XIX (1985), p. 95 n. 6.

37　F. Germani, *Un monumento*, p. 137.

38　R. Tassinari, *Brevi cenni*, in Cimatti, *Una gloriosa pagina*, p. 162.

39　Germani, *Un monumento*, pp. 137-141 には『西洋紀聞』から多数の引用がある。

40　Contarini B は、その後 Contarini-Luca, *L'ultimo Missionario* に収録され

を使用した。さらに、本研究に有益と考えたいくつかの史料を除いて、『西洋紀聞』の中心部分、すなわち第2回尋問（1709年12月25日）と第3回尋問（1709年12月30日）に扱われた論題である諸大陸の地理、ヨーロッパ諸国の歴史、君主の称号、ヨーロッパの習慣と言語、宗教、スペイン継承戦争については言及しない。白石が中巻の巻末で、シドティ尋問後にオランダ人から得た情報を報告している点は指摘しておきたい[16]。これらの情報によって、白石はスペイン継承戦争、とくに1709年から13年（ユトレヒト条約）のあいだの出来事について、すでにシドティが短く言及していたことをより深く理解した。最後に、シチリアについて書かれた内容を報告しておきたい。「我俗にシシリヤといひし、即此。ヱウロパ極南、地中海の一嶋也。此嶋二山あり。一山は、常に火を出し、一山は、常に烟を出して、昼夜絶えずといふ。按ずるに、『本朝寛永年間、こゝに来る耶蘇の徒に、コンパニヤ・ジョセフといひしは、此国の人なり』といふ。ジョセフ、後に正に帰して、字を岡本三右衛門といひし也《我々が普通にシチリアというのがこれである。ヨーロッパのいちばん南、地中海に浮かぶひとつの島である。この島には二つの山があって、ひとつの山は常に噴火し、もうひとつは常に噴煙を出していて、それが昼夜絶えないという。考えるに、わが国寛永年間〔1624-44年〕に来日したキリスト教徒のコンパニヤ〔イエズス会員〕・ジョセフという者は、このシチリアの国の人であるという。ジョセフは、のちにキリストの教えを棄てて、岡本三右衛門と名乗った》[41]」。

たので、本書では使用しなかった。
41 松村30。

> キリスト教を棄てたイエズス会員とはジュゼッペ・キアラ神父[42]である。

　この新井白石に囚人シドティ取り調べの任務が課された。上述の尋問（1709年12月 - 1710年1月）の記録と、これに先立ち長崎でおこなわれた尋問（1708年12月）の記録のおかげで、18世紀初めに完全な海禁状態にある日本に入国し、日本文化の著名かつ学識深い代表者〔新井白石〕と、工学、天文学、地理、宗教、その他を語り合った最後のヨーロッパ人について、その身に起きた出来事のいくつかを伝記的要素も含めて知ることができる。

　シドティが意図したものの、惨めな失敗に終わった宣教の目的を超えて、白石との出会いと対話は、あまりにもかけ離れたふたつの文明間で、高レベルの文化的なやりとりが交わされた興味深い瞬間であることは確かである。それは日本人の、そして日本人以外の人びとの心を奪い、いまもなおとらえ続けている。

　シドティ関連の事件が日本で大きな文化的関心を生みだした例をひとつだけあげておくと、2014年12月1日、東京のイタリア文化会館において、ピノ・マラス教授がシドティと新井白石の関係について講演をおこなった[43]。サルデーニャ出身のマラス教授は日本キリスト教史の専門家で、日本とイタリアの諸大学で教鞭をとり、ローマにG. B. シドティ日伊歴史資料館を設立、新井白石の『西洋紀聞』に序論と注釈をつけながら、そのイタリア語訳に取り組んでいる。

42　このシチリア人（1603年パレルモ市キウーザ・スカルファニ生 - 1685年江戸没）については以下を参照。G. Bertuccioli, *Chiara, Giuseppe*, in *DBI*, vol. 24 (1908) pp. 516-518.

43　Cfr. www.iictokyo.esteri.it.

さらに数年前（2014年7月24日、東京都文京区にて）、マンションの建設工事に先立っておこなわれた文化財の埋蔵調査のさいに、埋葬された3基の墓と人骨が偶然見つかり、ふたたびシドティが話題になった。墓はシドティが生涯最後の数年間を過ごしたキリシタンの住居＝牢獄があったとされる敷地内の遺構で見つかった[44]。「早稲田大学の谷川章雄教授の説明によれば、人骨は『豪華にしつらえられた』棺のなかに『キリシタン風に』安置されていた。当時は『人をこのように埋葬することはなかった』と教授は明言している」[45(17)]。しかし、「現在、墓はもはや存在しない。そのうえにすでにマンションが建設されている[46]」。

　さいわいにも、日本で50年以上にもわたり宣教活動をおこなっている〔フランシスコ会の〕マリオ・タルチジオ・カンドゥッチ神父は、発見直後、出土した現場を見ることができた。

　　作業を開始するとすぐに、3基の墓と人骨が出土した。そこで日本の法律にしたがって警察を呼ばなければならなかった。私は出土の話を突然知らされ、大急ぎで駆けつけたが、到着したときには、すでに人骨は収容されていた。おそらく私が到着する1時間ぐらい前だったかもしれない。敷地内の巨大な門は開かれていた。マリアの宣教者フランシスコ修道会の、

44　発見されたシドティと彼の身の回りの世話をしていた日本人2名の遺骨の分析の結果については、文京区教育委員会『東京都文京区切支丹屋敷跡：文京区小日向一丁目東遺跡・集合住宅建設に伴う埋蔵文化財発掘調査報告』（三菱地所レジデンス、2016）を参照されたい。

45　*Trovati i resti padre Sidotti: il missionario entrò in Giappone vestito da samurai*, in Askanews, 9 giugno 2016.

46　S. Carrer, *Giappone: ritrovati i resti dell'《ultimo missionario》italiano, Sidotti*, in www.ilsole24ore.com, 4 aprile 2016.

シスター斎藤もいっしょだった。92歳でとても元気なシスターだ。私が所属する東京の聖アントニオ修道院〔カトリック瀬田教会〕の女性信徒もいっしょだった。私たちはそこにいき、私は大声で呼んだ。「すみません、すみません！　入れてください！」。囲いが敷かれたあと、立ち入りは禁止されていたのだが、それは開かれていて、私に答える人はいなかった。……中に入り、三つの穴を見て、私は言った。「なんてことだ。これはシドティの墓だ」。いちばん長いのがシドティのものだった。大男だったから。信じられないことだ！それに、人骨は思いもよらない形で発見された。この工事で人骨が出土するとは誰も考えていなかったからだ。墓を見たとき、私は言った。「祈りましょう。これはシドティ神父が埋葬された墓なのですから」。私たちはいっしょに祈った。私はこのニュースを広め、人びとの関心を呼ぶよう力を尽くした[47]。

　人骨は独立行政法人国立科学博物館に運ばれ、さまざまな調査がおこなわれた。1本の歯の調査はとくに重要だった。「国立科学博物館の篠田謙一副館長は、DNA鑑定から歯はイタリア人のものであると結論できると説明した[48]」。
　2016年4月4日、成澤廣修文京区長、ドメニコ・ジョルジ在日イタリア大使、地元の教会代表、日本の主要な日刊紙とテレビ局が参加した記者発表で、出土した人骨がシドティと、シドティが

47　M. Menichetti, *Intervista a fra Mario Tarcisio Canducci*, in *Radio Vaticana*, 5 aprile 2016.
48　*Trovati i resti di padre Sidotti: il missionario entrò in Giappone vestito da samurai*, in *Askanews*, 9 giugno 2016.

洗礼を授けた日本人夫婦のものであることに、科学的な確信が得られたと、発表された。

　2014年夏、東京の「切支丹屋敷」跡地において文化財埋蔵調査のさなかに発見された人骨は、「海禁」時代に日本に赴いた「最後の宣教師」、シチリア出身の司祭ジョヴァンニ・バッティスタ・シドティのものであることには合理的な確実性がある。これは、本日、成澤廣修文京区長を筆頭とする日本の関係当局から、国立科学博物館の附属研究所に率いられた学際的な専門家チームによる詳細な調査の結果として発表された。資料とDNA鑑定（日本人の可能性が排除され、むしろヨーロッパ人のなかでも「トスカーナのイタリア人」に一番近い人物のものであることが明らかにされた）の結果を突き合わせ、専門家は人骨がパレルモ生まれのシドティのものであると推定されることはほぼ確実だとしている……[49]。

ふたたびカンドゥッチ神父の話を聞こう。

　この年〔2016年〕の4月4日、最終結果を発表するため、マスメディアが集められた。責任者の池田悦夫氏が私をオフィスに招き、マスメディアに先がけて、個人的な会話のなかでほんとうにシドティ神父の遺灰であることを私に告げ、「よかったですね」と言った。それから大きな鞄の中から突然透明なビニール袋を取り出し、デスクにおいた。袋には無数の小さな白い粒が混ざった黒土が入っていた。たいへんに感動

49　考古学的発掘調査と発見された3名の遺骨の分析の結果については、文京区教育委員会の報告書（前述脚注44）に詳述されている。

的な瞬間だった。池田氏は私に言った。「これがシドティの遺灰です」。私は池田氏に短い黙禱をお願いし、それから池田氏はすべてを鞄にもどして、私たちは記者会見会場の 26 階に移動した。〔文京〕区長、イタリア大使、イエズス会員で上智大学教授の髙祖敏明神父、研究センターの責任者、マスメディアの代表数十名がいた。髙祖神父がシドティの人物像と業績を短く説明した。シドティは多くの人が誤解しているようにイエズス会員ではなく、パレルモ教区の教区司祭だった……。研究者代表の早稲田大学谷川章雄教授は、人骨が 1700 年代のイタリア人のものであり、身長はおよそ 180 センチメートル、残りの 2 体は日本人のものであることを公式に発表した。そのあと 1 時間ほどマスメディアとの質疑応答があった。私も朝日新聞と日本の『カトリック新聞』からインタヴューを受け、文京区は将来的に遺骨をカトリック教会に委ねるだろうと伝えた。これは早急におこなわれるかもしれない[50]。

「日本では、この話題はイタリアにおけるよりも大きな反響を呼び、すでに多様なシンポジウムが、もっとも最近では 1 週間ほど前〔2016 年 11 月 13 日〕に文京区民センターにおいて、さまざまなシドティ研究者（髙祖敏明、渋谷葉子、谷川章雄、大橋幸泰、篠田謙一、坂上和弘）が参加して、開催されている[51]」ことを指摘

---

50 A. De Rubeis, *Dopo 300 anni quelle ossa raccontano una storia di martirio*, in *Il Ponte*, 11 agosto 2016.

51 S. Carrer, *Tokyo: ricostruito il volto dell' «ultimo missionario» Sidotti*, in www.ilsole24ore.com, 16 novembre 2016. 2016 年 11 月 13 日に文京区民センターで開催したシンポジウムの記録が、文京区教育委員会編『シンポジ

しておこう。

　カ・フォスカリ大学のトッリーニ教授は次のように言う。「日本のメディアのみならず、研究者のあいだからも大きな反響があり、この人物について日本ではすでに盛んだった研究に新たなはずみがつけられた。近い将来にこの重要な人物についての研究を深め、広く一般に知らしめるために、会議その他の企画が次々と開催されるだろう[52]」。シドティが18世紀から19世紀にかけての日本文化に著しい影響をあたえたことに疑いの余地はない。事実、新井白石は「3年間にわたって[18]シドティの話を聞き、キリスト教の教義について好意的な意見をもち[19]、それを2作の著述に書きつけている。白石はキリスト教思想をばかげているとして否定はしているものの、確信的儒者として仏教と神道を拒否していることを隠してはいないだけに、その報告は日本語で書かれたもののなかでもっともすぐれたもののひとつである。このようにして、シドティは新井白石を通して、19世紀末の日本の知識人に刺激を与えた[53]」。

　2016年12月4日まで、シドティの顔を復元した像が国立科学博物館本館に展示された[54]。

　さらに数年前から、シドティの屋久島上陸を記念して「シドッ

　　ウム　シドッチ神父と江戸のキリシタン文化』（編者発行、2018）である。
52　Carrer, *La missione impossibile*, 25 settembre 2016, p. 26.
53　J. Beckmann, *La propagazione della fede in Asia*, in *Storia della Chiesa* (a cura di Hubert Jedin), Milano: Jaca Book, Prima ristampa 1987 della Seconda edizione 1981 (or. 1970), vol. VII: *La Chiesa nell'epoca dell'Assolutismo e dell'Illuminismo XVII-XVIII secolo*, p. 371.
54　国立科学博物館・文京区教育委員会共催「よみがえる江戸の宣教師シドッチ神父の遺骨の発見と復顔」（2016年11月12日〜12月4日、於国立科学博物館日本館1階中央ホール）。

ティ神父上陸記念祭」が毎年 11 月 23 日[55] に屋久島で開催されている[56]。この行事は鹿児島教区の責任のもとで祝われている[57]。

16 世紀から 17 世紀にかけての日本におけるキリスト教

　中央権力の欠如のため内戦が続いていた暗い時代、日本に福音をもたらしたのはイエズス会員フランシスコ・ザビエルである（1549 年）。

　ザビエルは 1551 年に離日、そのあとは、熱意に満ちた宣教師ザビエルの仲間のイエズス会員がとくに九州で宣教活動を続けた。

　すぐにポルトガル人との交易も開始され、一部の大名がキリスト教に改宗（1563 年）[20]したことで、民衆に新しい信仰を――ポルトガル人、スペイン人、イタリア人〔と日本人〕のイエズス会員によって――広めやすくなったが、同時に仏教徒と神道信者の反感もかきたてた。

　そのために、日本を統一した関白豊臣秀吉は 5 年間の平和的共存のあと、1587 年にキリスト教を禁止、伴天連追放令を発布した。しかしこの伴天連追放令は厳格に適用されたわけではなかった。

　1593 年、フィリピンから日本にスペイン人のフランシスコ会員数名が到着。伴天連追放令発布のことを知りながらも、彼らは各

55　屋久島町とカトリック屋久島教会との協力で実行されている「シドッチ神父屋久島上陸記念祭」。2017 年 11 月 23 日に、式典と記念ミサ、講演、交流と茶話会などがおこなわれた。

56　S. Carrer, *Tokyo: ricostruito il volto*, 16 novembre 2016 & S. Carrer, *In uscita un libro su Sidotti, il missionario-kamikaze*, in www.ilsole24ore.com, 31 luglio 2017.

57　S. Carrer, *Yakushima celebra Sidotti, immigrato clandestino*, in www.ilsole24ore.com, 18 dicembre 2016.

地に教会を建立したりして宣教活動を始めた。これらの活動に対して、秀吉は厳しい弾圧を命じ、その結果、長崎において26名が処刑（1597年2月5日）された。処刑されたのはペドロ・バウティスタ・ブラスケスを含むフランシスコ会員6名、日本人20名で、日本人のなかにはイエズス会員の三木パウロもいた。

この26名のキリスト教徒は日本における最初の殉教者であり、〔後年〕教会によって列聖されている（1862年6月8日）。

1600年、徳川家康（1543-1616）が新たに日本の為政者となる。家康は3年後に征夷大将軍[58]の称号を得て、1868年に徳川幕府が倒れるまで続く太平の世の幕を開けた。家康はヨーロッパ人との交易の重要性を自覚していたので、キリシタンについてはある種の寛容を示した。1600年に、ポルトガルによる独占に風穴をあけたオランダ人が交易の第一線に出てきた。

プロテスタントのオランダ人は徳川家康に、自分たちの関心は交易にあり、福音宣教のためではないことを理解させた。そのために、もはや日本人にはキリスト教共同体の存在を重要視する必要がなくなった。

2代将軍徳川秀忠は1614年にキリスト教禁教令を発令し、それをきっかけに信者の弾圧が始まり、多くのイエズス会員はマカオに、その他の修道士はマニラに追放された。

その直後——このときの将軍はキリスト教を厳しく弾圧した徳川家光だった——、追放された宣教師たちの一部が偽名で日本にもどり、日本の当局に発見され身元をあばかれて、殉教した。また身を隠して日本にとどまりながら、やはり発見された宣教師た

---

58 文字通りに訳せば、「東国の蝦夷を征伐する軍隊の司令官」で、日本を1192年から1868年まで統治した武士独裁者に付与された世襲の称号である。

ちもともに殉教した（1622年と23年には、長崎と江戸で大殉教が起きた）。そのなかには、シチリアのエンナ市出身で、1623年に江戸で処刑されたジローラモ・デ・アンジェリスがいたことを指摘しておこう。

そのあとに続いた恐ろしい弾圧で、江戸のはずれ小石川の切支丹屋敷に監禁された外国人宣教師数名が棄教したが、家光は弾圧だけでは満足しなかった。キリスト教の禁止と絡んで海外貿易も制限を強め、最終的には、日本人の海外渡航と国外にいる日本人の帰国を全面的に禁止した（1635年）。

1639年、続いて出された法令がすべての交易を禁止し、出島をのぞいて、日本の門戸は世界に対して決定的に閉じられた。出島は1636年にオランダ商館をおくために特別に造成された扇形の人工島である。こうして1858年までは日本にいる外国人はオランダ人〔と中国人〕だけだった。

キリシタンたちは弾圧を受け、数は減らしたものの、信仰をもち続け、1640年代からは司祭がひとりもいなかったにもかかわらず、信仰を親から子へと伝えた。

同時に、数名のイエズス会宣教師――イタリア人の名前だけをあげれば、マルチェッロ・マストリッリ[59]、アントーニオ・ルビーノ[60]〔とフランチェスコ・カッソーラ[(21)]〕――が日本潜入に成功

---

59 マストリッリ神父（1603年7月14日ナポリ生-1637年10月17日長崎没）については、G. B. Mastrilli, *Compendio della vita, e morte di p. Marcello Mastrilli*, Napoli: Luc'Antonio Di Fusco, 1671 を参照されたい。

60 ルビーノ神父（1578年ストランビーノ生-1643年3月22日長崎没）については、*Breve relatione del glorioso martirio del Padre Antonio Rubino, ... nel Giappone*, Archivum Romanum Societatis Iesu, *Jap. Sin. 58*, ff. 232-239v; *Breve relatione della gloriosa morte che il P. Antonio Rubino della Compagnia di Giesù Visitatore della Provincia del Giappone, e Cina,*

したが、すぐに捕らえられ、殉教した。

　残酷な死を目前にして、キリスト教の信仰を棄てた例もいくつかある。

　イエズス会宣教師でポルトガル人のクリストヴァン・フェレイラ（1633年棄教）とイタリア人ジュゼッペ・キアラ（1642年棄教）は、ヨーロッパの神学界に論争を巻き起こした。論争では次のような問いかけがなされた。

> ひとりの宣教師が拷問を受けて、棄教を誘われることも勧められることもなく、儒者あるいは神道信者として、とくにその土地の多くの人びとのあいだのひとりとして生きることを受け容れるとすれば、なにを言い、すべきなのか。当時の回答は以下のようなものだった。すべての譲歩は裏切りであり、少なくとも厳格主義者の一団にとっては、挑戦に対する唯一のキリスト教的回答は殉教だった。この神学的テーゼは、1700年まで禁書目録省の長官だったドミニコ会のトンマーゾ・フェッラーリの部下で聴取官だった人物〔ジョヴァンニ・バッティスタ・シドティ〕によって実践された[61]。

---

sofferse nella Città di Nangasacchi dello stesso Regno del Giappone, con quattro altri Padri della medesima Compagnia, Roma: Corbelletti, 1652 を参照されたい。

61　H. H. Schwedt, *Fra Giansenisti e filonapoleonici. I Domenicani al S. Offizio romano e alla Congregazione dell'Indice nel Settecento*, in *Praedicatores, Inquisitores-III. I domenicani e l'Inquisizione romana*. Atti del III Seminario internazionale su "I domenicani e l'Inquisizione". Roma 15-18 febbraio 2006（a cura di Carlo Longo）, Roma: Istituto Storico Domenicano, 2008, pp. 603-604.

その生涯の出来事

シドティの生涯を、この宣教師が主として暮らした３つの国、
すなわち、イタリア、フィリピン、日本の
それぞれに対応する３つの時期に分けて論じよう。

イタリアからフィリピンへ
（1667年 – 1704年）

パレルモからローマへ

　ジョヴァンニ・バッティスタ・シドティは1667年8月22日、スペイン系ハプスブルク家支配下にあったシチリアの首都パレルモに生まれ[1]、翌日、聖十字架教会で慈善事業の協働者であったロッコ・パチーノ師により洗礼を授けられた。代父と代母はベルナルディーノ・フェッロとその妻アンナである[2]。

　尋問（1709年12月）のさい、シドティはすでに42歳だった。したがって〔『西洋紀聞』で〕41歳[(1)]とされているのは誤りである[3]。論文「18世紀日本における宣教師[4]」の筆者はシド

1　白石の尋問に対してシドティ自身が「ローマンのパライルモ人也《ローマ国（イタリア）のパレルモ出身です》」と、断言している（松村56）。パレルモ市に関する文献は豊富であるが、そのなかでも、S. Di Matteo, *Palermo. Storia della città. Dalle origini ad oggi*, Palermo: Kalós, 2002 をあげておく。また、パレルモの教会については、F. M. Stabile, *Palermo*, in *Storia delle Chiese di Sicilia* (a cura di Gaetano Zito), Città del Vaticano: LEV, 2009, pp. 579-663 を参照されたい。

2　*Atto di Battesimo di Giovanni Battista Sidoti*, in ASDPa, Diocesano, S. Croce, Corda n. 3813 (1666-1667), f. 32v.

3　松村56。

4　*Les Missions Catholiques*, t. XVI (1884), p. 334.

ティの死亡日を 1715 年 12 月 16 日[5]とし、ブラウンがシドティは 47 歳[6]で死亡したと書いているという事実から逆算してシドティの生年を 1668 年と誤って以来、1884 年にこの論文が発表されてからのシドティについての研究は、今日のものも含めてすべて生年を 1668 年と誤記していることを指摘しておきたい。これはすでに述べたように、出身地の史料をまったく調べていない証拠である。マイヤール・ド・トゥルノンの随行員の名簿 (1701 年 12 月 30 日作成[7]) には、シドティは 34 歳と書かれている。唯一シチリアのものでないこの史料を調べれていれば、正しい生年が明らかになっていただろう。

ジョヴァンニ・バッティスタはジョヴァンニ (1698 年頃没[8]) とアレオノーラ・ダミーコ[9] (1644 年ごろ生[10]) の第 3 子で、兄と姉がいた。

---

5 「ローマン人も……同じき〔十月〕廿一日の夜半に死しぬ。其年は四十七歳にやなりぬべき《ローマ人シドティも、同じ月の 21 日の夜半に死んだ。その年齢は 47 歳になっていただろうか》」(松村 22)。『西洋紀聞』の伝えるシドティの死亡年月日の「正徳 4 年 10 月 21 日」は、1714 年 11 月 27 日にあたる。

6 前注を参照されたい。

7 本書 pp. 63-64 を参照されたい。

8 「父は、ヨワンニ・シローテ、死して既に十一年《父は、ジョヴァンニ・シドティ、……11 年前に死にました》」(松村 56)。

9 *Atto di Battesimo di Giovanni Battista Sidoti.*

10 「母は、……是年六十五歳也《母は、……今年 65 歳になるはずです》」(松村 56) から逆算。なおコンタリーニは、シドティの母親は 65 歳ではなく 68 歳とされており (*Un missionaire*, p. 380)、それによれば、1641 年ごろに生まれたことになる。

姉のジョヴァンナ・エレオノーラ・クロチフィッサは聖ヴィト修道院で、フランシスコ会第三会[2]の女子修道院長となった。

シドティは長崎でおこなわれた尋問の第6問目に、母親と姉、司祭となった兄は存命であると認めている[11]。江戸における尋問では反対に、姉は夭折したと誤って書かれている[12]。白石は将軍〔家宣〕に上呈した報告書にシドティには存命の母、兄、姉がいると書いた[13]。シドティの姉については、『聖人列伝[3] 9月編[14]』に所収の兄フィリッポの葬儀に際しての追悼演説（1734年4月8日）に情報がある。「しかし、あなたがた、（聖ヴィト修道院の聖フランシスコ会第三会の）よき修道女の皆さまは、あの方（フィリッポ・シドティ）を司牧の師、兄としてもつのにふさわしいのです。なぜならあなたは女子修道院長であり、上長であり、あの方の称賛にあたいする姉妹なのですから[15]」。1713年の市勢調査

---

11 「私国許母存命に居申候。兄弟も御座候。私同門之出家にて御座候。妹も御座候《私は国許に母が存命でございます。兄弟もございます。私と同じカトリックの修道者でございます。妹もおります》」（『長崎注進邏馬人事』下巻、松村 94）。

12 「長は女也、幼にして死す《いちばん上は女でしたが、幼いときに死にました》」（松村 56）。

13 「母は、エレヨノフラ、猶今ながらへて世にあらんには、是年六十五歳也。……兄弟四人。……《母はレオノラ〔Leonora〕という名前で、もし、今も元気でおられるなら、65歳になるはずです。……兄弟は4人です。……》」（松村 56）。

14 *De S. Rosalia Virgine. Die Quarta Septembris*, pp. 407f, 408a.

15 *Orazione funebre in lode di Monsignore D. D. Filippo Sidoti, Canonico Maestro Cappellano, e Vicario Generale della Santa Chiesa Palermitana Difonto a 12 aprile* (sic) *di quest'Anno 1734. Recitata nella Chiesa delle Moniali volgarmente dette di Santo Vito dal P. Antonio Ignatio Mancusi della Compagnia di Gesù*, Messina: D. Placido Grillo, 1735, p. 20.

で、「聖フランシスコ会第三会の聖ヴィト修道院」の「天に召された修道女」のなかに、「アンナ・アリアノーラ・クロチフィッサ[16]」の名がある。

兄のフィリッポ・パオロ[17]は 1664 年 3 月 22 日[18]に生まれ、1734 年 3 月 13 日[19]に世を去った。

当時のサンタ・クローチェ〔聖十字架〕教区のある記事のなかに、その死と葬儀の日の出来事が語られている。

> 1734 年 3 月 12 日金曜日から土曜日のかけての夜、すなわち 9 時に司教総代理・博士フィリッポ・シドティ師がこの世から永遠の住み家へと移られた。そのご遺体は尊き聖ヴィト修道院で 4 段ある棺台の上に設けられた石棺に安置され、まわ

---

16 A. Lo Faso di Serradifalco, *La numerazione della anime di Palermo nel 1713*, P. I (2009), p. 109, in www.socistara.it/studi/php.

17 P. Collura, *Il prete martire*, in GdS. *Lettere al direttore*, 22 gennaio 1983, p. 2 には、フィリッポがジョヴァンニ・バッティスタの従兄弟であった、と間違って記されている。

18 *Atto di Battesimo di Filippo Paolo Sidoti*, in ASDPa, Diocesano, S. Croce, Corda n. 3810 (1663-1664), f. 28v. 洗礼を授けた司祭はカルロ・ジェラーチ師。代父母はフィリッポとその姉妹ジョアンナ・カッロッタである。

19 *Atto di Morte di Filippo Sidoti*, in *Libro del Revmo Capitolo di q. Cattedrale maggior Chiesa di Palermo dell'anno 1728 sesta Ind.ne*, in Archivio della Chiesa Cattedrale di Palermo. パレルモ司教座聖堂付き司祭の聖具室に展示されているその肖像画のキャプション («tertio idibus Martii 1734») のほか、Mongitore, *Diario palermitano*, in *Diari* IX, p. 209; L. Palmigiano, *Cronologia dei Maestri Cappellani della Chiesa Palermitana*, Palermo: Solli, 1855, p. 47; G. Di Giovanni, A. Narbone, G. Ferrigno, *Storia del Seminario Arcivescovile di Palermo*, Palermo: F. Barravecchia e Figlio, 1887, p. 165 をも参照されたい。

りを4つの火種がついた蠟燭台（トーチ台）40本が囲み、司教座聖堂参事会司祭の死者のための聖務日課の前とミサのあとにその功績が讃えられた。午後には多くの修道士が死者のための聖務日課の一部をとなえた。4月8日、上述した聖ヴィト教会で葬儀がとりおこなわれた。さきに紹介した司教総代理がミサを司式し、イエズス会員イニャツィオ・マンクーゾ（あるいは、マンクージ）神父が追悼演説をおこなって満場の称賛を浴びた[20]。

フィリッポ・シドティは、したがって1734年3月12日から13日にかけての夜に、69歳と10か月で世を去った。「死亡証明書」と、「この聖堂内にあなたがたとともにあの方の尊い遺灰をもてることを喜ばしく思い、涙をぬぐった[21]」と聖ヴィトの修道女たちに対するマンクーゾ神父の言葉が証言するように、聖ヴィト修道院に付属する教会に埋葬された。

フィリッポは哲学、神学、教会法と市民法の博士で、18世紀のパレルモ教会ではひときわ目立つ人物だった。教会では、教区会議審査官、聖イッポリト教区、次いで聖ジャコモ教区の教区司祭、司教座大聖堂付き司祭と小聖堂付き司祭長、フェルディナンド・デ・バザン大司教、ジュゼッペ・ガシュ大司教、マッテオ・バージレ大司教の各司教総代理、モンレアーレ大司教管区とパレルモ大司教管区の空位司教座参事会代表[(4)]、シチリアの王室の巡察師[(5)]を務め、1年間（1716年）ではあるが大司教区立神学校校長

20　*Cronaca di don Giuseppe Lo Voi e Vasquez*, in F. Lo Piccolo, *Diari palermitani inediti (1557-1760). Cronache da un archivio parrocchiale*, Palermo: Flaccovio Editore, 1999, p. 120.

21　*Orazione funebre*, p. 20.

の役職にも就いた[22]。スペインとシチリアの王フェリペ5世によりカターニアの司教に任命され——選任は1720年4月17日に発表された——のちに辞退する[23]。また、〔カラーブリア地方の〕ロッサーノで設立された〔反アリストテレス主義な〕スペンシエラーティ[(6)] の学術団体の会員でもあった[24]。さらに1726年にはパレルモの聖マルゲリータ教区内の「ヴァネッラ・デッラピ（蜂の巣房）[25]」に居住していたことがわかっている。

シチリアの史料以外で最初にフィリッポに触れているのはアグスティン・デ・マドリード[26] である。アグスティンはジョヴァン

---

22 *Orazione funebre*; Palmigiano, *Cronologia*, pp. 46-50; Di Giovanni, *Storia del Seminario*, pp. 126ss. 164-165 & AA. SS., *De S. Rosalia*, 407f.

23 A. Mongitore, *Diario palermitano*, in *Diari* IX, p. 6. カターニア司教任命については、Sacra Rituum Congregatione... Panormitana Beatificationis, et Canonizationis Ven. Servi Dei Fr. Sancti A S. Dominico Laici Professi Ordinis Eremitarum Excalceatorum S. Augustini, *Positio super dubio*, Romae: Typis Reverendae Camerae Apostolicae, 1757, p. 147 をも参照されたい。

24 G. Tremigliozzi, *Memorie storiche della Società degli Spensierati di Rossano*, in G. Gimma, *Elogj Accademici della Società degli Spensierati di Rossano*, Parte II, A spese di Carlo Troise Stampatore Accademico della Medesima Società, Napoli 1703, p. 443.

25 ASPa, *Notai defunti*, Giuseppe Miraglia, vol. 1 (1688), cc. 131r-133r, 14 ottobre 1726; in F. Scibilia, *Terremoto e architettura storica. Palermo e il sisma del 1726*, Palermo: Caracol, 2015, p. 157.

26 サンホセ（マドリード）管区出身のフランシスコ会オブセルヴァント派修道士アゴスティン・デ・マドリード（1640-1736）は、異端審問所の説教者・審問官、聖クララ会のマニラ修道院つき司祭（1699）、聖フランシスコ会の聖グレゴリオ管区（マニラ）の遣外管区長、総代理人（1706）、管区長補佐（1710）を務めた。J. A. Álvarez y Baena, *Hijos de Madrid, ilustres en santidad, dignidades, armas, ciencias y artes*, t. I, Madrid: D. Benito Cano,

ニ・バッティスタについて語りながら、「聖堂つき司祭にして前記パレルモの市の司教総代理であるフェリペ・シドト師の弟[27]」と書いている。

マンクージ神父は、故人となったフィリッポについてこう語る。

> キリストのために栄光ある信仰宣言を果たし、日本でいのちを召されたと言われる殉教者、いとも名高きジャンバッティスタ・シドティ師の兄……。殉教者の兄として艱難辛苦の遺産、キリストの兵士[7]、雷と稲妻の息子たち[8] の栄光を分かち合う必要があった。このシドティという双子の星は、兄が西洋にあって忍耐の志願者として弟に付き従うことがなければ、弟も東洋で血の紅に輝くことはなかっただろう。その忍耐を功績において汗の花がやはり紅に染めた。どちらもが同じカリス[9] から飲み、兄は弟のようにキリストのために血を流すことはなかったにしても、弟は信仰のために、兄はその創造主の栄光のために苦しみに耐えたのである……[28]。

ジョヴァンニ・バッティスタには弟パオロもいた。パオロは1670年7月7日に生まれ、3日後にやはり聖十字架教会で洗礼を

1789, p. 9; *Biografía Eclesiástica completa*, t. XII, Madrid: Eusebio Aguado & Barcelona: Narciso Ramirez, 1862, p. 564; E. Gómez Platero, *Catálogo biográfico de los Religiosos Franciscanos de la Provincia de San Gregorio Magno de Filipinas desde 1577 en que llegaron los primeros a Manila hasta los de nuestros días*, Manila: Real Colegio de Santo Tomás, 1880, p. 361.

27 *Relación, del viage que hizo el Abad Don Juan Bautista Sydot, desde Manila al Imperio del Japón, embiado por Nuestro Santissimo Padre Clemente XI. Sacada...*, [Madrid, 1717], p. 1.

28 *Orazione funebr*, pp. 6, 17-18.

受けている[29]。1709年にシドティは、弟は「十一歳にして死して、既に廿年《11歳で死に、それからもう20年たってしまいました》[30]」と語っている[(10)]。

シドティ家は貴族ではなかった[31]。

ジョヴァンニ・バッティスタの容貌については、いくつかのことがわかっている。白石は次のように記述している。「其たけ高き事、六尺にははるかに過ぬべし。普通の人は、其肩にも及ばず。頭かぶろにして、髪黒く、眼ふかく、鼻高し《その背丈の高いこと、六尺をはるかに超えていよう。ふつうの人は彼の肩にも届かない。頭髪は〔短く切りそろえた〕子どもの髪型で、髪は黒く、眼はくぼみ、鼻が高い》[32]」。アグスティン・デ・マドリード師は、絶えざる苦行によって身体は傷ついていた[(11)]ものの、体つきは大変にたくましかったと認めている[33]。『長崎夜話草』にも情報が

29　*Atto di Battesimo di Paolo Sidoti*, in ASDPa, Diocesano, S. Croce, Corda n. 3816 (1669-1670), f. 28v, n. 303. パオロに洗礼を授けたのは、小聖堂つきのマリオ・バジリオ司祭であった。また、代父母はジュゼッペ・ゴリとアニェゼ・ゴリ夫妻であったと思われる。

30　松村56。しかし、白石には通訳をとおしてのシドティの返答がうまく伝わらなかったか、あるいは、聞き間違いが生じたことが考えられる。すなわち、20年前の1689年に死亡していたのであれば、生年は1678年でなければならないからである。

31　F. Mugnòs, *Teatro genologico delle famiglie illustri, nobili, feudatarie, et antiche De' Regni di Sicilia Ultra, e Citra*, Parte Terza, Messina: Giacomo Mattei, 1670, pp. 373-374 & V. Palizzolo Gravina, *Il blasone in Sicilia ossia raccolta araldica*, Palermo: Visconti e Huber, 1871-1875, p. 348（ただし、この部分はムニョスによって書かれたものによっている）、そして特に、1巻をジョヴァンニ・バッティスタ・シドティにあてている A. Mongitore, *Bibliotheca Sicula*, t. I, Palermo: Didaci Bua, 1707, p. 337 を参照されたい。

32　松村12。

ある。

> 此一人日本の風俗を似せて、月額を剃、日本の衣服を着て刀一腰をさし、初めは山中にかくれ居て、杣木きる山人又は炭焼の翁などに日本詞にて食物など乞て、その価に金子などとらせければ、……毛髪はくろくして紅毛のごとくに赤からず、眼も紅毛人の目のさまにあらず、から日本の人とおなじ。鼻のすぐれて高きこそ同じからね《この者は日本の日常生活のしきたりに似るようにして、頭髪を剃りあげ、日本の衣服を着用し、一振りの刀を帯に差した格好で、最初のうちは山中に隠れながら、杣山に生えている樹木を切り出す山里に住む人や、炭焼きに携わる老人などに日本語で話しかけて食物などを与えてくれるよう頼んで、それに相当する金高を払っていたが、……髪の毛の色は黒くて、オランダ人のように赤くはなかった。眼もオランダ人の眼のようではなく、中国人や日本人と同じであった。ただ、鼻がとりわけ高いことだけが、同じではなかった》[34]。

1684年にはジョヴァンニ・バッティスタは神学生で、すでに哲学の学位を所有していたことがわかっている[35]。1689年[36]にはイ

---

33 *Relación*, pp. 1-2.
34 西川如見『長崎夜話草』(岩波書店、2017)、pp. 267-268。
35 *Lettere di visita 1684-1685*, in ASDPa, Diocesano, Corda n. 638, f. 10v (28 settembre 1684).
36 *Lettere di visita 1689-1690*, in ASDPa, Diocesano, Corda n. 642, f. 10r (19 settembre 1689). パレルモ教区歴史文書館には、シドティに関する当時の大司教フェルディナンド・デ・バザンの署名の記されている証書がほかにも2通ある。それらにはシドティが聖職者の教会禄を受けとるのにふさわ

エズス会の学院コレジヨ・マッシモで神学の学位を取得し、若輩にもかかわらず早くもパレルモの司教座聖堂の聖職禄受益者となっていた[37]。

聖職禄受益者はパレルモの（司教座聖堂参事会の、ではなく）司教座聖堂の聖職者だった。聖職禄受益者、あるいは、マンシオナリウス[(12)]であり、〔参事会の意見を聴いて、司教が〕パレルモ生まれの司祭、司教座聖堂参事会の聴取官のなかからのみ選んでいた[38]。江戸における尋問について、白石はシドティが「ローマンにありて、サチェルドスに至り《ローマで司祭となり[39]》」と報告しているが、上記の事実から言えば、実際にはローマではなく、パレルモで1689年、あるいは、それ以前に、司祭叙階を受けたことになる。

この事実その他から、完全かつ客観的な言語理解が困難だったために、白石が報告しているいくつかの情報が結果的に間違っていたことがわかる。「六年前〔1703年〕に、一国の薦挙によりて、メッショナ、リウスになされたりき《6年前に、国中から推薦されて、宣教師になりました》[40]」という発言も不正確である。なぜならば1702年には、シドティはすでにアンティオキアの総大司教マイヤール・ド・トゥルノンにしたがって〔ローマを〕出発し

しいと書かれている（*Lettere di visita 1694-1695*, in ASDPa, Diocesano, Corda n. 647, f. 114r (13 agosto 1695) & *Lettere di visita 1696-1697*, in ASDPa, Diocesano, Corda n. 649, ff. 60v-61r (31 gennaio 1697)）。

37　Mongitore, *Bibliotheca*, p. 337.
38　R. Pirri, A. Mongitore, V. M. Amico, *Sicilia Sacra*, t. I, Panormi: Petri Coppulae, 1733³, coll. 291-292 & *Costituzioni Capitolari della Metropolitana Chiesa di Palermo*, Palermo: Tipografia Pontificia, 1921, pp. 17-24.
39　松村 56。
40　松村 56。

ていたからだ[41]。

若き司祭はまた「信仰篤き聖母マリア信心会[42]」——手紙に「ローマ教皇庁にいても、私が忘れることはなかった[43]」——の会員でもあり、この会に多くの美しい果実をもたらした。「……多くのなかで、称賛すべき聖職者ジョヴァンニ・バッティスタ・シドティ師を思い出せば充分だろう。師はパレルモでイエス・キリストのために多くの労苦を果たすだけでは満足せず、不信仰者のあいだでキリストの信仰をみずからの血で堅固なものにし、生まれたばかりの信心会をその会員のひとり〔シドティ〕の殉教の栄光によって飾った[44]」。

ローマに移り、——教皇インノケンティウス12世の前で演説をした1693年以前だったと考えられる[45]——シドティは教会法と市民法の両方の学位を取得した[46]。

さらに1693年3月、アンドレーア・リッジョのカターニア司教任命に際し、報告調書に証言を提出[47]、続く10月にはカターニア

---

41 本書 p. 66 を参照されたい。

42 *Istruzioni per indrizzo alla vita spirituale. Ad uso della Ven. Congregazione degli Ecclesiastici sotto titolo della Santissima Vergine del Fervore. Esistente dietro la Tribuna della Ven. Chiesa di S. Giuseppe di questa Città*, Palermo: Gagliani, 1796, p. 23.

43 G. B. Sidoti, *Lettera a p. Girolamo Sbernia*, Pondicheri nel Regno di Malaccar [India], 10 febraro 1704, in *Istruzioni*, p. 24.

44 [G. Monroy Scuderi], *Li Doveri dell'Uomo Ecclesiastico in Società Posti in veduta Nella vita, e Virtù del Paroco Monsignor D. Isidoro del Castillo Vicario Generale Della Metropoli di Sicilia. Da un Solitario Ad istanza Di D. Santo Lodato*, t. I, Palermo: Regia Stamperia di D. Giuseppe Epiro, 1777, pp. 223-224.

45 本書「参考文献」p. 212 と「口絵」p. iii を参照されたい。

46 Mongitore, *Bibliotheca*, p. 337.

の教会について、リッジョの代理として、いくつかの出来事を教皇に報告している[48]。

同年12月27日、使徒・福音記者聖ヨハネの祝日に、クイリナーレ宮殿において、教皇インノケンティウス12世の前で演説をおこなった[49]。

1709年12月、白石の尋問を受けて、シドティは年月日は特定していないものの、フランス、より正確には地中海沿岸に滞在したと述べている[50]。

シドティは、ローマではドミニコ会員フェッラーリ枢機卿の聴取官を務めた。すなわち、「1695年に枢機卿会のメンバーに選任された光輝なトンマーゾ・マリア・フェッラーリによって直ちに聴取官に選ばれた[51]」のである。プーリア出身のフェッラーリ枢機卿[52]の伝記にもシドティへの言及がある。「……私〔枢機卿〕の

---

47 A. Longhitano, *Le relazioni «ad limina» della Diocesi di Catania (1595-1890)*, vol. I, Studio Teologico S. Paolo, Catania-Giunti, Firenze 2009, p. 404, n. 6.

48 *Ibid.*, p. 412.

49 *Oratio habita*.

50 松村57。

51 Mongitore, *Bibliotheca*, p. 337. 著者モンジトーレは、この項目を次のように結んでいる。「1707年には中国のブドウ畑〔神と神を信ずる人々の関係を表す言葉〕の入り口で一生懸命努力して働いていた」(p. 337) と。このような報告は、以下の書によってもなされている。G. M. Mira, *Bibliografia siciliana*, vol. II, Palermo: G. B. Gaudiano, 1881, p. 366 (rist. anast.: Arnaldo Forni Editore, Bologna 1996). 聴取官という職位がもつ多くの様相を呈する類型学については、*Uditore*, in Moroni, vol. LXXXII (1857) pp. 144-279 を参照されたい。

52 フェッラーリ (1647年11月20日マンドゥリア生—1716年7月20日ローマ没) は、1695年8月12日に〔ローマの〕聖クレメンテ教会の名義司

見解は、聴取官シドティと同じような考え方であった……[53]」。

18世紀初めのある書物に対し、シドティは図書検閲者として印刷認可を与えている（1701年9月12日）が、そのなかに「司祭にして神学者、教会法と市民法の博士、もっとも優れ、もっとも尊敬すべき枢機卿の聴取官であるジョヴァンニ・バッティスタ・シドティ[54]」と、シドティの姓名、学位、教会での役職をはっきりと読むことができる。

聴取官を務めているあいだに、シドティはパレルモの司教座聖堂参事会員フランチェスコ・マルケーゼから1冊の本を受けとった[55]。「この最新の著作を、彼〔マルケーゼ〕はローマにいるパレルモの人ジャンバッティスタ・シドティ師に送った。師は当時ローマでフェッラーリ枢機卿の聴取官だった（その後、宣教師としてインドと日本におもむき、聖なる信仰を憎む外国人に殺されて、栄光のなかで生涯を終えた）。このしばらくあと、師は彼に、この著作がローマではその意見の確かさにより称賛されたと書い

祭として、聖なるローマ・カトリック教会の枢機卿に選出され、次いで検邪聖省〔1965年に「教理省」と改称〕長官に任命された。フェッラーリについては以下を参照。C. De Bonis, *Orazione funebre*, in *Componimenti fatti nel funerale dell'Eminentiss. e Reverendiss. Signore F. Tommaso Maria Ferrari…*, Napoli: Felice Mosca, 1717, pp. 1-24; D. Concina, *De vita et rebus gestis P. Thomae Mariae Ferrarii Ordinis Praedicatorum S. E. R. Cardinalis Tituli S. Clementis*, Romae: Laurentii Barbiellini, 1755; *Ferrari Tommaso Maria*, in Moroni, vol. XXIV (1844) pp. 187-189.

53　Concina, *De vita*, p. 65.
54　F. M. Pitonius, *Disceptationum Ecclesiasticarum*, Pars I, Romae: Josephi Monaldi, 1704.
55　*Sacerdos in Villa. Enchiridion Theologiae Moralis*, Typis Cortese, Panormi 1706² (1ª ediz.: 1698).

た......[56]」。

シドティが1698年にはすでに聴取官だったのは確かである。なぜならば、まさにその年の3月、モーセ・デ・カーヴェの洗礼の代父になっているからである。カーヴェはローマの有名なラビで、テアティノ修道会の司祭ジュゼッペ・マリーア・トマージ——のちに列聖される——の証言のおかげでカトリックに改宗し、「トマージ家の姓を名乗ることを望んだ。そこでしばらくあと、その代父で、フェッラーリ枢機卿の聴取官シドティ（記憶に間違いがなければ）が〔新しく〕信徒となった者の姓のあとにトマージの姓を加えた......[57]」。

ローマではシドティ自身が白石に語ったように、スウェーデンの元女王クリスティーナをその目で見ることができた。白石は次のように書いている。「西人の説に、『スウェイチヤの王妃、ローマンに来て、天主を拝せしを見たりき。その輿従[(13)] 最盛なりし』といふ《シドティは、『スウェーデンの王妃〔正しくは、元女王〕が、ローマに来て、神を礼拝なさったのを見ました。その車輿に従う供人の一行はもっとも盛んでありました』と語っています[58]》」。

もっとも、シドティはパレルモと相変わらず強いきずなを保っていた。そのために1699年12月27日には、

---

56 *Memorie della Vita di D. Francesco Marchese Palermitano, Canonico della Santa Metropolitana Chiesa di Palermo, Primaria del Regno di Sicilia*, Palermo: G. Battista Aiccardo, 1728, p. 8.

57 D. Bernino, *Vita del Ven. cardinale D. Gius. Maria Tomasi de' Chierici Regolari*, Roma: Rocco Bernabò, 1722, pp. 83-84.

58 松村35。

パレルモの大司教フェルディナンド・バザン師宛に、パレルモの学者にしてトマーゾ・マリーア・フェッラーリ枢機卿の聴取官、上記大司教の司教総代理の弟、ジョヴァンニ・バッティスタ・シドティ師から、ローマのカリストのカタコンベから発掘された殉教者聖フェリチッシマの全身のご遺体が墓碑とともに送られてきた……[59]。

---

59 A. Mongitore, *Diario palermitano*, in *Diari* VII, p. 194; R. Pirri-A. Mongitore-V. M. Amico, *Sicilia Sacra*, t. I, col. 264; *Notizie storiche della Chiesa dell'Ospedale della Convalescenza. Dimostrazione dell'autenticità del Corpo di S. Felicissima V. e M. Che si venera nela stessa Chiesa S.N.A.*, Palermo: Lucchese, 1936, p. 8; B. Parodi, *Palermo ha dimenticato una santa*, in GdS, 11 gennaio 1983, p. 3. 以下、Palmigiano, *Cronologia*, p. 48, L. Boglino, *Del corpo di Santa Felicissima V. e M. romana nella Chiesa dell'Ospedale dei Sacerdoti di Palermo*, in *La Sicilia Sacra* 2 (1900) pp. 376-379, G. Quatriglio, *Santa Felicissima nell'incisione settecentesca di Giuseppe Ciaccio*, Epos, Palermo 1982 & G. Scuderi, *L'insediamento a Palermo della Compagnia di Gesù*, in ID., *Dalla Domus studiorum alla Biblioteca Centrale della Regione Siciliana. Il Collegio Massimo della Compagnia di Gesù a Palermo*, Biblioteca Centrale della Regione Siciliana "Alberto Bombace" Palermo 2012, p. 92 n. 168 などによれば、殉教者の遺骸のパレルモ移送は 1699 年 7 月 24 日におこなわれ、オスペダーレ・デイ・サチェルドーティ（司祭のための病院附属）教会には 12 月 27 日と 28 日に安置された。*Notizie storiche*, p. 6 によれば、聖女の遺骸の行列は 12 月 22 日におこなわれた。G. Palermo, *Guida istruttiva per potersi conoscere con facilità tanto dal siciliano, che dal forestiere. Tutte le magnificenze, e gli oggetti degni di osservazione della Città di Palermo Capitale di questa parte de' Reali Dominj Giornata Terza e Quarta*, Palermo 1816, p. 23 は、聖フェリチッシマの像がバザン大司教により 1699 年 11 月 27 日、オスペーダレ・デイ・サチェルドーティ教会に設置されたとする。

アグスティン・デ・マドリードも次のように書いている。

〔シドティは〕ローマでは有徳で抜きんでたおこないと文才によって大いに尊敬を得ており、フェッラーリ枢機卿の聴取官で、前述の大いなる信望とともに、ナポリ王国の大司教冠を受けるよりも日本に赴くという天命の方を選んで、〔中国に赴く〕前述のトゥルノン枢機卿に随行するために選任されたひとりとなった。そして枢機卿とは互いの意見を述べ合える第一の側近として、その枢機卿のもとで生活を共にしたのであった[60]。

実際にシドティはクレメンス11世に対し、次のように願い出た。

訪日許可とともに、その高位聖職者〔マイヤール・ド・トゥルノン〕に随行し、自分を派遣してくださるよう〔願い出た〕。教皇の意をもって宣教の使徒に任じられ、上記高位聖職者に同行することが許された。日本への入国については、教皇はそれを許可はするが、よい機会に恵まれ、〔日本が〕開国された場合にかぎると答えられた[61]。

1701年12月30日、カルロ・バルベリーニ枢機卿率いる布教聖

---

60 *Relación*, p. 1.
61 M. Ripa, *Storia della fondazione della Congregazione e del Collegio de' Cinesi sotto il titolo della Sagra Famiglia di G. C.*, t. I, Napoli 1832 (rist.: Istituto Universitario Orientale, Napoli 1983), p. 287 (lo scritto è degli anni 1735-1740).

省に、清国への教皇使節団団員候補者17名の名簿が提出された[62]。

最終的な名簿では、選出された在俗司祭と修道司祭の1番目にシドティの名がある。「姓名　ジョヴァンニ・バッティスタ・シドッティ、イエズス会員。年齢34歳。出身地パレルモ。学歴と職歴、イエズス会の司祭[63]」。続いてサビノ・マリアーニ（司祭）、アンドレア・カンデラ（司祭）、フランチェスコ・サンジョルジョ（司祭）、ジュゼッペ・コルデロ（まだ司祭ではない）、ジョヴァン・バッティスタ・マイ（司祭）、ジョヴァンニ・ボルゲーゼ（医師）、マルチェッロ・アンジェリータ（書記）、ピエトロ・シゴッティ（外科医）、ルイ・エロワン（料理人）の名がある。

シドティは、公式には清国へのマイヤール・ド・トゥルノンの随行団の一員だった。だが、この教皇使節団とは異なる使命をもっていた。フィリピン到着後、今度は極東におけるその真の目的地、日本に向けて出港する必要があった。

1709年、白石の尋問で、シドティは布教聖省の枢機卿たちが話し合いのうえ、清国とシャムとでカトリック信仰の自由を得たことを根拠に、シドティの日本派遣を決定したと説明している。

　　まづメッショナヽリウスを奉りて、告訴ふる所ありて、次ぐにカルデナアルを、ヌンシウスとして、其好を修めて、我法を、ふたヽび東土〔中国やインドから見て東方の地であることから、日本のこと〕に行はるべきもの歟と申す。……衆議

---

[62] APF, SOCP, vol. 21 (1701-1703), f. 279r, *Soggetti deputati per le missioni della Cina dalla Sacra Congregazione de Propaganda Fide*, 30 dicembre 1701 (cit. in Menegon, *Culture*, cit., p. 580).

[63] [APF, SOCP, vol. 21 (1701-1703)], *Tab. 1. Ecclesiastici e laici della legazione Tournon* (in Menegon, *Culture*, p. 580).

つゐに一決して、メッショナ、リウスたるべきものを撰ぶに、衆また同じく某を薦挙しかば《まず宣教師を派遣して事情をうったえて請い願ったのち、枢機卿を教皇使節として遣わし、友好関係を樹立したならば、キリスト教の教えをふたたび日本に宣教できるのではなかろうか、ということになりました。……多くの人々の意見は一致して、宣教師としてふさわしいものを選ぶことになり、その結果、みなはまた一致して私を推挙しました》[64]。

同じ尋問のなかで、シドティは「本師の命をうけて、此土に来るべき事を奉りしよりして、此土の風俗を訪ひ、言語を学ぶこと三年《教皇クレメンス11世の命令によって、宣教のため、日本へ行くようになることをうかがってからは、日本の風俗について調べ、日本語を3年間勉強しました》[65]」と、認めている。

白石が報告している3年という期間の捉え方について点検しておこう。

教皇使節団の名簿には、1701年12月30日という日付があることは見た。ところがローマ出発は1702年7月4日である。したがって、日本の習俗を調べ、言語を学ぶ時間はようやく6か月というところである。その点が間違っていないなら、シドティ自身が長崎の尋問で18番目の質問に、ローマで見つけた古い本で日本語を「学んだ」[66]と答えているように、宣教師としての派遣が正式になる前にあらかじめ勉強をしていたことになる。

マニラで暮らした4年間（1704-1708年）には、マニラ在住の多

---

64 松村 68-69。
65 松村 57。
66 本書 p. 115 を参照。

くの日本人と出会うことができたので[67]、文化を知り、言語を勉強したのは確かである。

ジェノヴァ、スペイン、カナリア諸島、インドを経由してマニラに向かう

1702年7月4日[68]、シドティはマイヤール・ド・トゥルノンに随行して、ローマを出発し、――「ついに1702年、アンティオキアの総大司教カルロ・トンマーゾ・マイヤール・ド・トゥルノンは、他の宣教団とともに中国へ向けて旅立った[69]」――翌日、チヴィタヴェッキア（ローマ）で乗船した。

教皇のガレー船が被雷したために、ジェノヴァに長期間、停泊したあと[70]、使節団は航海を再開して、フランス沿岸に沿って進み[71]、タラゴナに到着した。

バルセロナの南に位置するカタルーニャのこの港から、その数キロ南、トルトサ河口に向かい合うサロ岬に到着する。

67　本書 p. 75 を参照。

68　*Relazione del Viaggio dall'Isola di Tenariff nelle Canarie fino a Pondisceri nella Costa di Coromandel di Monsignor Carlo Tommaso Maillard de Tournon, Patriarca di Antiochia, e Visitatore Apostolico con le facoltà di Legato a Latere à i Regni della Cina, e dell'Indie Orientali*, Roma: Gaetano Zenobj, 1704, p. 11; Crescimbeni, *Ristretto*, p. 2 & *Lettera scritta da Pondisceri. A' 10 di Febbraio 1704 [al dott. Paolo Marchesi], dal Dottore Giovanni Borghesi Medico della Missione spedita alla China dalla Santità di N. S. Papa Clemente XI*, Roma: Zenobj, 1705, p. 6.

69　Mongitore, *Bibliotheca*, p. 337.

70　*Lettera scritta da Pondisceri*, p. 7. 本書 p. 113 をも参照のこと。

71　Contarini A, p. 99.

ジェノヴァ、スペイン、カナリア諸島、インドを経由してマニラに向かう 67

　サロから使節団は、ランフランコ氏所有の3本マストのジェノヴァ船に乗船し、2週間後にジブラルタルに到着する。シドティが語るように、それまでに困難がないわけではなかった。

　　我こゝに来らむとする始（これ本朝宝永四年丁亥の事）、フランスヤより船にうかび、カナアリヤにゆかむとするに、アンゲルア・ヲヽランデヤ等の兵馬、廿万、其艦船百八十隻、チビリタイラにみち〳〵て、ゆく事を得ず。ゼルマアニヤ人に説きて、わづかにまぬかれて、こゝを過ぬといふ《私が日本に来ようとしたはじめ（わが国の宝永4年のこと）、フランスから船に乗り、カナリア諸島に行こうとすると、イギリスやオランダなどの兵馬20万と戦艦180隻が、ジブラルタル海峡に満ち満ちて、進むことができなかった。ドイツ人に説明して、かろうじてまぬがれて、ここを通過したという[72]》。

　白石は年号の計算を間違っている。宝永は1704年に始まり――宝永4年は1707年となる――シドティがカナリア諸島に航海したのは1703年だからである。シドティがここで乗船地がフランスであるように言っている点を明確にしておこう。このような記述はただ1点の報告書にしか見られない[73]。ボルゲージは、船はジェノヴァからタラゴナに到着したと書

72　松村53。
73　記述しているただ一つの文書とは、*[Sammlung von 12 Dokumenten: Originalbriefen, Abhandlungen, Concepten, ecc. über das Wirken des Missionars Giov. Batt. Sidotti und seinen Märtyrertod in Japan, umfassend die Jahre 1702 bis c. 1710]*, Leipzig: Hiersemann, s.d.（cf. Streit R.-Dindinger J., *Bibliotheca Missionum*, vol. VI, p. 404）に所収の *Bericht über die Ausreise von Rom-Marseille* である。

いているだけで、フランス停泊にはまったく触れていない[74]。

派遣団は船を乗り替え、8月22日にカディスに上陸した[75]。

9月13日、「スペイン人と英国人双方から許可を得てカディスを出発し、2艘の小船でイギリス艦隊のあいだを通過し、日没直後にサン・ルーカル〔サンルーカル〕に到着した。そこから有名なグアダルキビール川、あるいはバエティス川を通過してセビリアまで旅を続け、そこに3日後（9月16日）に到着した[76]」。

セビリアでは戦争という逆風を受けて、教皇使節団は4か月以上の滞在を余儀なくされた[77]。

ようやく1703年1月20日、フランスが2艘の船を提供するという知らせが届く。船はカナリア諸島で代表団を待ち、そのあと東インドまで運ぶ。

こうして2月3日、一行はセビリアを発ち、2日後カディスに着いた。

このアンダルシアの都市から2月9日、カナリア諸島に向かって出港した[78]。

2月17日、船はテネリフェ島のサンタ・クルスに到着。マイヤール・ド・トゥルノンと随行団をアジアに運ぶはずのパリ・イ

---

74 *Lettera scritta da Pondisceri*, p. 8.
75 *Ibid.*, pp. 8-9. 本書 p. 113 をも参照のこと。
76 *Ibid.*, p. 12. サンルーカル・デ・バラメーダ（Sanlúcar de Barrameda）はグアダルキビール川の河口の位置し、現在はアンダルシア州の一都市で、地元では単にサンルーカルと呼んでいる。
77 *Ibid.*, pp. 12-13.
78 *Lettera scritta da Pondisceri*, pp. 18-19. なお筆者は、Contarini-Luca, *L'ultimo Missionario*, p. 16 & 35 に「教皇の使節団が2月9日にジェノヴァを出発した」という書き誤りを見つけた。

ンド会社の船団を待った。

　したがって教皇代表団は、カナリア諸島——当時、フランスの支配下にあった[79]——に1706年に到着したというシドティの主張[80]は間違っていることになる。

　フランスの船団は、「上記の会社の所有になるポンディシェリと呼ばれる東インドのコロマンデル海岸の土地に[81]」、予定よりおよそ2か月半遅れて、4月28日に到着した[82]。船団のうちのより小さな商船1隻は「ブルロット閣下」に、モールパという名の1隻は「メナ公国の貴族、ディオニジョ・ド・フォンテーヌ〔フォントネ〕騎士殿[83]」に指揮されていた。

　カナリア諸島では、のちにシドティが白石に語っているように、彼は悪魔祓いをおこなった。「我こゝに来らむとして、カナアリヤに至りし時、其所鬼怪の事ありて、我に請ふ。我すなはち符をあたへて、たち所にこれをとゞめぬ《私が日本に来ようとしてカナリア諸島に着いたとき、ここで普通では理解できない不思議な

79　原書では、Contarini A., p. 86を典拠に、このように述べている。カナリア諸島は、15世紀末に、スペイン人が征服して以来、中南米へのスペインの進出活動における基地としての役割を果たしていた（監訳者註）。

80　松村57。

81　*Relazione del Viaggio*, p. 2. コロマンデル海岸は、現在のベンガル湾西岸にあたる。

82　*Ibid.*, p. 1.

83　*Ibid.*, p. 3. 指揮官の正確な姓はド・フォントネである（P.-F.-X. de Charlevoix, *Histoire et description générale du Japon*, Paris: P.-F. Giffart, 1736, t. II, p. 483)。フォントネとドベールの侯爵ドゥニ・ド・バスタール（1667年生-1723年7月8日没）については、*Bastard*, in *Biographie universelle, ancienne et moderne. Supplément*, t. 57, Paris: L. G. Michaud, 1834, p. 275以下を参照。

出来事が起こり、これを鎮めてくれるよう、私は頼まれました。そこで私は護符を与えて、すぐにこれを抑えてしまいました》[84]」。

マニラに向けて出発する前日[85]、シドティは、自分自身が聴取官を務めた〔ローマの〕聖クレメンテ教会の名義司祭[(14)]である枢機卿トンマーゾ・フェッラーリの所有になる殉教者聖クレメンスの聖遺物を、サンタ・クルスにある「無原罪の御宿り」教会に奉納した。こうして現在でもなお「いとも高名なるシドティ殿がサンタ・クルスから日本に船出されるときに、この教区に残された贈り物、記念品である殉教者聖クレメンスのご遺骨が、特別の信心をこめて崇拝されている[86]」。

---

84 松村 61。

85 S. Padrón Acosta, *Sobre la parroquia matriz-La reliquia de San Clemente*, in *La Tarde*, 26 agosto 1943.

86 J. de Viera y Clavijo, *Noticias de la Historia general de la Islas de Canaria*, Tomo IV, Madrid: Blas Román, 1783, pp. 316-317 (in P. Ontoria Oquillas, *Palabras pronunciadas en la presentación de su libro "Misterio y contexto de la reliquia de San Clemente en Santa Cruz de Tenerife"*, Santa Crux de Tenerife, 17 de marzo de 2017, in www.amigos25julio.com); P. Ontoria Oquillas, *Arribada y estancia en Tenerife de monseñor Maillard de Tournon, patriarca latino de Antioquía (1)*, in *El Día/La Prensa*, 7 de mayo de 2016, pp. 1-3 & P. Ontoria Oquillas, *La 'auténtica' de la canilla de san Clemente de la iglesia de La Concepción de Santa Crux de Tenerife (y II)*, in *El Día/La Prensa*, 3 de septiembre de 2016, pp. 5-7. また、F. M. Poggi Borsoto, *Guía historico-descriptiva de Santa Crux de Tenerife*, t. II, Cabildo de Tenerife, Santa Crux de Tenerife 2004, p. 65 によれば、遺骨は現在も保存されているという。しかしシドティは、アンティオキアの総大司教がインドから戻るさいに聖遺物を贈り物とした、と誤って記しているという（M. Hernández González, *Fiestas y creencias en Canarias en la Edad Moderna*, Santa Crux de Tenerife: Idea, 2007, pp. 126-127）。

ジェノヴァ、スペイン、カナリア諸島、インドを経由してマニラに向かう 71

　5月1日の17時、小船団は「パレルモの人ジョアン・バッティスタ・シドッティ[87]」も乗せて、ポンディシェリ[88]（インドのマラッカール王国）に向けて出発、アフリカ大陸〔喜望峰〕を迂回し、1703年11月6日、ポンディシェリに上陸した[89]。

　シドッティによれば、「9月に到着していなければならなかったというのに、いつものように[90]」、上陸したのは11月4日であった。

　フォントネの証言では、「まあまあのフランス語を話す」シドッティは、「航海のあいだずっと船上で〔キリストの〕真の使徒として祈りを捧げていた[91]」。

　ポンディシェリではアンティオキアの総大司教とその随行団はイエズス会神父たちの神学校に滞在した[92]。

　1704年2月10日、シドッティはこのインドの小都市から、「教会の事情から指導者もなく放置されていた」信仰篤き聖母マリア信心会[93]指導司祭でイエズス会員ジローラモ・ズベルニア神父に手

87　*Relazione del Viaggio*, p. 3; Mémoires de la Congrégation de la Mission (Lazaristes), *La Congrégation de la Mission en Chine*. Nouvelle édition revue, corrigée et continuée, Tome I, A la Procure de la Congrégation de la Mission, Paris 1911, pp. 97, 144.

88　ポンディシェリはマドラス（現在のチェンナイ）の南、コロマンデル海岸に位置し、1673年以来フランスの貿易拠点であり、1701年以降はフランス東インド会社が本拠地とした。

89　使節団のポンディシェリ上陸と滞在については以下を参照。Père Norbert [fr. Pierre Parisot, OFMCap.], *Mémoires historiques présentés en 1744 au souverain Pontife Benoît XIV. Sur les Missions des Pères Jésuites aux Indes Orientales*…, t. I, Besançon: Jean Pierre Le Fevre, 1747, troisième édition, pp. 106ss.

90　*Lettera*, in *Istruzioni*, p. 27.

91　Charlevoix, *Histoire*, t. II, p. 483.

92　*Relazione del Viaggio*, p. 25.

紙を送った[94]。これは日本に向けてローマを発ったあと、シドティがアジアからヨーロッパに送った最初の手紙である。〔この手紙では、〕総大司教とともにフランス人イエズス会神父のもとに滞在し、タカール神父を長とし、レブロリ神父を修練院院長として、信仰篤き聖母マリア信心会のような信心会を設立したいと言い、これまでの旅とこれからの旅について情報を提供し、さらに、船上とマラッカールで数名の異端者と異教徒を改宗させたことについて、その手柄を自分以外の人に帰しながら書いている[95]。

手紙を通して、シドティはインド人のおこなった悔い改めに強い感銘を受け、そうした事実がパレルモに知らされることを望んだ。

> ああ、このうえもなくお優しいわが父よ、この地の官僚やブラマンたちがその理想のために20年、30年と続けている悔い改めと、ほとんどすべての東洋における飲食に対する節制を見るために、これらわが修道士たち、愛情深い修道会会員、修練者たちがわずか1日でも〔この地に〕連れてこられたら、われわれの軟弱さと真の神に対する忘恩を思って、たしかに涙を流すことでしょう！[96]

続けて手紙には、アンティオキア総大司教の深刻な病と清国まで運ぶ船がないために、3か月間、ポンディシェリにとどまらざ

---

93 *Istruzioni, I Congregati. A chi legge*, pp. 23-24.
94 Sidoti, *Lettera*, in *Istruzioni*, pp. 24-29. この手紙については本書「付録」pp. 204-207 を見よ。
95 Sidoti, *Lettera*, in *Istruzioni*, pp. 26-27.
96 *Ibid.*, p. 26.

るをえないとある[97]。

マイヤール・ド・トゥルノンは病を克服し、翌月をマニラで過ごす決定を伝えた。シドティは最後に、「日本から来たもう一人のフラマン人は、日本では十字架を踏ませるという悪魔的な考案物〔絵踏のこと〕は廃止された[15]と証言している[98]」と言っている。シドティが指しているのは、男女を問わず、聖画像を彫った小さな板を踏ませて、キリシタンか否かを明かすための日本の習慣のことである。実際にキリシタンたちは踏まなければ死に至りかねないことを知りながらも、板を踏まなかった。

さらに1704年5月、シドティはマドラスとゴアのロザリオの信心会内部の紛争解決の任を託され、それに完全な成功をおさめた[99]。

---

97 *Ibid.*, p. 27.

98 *Ibid.*, p. 28.

99 Niccolao Manucci, *Storia do Mogor or Mogul India 1653-1708*. tr. By William Irvine, vol. IV, London: John Murray, 1908, pp. 42-43.

マニラにて (1704年 – 1708年)

1704年7月11日[1]、教皇使節団はマニラに向かった[2]。出港地はマドラス[3]、乗船したのは「イニャツィオ・マルコス・アルメノ船長」の船である[4]。

9月22日[5]、シドティは「〔中国における〕典礼と儀式についてのキリスト教徒の認識とその他の宣教〔方法〕を決定するために、われらがいとも聖なるクレメンス11世より大中華帝国に派遣されたローマ教皇使節・アンティオキア総大司教トマス・マイヤー

1　Di Fiore, *Maillard*, pp. 539-544 は、出港を7月5日としている。
2　M. R. A. Henrion, *Histoire générale de l'Église, depuis la prédication des Apôtres jusqu'au pontificat de Grégoire XVI*, t. IX, cinquième édition, Paris: Gaume, 1843, pp. 494-495 & *Un missionaire*, p. 334.
3　A. Brou, *L'Abbé Jean Baptiste Sidotti. Confesseur de la foi. Mort à Yedo en 1715*, in *Revue d'Histoire des Missions* 14 (1937/4) p. 498.
4　*Memorie storiche della legazione e morte dell'Eminentiss. Monsignor Cardinale di Tournon*, vol. VIII, Venezia: Giuseppe Bettinelli, 1762, p. 3; Père Norbert, *Mémoires*, p. 175.
5　*Carta de Mons. Camacho y Ávila al Cabildo de Badajoz*, [en Manila], 14-11-704, in ACB, Cartas, fol. 297 (in P. Rubio Merino, *Don Diego Camacho y Ávila Arzobispo de Manila y de Guadalajara de México (1695-1712)*, Sevilla: Escuela de Estudios Hispano-Americanos, 1958, p. 409 n. 24). *Declaración del G.ral Elorriaga*, in Ms. 1635, ff. 24-34 によれば、シドティはマイヤール・ド・トゥルノンに随行して9月5日にマニラに到着している。Tollini, *Sidotti in Manila (1704-1708)*, in PS, vol. 17 n. 51 (1982) p. 130 でも同様である。

ル・ド・トゥルノンとともに」フィリピンの首都に到着した[6]。

このように、教皇使節団は 1704 年にマニラに到着している。したがって、白石の報告「三年の前、……つゐにロクソンに至れり《3 年前、……ついにルソンに到着しました》[7]」は〔到着年が〕間違っていることになる。

マニラには 4 年間とどまり、日本語を書物——とくに『日葡辞書』や『羅葡日辞書』——とフィリピンに追放されたキリシタン[(1)] の子孫たちとの会話で学んだ[8(2)]。

そのさまざまな美点から、人びとから大変に愛され——その美点のなかには、相手の心を読み取る能力があった——毎日曜の午後、説教をした[9]。その生活は「真の宣教する使徒の美徳すべてを倦まず弛まず実践するなかで[10]」営まれた。

シドティは「聖クララの跣足修道女会に隣接する王立病院で」暮らし、「前述のアグスティン・デ・マドリード修道士が伝えるところによれば、ほとんど毎日、〔やってくる人〕全員に助任司祭として聖体を授けていた[11]」。のちにマッテオ・リーパ師は、自分が滞在したのは「まさにジョヴァン・バッティスタ・シドティ師が住んでいた」、なにもない 2 部屋だったと書いている[12]。

マニラでシドティは病人——病人の世話に多額の寄付を集めた——と罪のゆるしを授ける司祭としての務めに注力し、罪のゆる

---

6 Agustin de Madrid, *Relación*, p. 1.

7 松村 57。

8 Tollini, *Sidotti in Manila*, p. 131.

9 Agustin de Madrid, *Relación*, p. 1.

10 Faure, *Lettre*, p. 56. シドティのマニラ滞在については、*Storia do Mogor*, p. 254 をも参照されたい。

11 Agustin de Madrid, *Relación*, p. 1.

12 *Storia*, p. 275.

しを授け終わると子供たちの教理学習に身を捧げた[13]。

シドティは、集めた寄付の一部を使って、「聖フアン・デ・ディオス病院内に男子用と女子用に分けたいくつかの病室が配置された大部屋と、それと別に事務室を建てさせた……[14]」。

アグスティン・デ・マドリードによれば、シドティはマニラであたかも聖パウロのように暮らし、みずからのすべてを民衆に捧げ、それによってたいへんに好意的な名声を得た[15]という。リーパは1709年8月にマニラから次のように書いている。

> 彼が日本に出発した翌年に、私がこの島〔フィリピン〕に到着したとき、上述した彼の称賛すべき思い出は生き生きと残っていたので、あのアバーテのこと以外は語れないように思えたと言ってよいでしょう。そして私が耳を傾けた、ほとんどすべての罪のゆるしの秘跡のなかで、つねにこの同じお方の名前があげられるのを聴き、彼がつくりあげた高い評価、手に入れた尊敬に驚きました[16]。

「マニラでシドティと交際があった……[17]」ひとりのフランシス

13　Agustin de Madrid, *Relación*, p. 1.

14　*Ibid.*, p. 2.

15　*Ibid.*, p. 2.

16　M. Ripa, *Giornale (1705-1724)*, Vol. I *(1705-1711)* (Introduzione, testo critico e note di Michele Fatica), Napoli: Istituto Universitario Orientale, 1991, p. 180（執筆は1730年から40年にかけておこなわれた）。リーパはエボリ（サレルノ）で1682年3月29日に生まれ、1746年3月29日にナポリで死亡した。

17　L. Pérez, *Labor patriótica de los Franciscanos españoles en el Extremo Oriente, particularmente en Filipinas, en las obras de colonización, benefi-*

コ会オブセルヴァント派の修道士から、シドティがフランシスコ会第三会の会員だったことが知られる。

さらに、シドティが王立聖クレメンス神学校に関係する教会財産の管理者に指名され、寄付金の保管者に選ばれたことは、エロリアガ〔将軍〕[18] の証言から確信できる。神学校管理者としての職務は、ドミンゴ・サバルブル〔フィリピン総督〕[19] の協力で果たすことができた。また神学校建設を開始し、聖フアン・デ・ディオス病院に新たに広い病室を設け、メサ・デ・ラ・ミゼルコルディア（慈善事業のための収益）に頼ったオペラ・ピア[(3)] を創設するために、マニラ市民と近隣住民から寄付金を熱心に集めた[20]。

セミナリヨ

シドティのマニラ到着は、当地の大司教ディエゴ・カマチョ・イ・アビラ[21] の希望をかなえるうえで幸運な機会を提供した。大

---

cencia y cultura y en defensa del dominio patrio, in *AIA*, vol. XXXII 16 (1929) p. 202, n. 106. この著者（ロレンソ・ペレス）と著者自身が言及している史料については以下を参照。Manuel de San Juan Bautista (al secolo: Manuel Puga), *Historia Philipica, apostólica, evangélica. Chrónica de la única Provincia de San Gregorio de Philipinas*, ms., t. IV, f. 380, in AFIO, F 12/2; C. Hallack-P.F. Anson, *These Made Peace. Studies in the Lives of the Beatified and Canonized Members of the Third Order of St. Francis of Assisi*, London: Burns & Oates, 1957, p. 199.

18　エロリアガ将軍については、本書 p. 84 を参照されたい。
19　フィリピン総督サバルブルについては、本書 pp. 86-87 を参照されたい。
20　La *Declaración del G.ral Elorriaga*, in Ms. 1635, ff. 24-34.
21　このスペイン人高位聖職者（1652 年 11 月 12 日スペインのバダホス生－1712 年 10 月 19 日メキシコのグアダラハラ没）については以下を参照。Rubio Merino, *Don Diego*, & D. Collantes, *Historia de la Provincia del*

司教はトレント公会議（1545-1563）が定めているように[(4)]、将来の教区司祭養成のためのセミナリヨ（神学校）創設を希望し、スペイン王フェリペ5世の承認を得ていた[22]。

Santisimo Rosario de Filipinas, China, y Tunkin Orden de Predicadores. Quarta Parte Desde el año de 1700 hasta el de 1765, [Manila]: Colegio y Universidad: por Juan Franc. de los Santos, 1783, pp. 61-62. カマチョ・イ・アビラは1695年から1704年まではマニラの、続いて1704年まではグアダラハラ（ヌエバ・エスパーニャ/メキシコ）の大司教——しかし大司教区に赴任していたのは1707年から12年のあいだだけである。

22 マニラ大司教の神学校建設にシドティが果たした役割、その後の論争については以下を参照。この論争によってシドティの計画は縮小されることになり、最終的にはカマチョ・イ・アビラとシドティの企画は完全に放棄され、神学生8人の神学校という当初の計画を実現することになった。論争には神学校の名称変更も含まれ、現在の「サン・カルロス」となった。*Carta de Domingo de Zabalburu sobre haberse iniciado la fábrica del seminario gracias a las limosnas conseguidas por el Abad [Sidoti], erigido conforme a los estatutos que dejó el arzobispo antes de pasar a la sede de Guadalajara remitiendo testimonio para que se vean*, Manila, 22 de junio de 1707, in *Expediente sobre fundación de seminario en Manila*, 1707-1708, in AGI, Filipinas, 308, n. 4; *Carta de Diego Camacho y Ávila, obispo de Guadalajara*, Aguascalientes, 15 de noviembre de 1709, in AGI, Filipinas, 302, n. 1; Juan Francisco de S. Antonio, *Chrónicas de la Apostolica Provincia de San Gregorio de Religiosos Descalzos de N. S. P. San Francisco en las Islas Philipinas, China, Japon &c.*, Parte Primera, Imprenta de uso de la propria Provincia, Sampaloc, Extra-muros de la Ciudad de Manila 1738, p. 194; S. Reboulet, *Histoire de Clement XI*, Claude Delorme et François Girard, Avignon 1752, t. I, p. 158; J. Martinez de Zuñiga, *Historia de las Islas Philipinas*, Sampaloc [Manila]: Fr. Pedro Argüelles de la Concepcion, 1803, p. 415; T. H. Pardo de Tavera, *Notas para la Memoria de Anda y Salazar*, in ID., *Una Memoria de Anda y Salazar*, Manila: La Democracia, 1899, p. 49; *The Philippine Islands*, vol. XXVIII, *1637-38* (1905) p. 546 [119], n. 57; Rubio

しかしシドティには、国王の認可に含まれる内容——神学生8名を収容——とは異なる考えがあり、フィリピン総督ドミンゴ・サバルブル・エチェベッリ[23]と大司教の説得に成功した。大司教はシドティの計画を、「神の摂理によるかのようだ」と形容した[24]。

Merino, *Don Diego*, 特に、pp. 401ss.; Beckmann, *La propagazione*, in *Storia della Chiesa*, p. 374; M. L. Díaz-Trechuelo López Spínola, *Arquitectura española en Filipinas (1565-1800)*, Sevilla: Escuela de Estudios Hispano-Americanos, 1959, p. 273; R. S. Dela Goza-J. M. Cavanna, *Vincentians in the Philippines*, Manila: Salesiana Publishers, 1985, p. 64; A. V. Uy, *The Native Clergy From the Late 19th Century to the Early 20th Century*, in *The Filippine Revolution and Beyond* (edited by Elmer A. Ordoñez), vol. I, Philippine Centennial Commission, Manila 1998, pp. 245-270（特に、pp. 246.251-252）; H. De la Costa, *The development of the native clergy in the Philippines*, in TS vol. 8 (1947/2) p. 233; J. A. H. Nespral, *Spanish Church and State 1565-1615/1850-1900. Factors in the Process of Philippine nationalism*. Extracto de la Tesis Doctoral presentada en la Facultad de Teología de la Universidad de Navarra, Pamplona 1997, p. 319; L. P. R. Santiago, *The Hidden Light. The First Filipino Priests*, in *Philippine Studies* vol. 31 (1983/2) pp. 129-188; J. N. Schumacher, *The Early Filipino Clergy: 1698-1762*, in *Philippine Studies* vol. 51 (2003/1) pp. 7-62; J. Vergara, *Datos y fuentes para el estudio de los seminarios conciliares en Hispanoamérica: 1563-1800*, in AHIg 14 (2005) pp. 239-300; P. Luengo Gutiérrez, *Noticias sobre obras en la Iglesia de Tondo en el siglo XVIII*, in *Laboratorio de Arte* 22 (2010) pp. 221-222; M. B. García López, *Planta del Seminario de San Clemente de Manila*, in *Filipinas. Puerta de Oriente. De Legazpi a Malaspina* (ed. Alfredo J. Morales), SEACEX, Lunwerg, Madrid, 2003, pp. 227-228; www.scs.edu.ph.

23　このフィリピン総督については、本書 pp. 86-87 を参照されたい。

24　*Carta de Mons. Camacho y Ávila al Rey [Felipe V]*, en Manila, a 16-5-705, in AGI, Filipinas, 290 (Rubio Merino, *Don Diego*, cit., p. 417 n. 48 & p. 420).

シドティはマニラ在住のスペイン人神学生だけでなく、フィリピン人の神学生も養成できる教区の神学校の創設を計画した。そのために、神学校の生徒の定員を、イエスに派遣された福音の使徒にちなんで（ルカによる福音書10章1節）、72名にしようとした。これは「この諸島の山岳地帯にカトリックの信仰を確立するため」であった。「それは疑いもなく、大勢の福音の使徒によって達成される[25]」。

したがって、フィリピン人の神学校への受け容れと、そのあとに続くフィリピン諸島山岳地帯への福音宣教のためのオペラ・ピアの創設とは、同じ1枚のメダル、すなわち、シドティの使徒としての熱意の両面を構成していたと断言できる。

1705年8月18日と9月17日、マニラ大司教——すでにグアダラハラの大司教に選出されていた——は、2通の書簡を教皇クレメンス11世に送り、さまざまな事柄に加えて、「愛する子〔マタイによる福音書3章17節ほか〕ジョヴァンニ・バッティスタ・シドティに備わる入念な熱心さによって多くの慈善事業が、さらに諸施設、とりわけ、セミナリヨの建設とその基盤を固めることが推進された[26]」と報告している。この学校はその後、ローマ教皇の栄誉を讃えて「聖クレメンス」と命名された。

この計画は、未来のフィリピン人聖職者の資質をあまり信頼し

---

25 *Carta del Abad Sidoti al Arzobispo sopra fundar un Seminario*, Hospital Real [Manila], y febrero 5 de 1705 años, in *Archivo de la Universidad de Santo Tomás*. Sección de Libros, t. 60, p. 1-1v (Tollini, *Sidotti in Manila*, p. 133).

26 *Littera ad Carolum Thomam, S. R. E Presbytero Cardinali de Tournon*, Romae, 18 Octobris 1707, in *Clementis XI Pont. Max., Epistolae et Brevia Selectiora Anni MDCCVII*, Romae: Typographia Reverendae Camerae Apostolicae, 1724, p. 403.

ていなかったアウグスチノ会修道士たちの反対に遭い[27]、修道士たちはそのためにシドティにミサ聖祭を司式する場所〔を提供すること〕さえも拒んだ[28]。

神学校の建設が終わり[29]——神学校の規則[30]は「フィリピンの教区つき聖職者の共同創設者[31]」シドティ[32]が書き、1706年7月7日に大司教により認可された[33]——カマチョ・イ・アビラは布教聖省に教師の派遣を要請した[34]。

教皇は1707年10月18日付でマイヤール・ド・トゥルノンとマニラ大司教に送った返信2通[35]で、前年にシドティが日本へ行く許しを願い出ていたのに[36]、シドティがマニラにとどまり、神学校創設の仕事を完成させるよう要請した。つまり、神学校創設を

27　*Carta de Mons. Camacho y Ávila al Rey [Felipe V]*, en Manila, a 16-10-705, in *AGI*, Filipinas, 290 (Rubio Merino, *Don Diego*, p. 410, n. 28).

28　APF, ACG, vol. 77, f. 372 (L. M. Pedot, *La S. C. De Propaganda Fide e le Missioni del Giappone (1622-1838). Studio storico-critico sui documenti dell'archivio della stessa S. C. ed altri archivi romani*, Tipografia Pont. Vesc. S. Giuseppe-G. Rumor, Vicenza 1946, p. 333, n. 111) & *Carta de Mons. Camacho*, 16-10-705, in Rubio Merino, *Don Diego*, p. 414, n. 39.

29　APF, ACG, vol. 77, f. 366 (Pedot, *La S. C. De Propaganda Fide*, p. 333 n. 109).

30　Rubio Merino, *Don Diego*, pp. 520-543.

31　Santiago, *The Hidden Light*, p. 150.

32　Rubio Merino, *Don Diego*, p. 420.

33　*Ibid.*, p. 421.

34　APF, ACG, vol. 77, f. 367 (Pedot, *La S. C. De Propaganda Fide*, p. 333, n. 110).

35　*Littera ad Carolum*, pp. 403-406, & APF, ACG, vol. 84, f. 529 (Pedot, *La S. C. De Propaganda Fide*, p. 333 n. 112).

36　B. M. vol. V, n. 978 (Pedot, *La S. C. De Propaganda Fide*, p. 332 n. 106).

日本での危険な任務よりも重視したのである[37]。しかし不幸にも、教皇のこの要望の結末は、それが到着したとき、シドティはすでに日本に向けて出発していた。

カマチョ・イ・アビラ大司教はグアダラハラに赴任し（1707年）、シドティも日本に出発した（1708年）ので、相変わらずこの事業に反対していたマニラ在住の聖職者たちは、フェリペ5世に宛ててシドティについて嘘いつわりに満ちた匿名の手紙を書いた[38]。

オペラ・ピア

1705年9月15日、シドティはオペラ・ピア[39]を設立し、それを

---

37 *Littera ad Carolum*, pp. 403-404 & *Littera ad Didacum Archiepiscopum Manilae, Electum Guadalaxarensi*, Romae, 18 Octobris 1707, in *Clementis XI*, p. 405.

38 *Noticias privadas de Manila a S. M. Católica*, Manila, a 22-6-707, in AGI, Filipinas, 308（menzionata in Rubio Merino, *Don Diego*, p. 425 n. 72）.

39 In M. M. Manchado López, «*Desamparo en que con la vida, se pierde el alma*». *Las controversias en torno a la obra pía del Abad Sidoti para la recogida de niños chinos abandonados (Filipinas, 1705-1740)*, in *Revista de Indias* vol. LXXI n. 252 (2011) pp. 415-448 に、オペラ・ピアの歴史が詳細に述べられているので、参照されたい。その創立は、1705年にまで遡れる。原文書は欠けているが、信頼のできる次の文書がそれを補ってくれる。*Copia de la obra pía que fundó el muy devoto y venerable Abad don Juan Bautista Sidoti, misionero apostólico del Reino del Japón, cuya administración encomendó al cuidado de la Mesa de la Santa Misericordia de esta ciudad de Manila que se hizo cargo de ella*, Manila, 29 de octubre de 1705, in *AGI*, Filipinas, 226, n. 1, ff. 38r-40v (in Manchado López, «*Desamparo*, cit., p. 419 n. 17). 1707年9月7日、シドティは条項をつけ加えることを望んだ。Cf. *Certificación del escribano de la Mesa de la Misericordia relativo al*

「慈善事業のための資金管理団体[40]」に託し、マニラ市民その他[41]からの寄付——彼が享受していた最高の評価とその使徒としてのすべての仕事に見せた熱意を評価され——と、マニラ総督の側か

---

acuerdo adoptado por dicha institución en su sesión de 7 de septiembre de 1707, Manila, 19 de septiembre de 1735, in *AGI,* Filipinas, 226, n. 1, ff. 200v-201r (in Manchado López, «*Desamparo,* cit., pp. 423-424). 最終的に、「1707年9月15日、シドティ自身が慈善事業の委員会に新しい提案を提出した。すなわち、創立当初の規則なり、慣習に則って訂正すべきであると」(Manchado López, «*Desamparo,* cit., p. 424; シドティの文章は以下である。*Escrito del abad Juan Bautista Sidoti presentado ante la Mesa de la Misericordia,* Manila, 15 de septiembre de 1707, in AGI, Filipinas, 226, n. 1, f. 41r (cit. in Manchado López, «*Desamparo,* cit., p. 425 n. 28). オペラ・ピアについては、以下の資料を参照されたい。*Expediente sobre obra pía del abad Juan Bautista Sidoti (1721-1741),* in *AGI,* Filipinas, 226, n. 1; Juan de la Concepción, *Historia general de Philipinas,* t. XIV, Por Balthasar Mariano Donado, Sampaloc [Manila] 1792, pp. 345-347; J. Ferrando-J. Fonseca, *Historia de los PP. Dominicos en las Islas Filipinas y en sus misiones del Japon, China, Tung-kin y Formosa,* t. IV, Imprenta y Estereotipia de M. Rivadeneyra, Madrid 1871, p. 43; J. Martinez Ortiz, *Fuentes relativas a Indias existentes en la Biblioteca Universitaria de Valencia. Collección de impresos y manuscritos de los siglos XVI al XIX,* Generalitat Valenciana, Consell Valencià de Cultura, Valencià 1990, p. 29.

40 この16世紀末のマニラの貸付金制度の目的は、使節団員の世話とオペラ・ピアだった。この信心団体については、J. Mesquida, *Origin of the "Misericordia" of Manila,* in *Ad Veritatem,* vol. 2 (2003/2), pp. 423-462を参照されたい。

41 アグスティン・デ・マドリードによると、寄付は遠くメキシコからも寄せられた。*Memorial impreso,* s.d., in *AGI,* Filipinas, 226, n. 1 (M. M. Manchado López, *La obra pía del abad Sidoti para las misiones de los montes de Filipinas (1705-1741),* in *Archivo Agustiniano* 95 n. 213 (2011) p. 109 n. 13).

らのかなりの財政的援助の成果である 12,000 ペソを与えた。

　　ミゲル・デ・エロリアガ殿は 1709 年のパラオ諸島探検の指揮をとったことで有名だが、アカプルコで王に仕え、マニラ貿易の調停人としてカビテ港で任務を遂行し、また、スペイン宮廷では市の代表者として活躍した。彼は長官の任務に就く一方、レイテ、アルバイ、カマリネス、タヤバスの総督かつ総司令官であり、ミンドロの司法官でもあった。そして、マニラの市会議員職を手に入れ（*Real Provisión*, Madrid, 13 de febrero de 1710, AGI, Filipinas, 341, L. 9, fols. 290v-294v)、その後、カラミアネスの市長にもなった（*Real Provisión*, Madrid, 3 de febrero de 1716, AGI, Filipinas, 342, L. 9, fols. 20v-21v)。1 年後、カラシアオ町（パンガシナン州）の住民たちのエンコミエンダ[(5)] をも獲得した（AGI, Filipinas, 278, N. 2)。1720 年にカビテ港にあるカスティーリャの邸宅を占拠し、その直後にマリアナス諸島の知事に任命された[42]。

寄託された金額の運用収益を使って、このオペラ・ピアが実施しなければならない慈善活動について検討された点は、以下のとおりである。

　　a)　スペイン人子女の教育にあたる「聖イサベル学院」と、同じく慈善事業の運用収益が後援するその他の慈善事業の維持
　　b)　「いとも聖なるロザリオの信心会」の管理人たち

42　Manchado López, «*Desamparo*, p. 419 n. 15. エロリアガについては、E. Papinot, *Historical and Geographical Dictionnry of Japan*, vol. 2, Tokyo: Sansaisha, 1910, p. 771 をも参照されたい。

c）聖フアン・デ・ディオス病院の新病棟の管理人たち[43]

d）「不実な両親の貧しさから田舎や道路に見捨てられたり、放り出されたりすることが前記の国々で日常化しているが、そうした子どもたちを寄せ集め、生活に必要なものを与えて養育し、かつ、教育する[44]」目的、清国と――神のみ心しだいでは――日本のフランシコ会オブセルヴァント派の宣教師20名

e）「フィリピン諸島山岳地帯と東洋の日本、清、コーチシナ、シャム……」の宣教師30名の支援と維持[45]

f）神学生72名を養成するための「聖クレメンス」神学校

g）大信心会である「聖体の組」

続く歳月、オペラ・ピアは資金不足のため、シドティが期待したほどの運用収益をあげなかったものの[46]、インド管区遣外管区

---

43 J. M. Maldonado de Puga, *Religiosa Hospitalidad. Por los hijos del Piadoso Coripheo Patriarcha, y Padre de Pobres S. Juan De Dios. En su Provincia de S. Raphael de las Islas Philipinas*, Granada: Joseph de la Puerta, 1742, pp. 237-238 も参照されたい。

44 *Copia de la Obra Pía que fundó el muy devoto y venerable Abad, Don Juan Bautista Sidotti, Misionero apostólico del reino del Japón, cuya administración encomendó al cuidado de la Mesa de la Sta Misericordia de esta Ciudad de Manila, que se hizo cargo de ella, Manila y septiembre quince de mil y setecientos y siete*, in Abad Pérez, *El abad*, p. 117. 本書ではオペラ・ピア（マニラ、1707年9月15日）については、慈善事業の資金について編集されたこの箇所の写し（マニラ、1720年6月25日）を引用することにした。会計係だったマルティン・デ・アバウレアが、前述の条項のなかにすべて報告しているからである。

45 *Copia de la Obra Pía*, in Abad Pérez, *El abad*, p. 117. このオペラ・ピアについては、Manchado López, *La obra pía*, pp. 105-132 を参照のこと。

長からは、「カトリック教会を擁護するために、聖なる大胆な行為によって日本に入国し、福音とその真理とをみずからの血でもって証(あかし)することを決心したことから、その信仰を伝え広げる熱意と燃えるような敬神の娘」と、シドティは評価された[47]。

翌年、フランシスコ会オブセルヴァント派のジョヴァンニ・バッティスタ・ダ・イリチェート修道士は、次のように書いている。

> 私たちが布教聖省の補助なしで、第一に清国において聖なるキリスト教を説き続け、第二に私たちが哀れな捨て子を収容するのに特別な心遣いができるように、アバーテ・シドッティ師の名のもとで（彼が考えていたように、私たちの会則のよりよい実現を図って）、上記マニラ市の慈善事業のための資金をつくった。その創設証書は1706年7月3日にマニラ市において締結され、私はその原本を所持している……[48]。

1707年、「サンティアゴ騎士団の騎士、フィリピン諸島の総督・軍司令官、将軍ドミンゴ・サバルブル・エチェベッリ殿[49(6)]」は、

46　Pérez, *Labor patriótica*, pp. 201-202.

47　*Carta del comisario general de Indias, Fray José Sanz, al fiscal del Consejo, don Andrés de Escorobarrutia y Zupide,* Madrid, 12 de octubre de 1721, in AGI, Filipinas, 226, n. 1, f. 31r-31v (Manchado López, «*Desamparo*, p. 418).

48　Carlo Orazio da Castorano, *Brevi notizie della Cina*, ms., 11 aprile 1740, in Marcellino da Civezza, *Saggio di bibliografia geografica storica etnografica sanfrancescana*, Per Ranieri Guasti, Prato: Ranieri Guasti, 1879, pp. 106-107.

49　Agustin de Madrid, *Relación*, p. 3. 1701年から1709年までフィリピン総督を務めたバスク人のドミンゴ・サバルブル・イ・エチェベッリについて

シドティの日本に行きたいという希望をかなえさせたいと考え、マニラの岸辺で帆船[50]を建造させた。船には「サンティッシマ・トリニダード（聖三位一体）」号[51]の名が与えられ、船長はマニラ在住[52]で、「航海術に優れた[53]」ミゲル・デ・エロリアガ将軍がみずから買って出た。

こうして1707年11月27日、シドティは日本に向かって最初の航海に出る。しかし、日本上陸には失敗する[54]。

この不幸な冒険に同行したのは、跣足アウグスチノ会のマヌエル・デ・サン・ニコラス・デ・トレンティノであった[55]。

は、M. R. De Borja, *Basques in The Philippine*, Reno, Nevada: University of Nevada, 2005, p. 144 & Collantes, *Historia*, pp. 50-51 を参照されたい。

50 〔2本マストを有した平底船の〕「パタケ」と呼ばれる帆船であった（Agustin de Madrid, *Relación*, p. 3）。

51 *Traslado Simple de la Información que de Orden del Superior Gouverno de estas Islas se Reciviro sobre El Viaje que hizo El Señor Abad D.ⁿ Juan Baup.ᵗᵃ Sidoti al Reyno del Japon*, 1709, in Ms. 1635, ff. 1-20 という文書があるが、そこに次のような記述を見出せる。「パタケは、《悲しみの聖母マリアと聖フランシスコ・ザビエルのサンティッシマ・トリニダード号》と名付けられた」(f. 1)。

52 Agustin de Madrid, *Relación*, p. 3 & P. Murillo Velarde, *Historia de la Provincia de Philipinas de la Compañia di Jesus*. Segunda Parte, Manila: D. Nicolas de la Crux Bagay, 1749, p. 383. シドティの日本行きにデ・エロリアガが同行したことについては、以下にも記述がある。I. F. De Espinosa, *Chrónica Apostolica y Seraphica de todos los collegio de Propaganda Fide de esta Nueva España, de Missioneros Franciscanos Observantes*, México: Ioseph Bernardo de Hogal, 1746, Parte Primera, *Aprobacion* [p. 4].

53 Juan de la Concepción, *Historia*, t. VI, p. 77.

54 *Relación del viage del Japón hizo...*, in Ms. 1635, ff. 100-126 & *Declaración del G.ral Elorriaga*, in Ms. 1635, ff. 24-34.

55 *Declaración del G.ral Elorriaga*, in Ms. 1635, ff. 24-34 & Á. Martinez

シドティは自分の使徒的仕事の仲間として跣足アウグスチノ会のマヌエル・デ・サン・ニコラス神父を選んだ。神父は、スペインのカスティーリャのナバ・デ・エル・レイの出身で、二人いっしょに日本人の服装で1707年に船に乗り込み、中国の厦門（アモイ[7]）港に着いたが、まもなくカビテ港に帰らなければならなかった[56]。

トレンティノ修道士の同行は、アウグスチノ会員もまた日本での宣教を望んでいたことを意味する。「18世紀初めに、管区は日本へ行く望みを表明することになった。……マヌエル・デ・サン・ニコラス・デ・トレンティノ（1729没）は、名高いイタリア人のアバーテであるフアン・バウティスタ・シドッティ（1668-1715）に同行して日本に向かって出港したが、彼も自分の計画を実現することはできなかった[57]」。

他の2点の史料が、シドティのマカオ上陸を証言する。最初の1点はイエズス会の史料で、ここから日付もわかるのだが（1707年10月）、跣足アウグスチノ会の修道士の存在にも触れている。「10月にマニラからマカオへ1艘の船がやってきたが、その船には、偉大なパレルモ人アバーテ・シドッティがひとりのアウグスチノ会員と4人の日本人と乗り組んでおり、いっしょに日本に向け航行していた[58]」。2番目はパリ外国宣教会の宣教師の書簡で、

Cuesta, *Historia de los Agustinos Recoletos*, vol. I: *Desde los origines hasta el siglo XIX*, Madrid: Editorial Augustinos, 1995, p. 401.

56　Juan de la Concepción, *Historia*, t. VI, pp. 77-78.
57　Martínez Cuesta, *Historia*, p. 401.
58　*[Brief] Giovanni Battista Messari S.J. an [Micheal Fait S.J.]*, Macao, 5 Januar 1708, in G. W. Leibniz, *Briefe über China (1694-1716). Die Korrespondenz mit Barthélemy Des Bosses und anderen Mitgliedern des Ordens*

マカオから「シドティ神父はこの国〔マカオ〕に2年前から滞在していた[59]」と書いている。

(Herausgegeben und kommentiert von Rita Widmaier und Malte-Ludolf Babin), Hamburg: Felix Meiner, 2017, p. 96.
59 *Lettera di Jean Franç. Martin de La Baluere S. dos Miss. Ap. licus a…*, Makaönis die Maj 22ª anno 1710, in MS 1635, f. 135.

日本にて (1708年 – 1714年)

航　海

　1708年[1]、ついにシドティはその宣教の夢の実現に向けて歩み出すことができた。だが、それをただひとりで実現しなければならなかった。実のところ、

> マヌエル修道士は、熱意に燃えるシドティの航海に同行できなかった。その理由については何も語られていないが、当惑は非常に大きなものであったであろう。なぜなら、あの修道者〔シドティ〕はマニラで傑出した、しかも高徳な人物として知られていたからである。それで1709年〔史料をそのまま引用したが、正しくは1708年〕8月にシドティは、自分を〔日本まで〕連れていく義務を負っていた、経験豊かなミゲル・デ・エロリアガ船長の船に乗り込んだ[2]。

　日本に向けて再度出港した8月22日水曜日朝8時、乗船に先

---

1 Agustin de Madrid, *Relación*, p. 3. Faure (*Lettre*, p. 57) & Juan de la Concepción (*Historia*, t. VI, p. 78) は誤って1709年としている。日本の旧暦によれば、江戸時代 (1603-1868) にあたる。
2 Juan de la Concepción, *Historia*, t. VI, p. 78. 跣足アウグスチノ会の年代記作者が、フィリピンから同僚の修道者（聖ニコラ・ダ・トレンティーノ）がシドティの2回目の日本へ向けての旅に同行しなかった理由を知らないというのは、奇妙なことである。

駆けて、シドティは埠頭で〔マニラでの〕最後の講話をおこなった。

> (かなり多くの市民と全修道会の)マニラの皆様がたは全員が、貧しい人々のために使用するようにとすべての施しものを、また、聖クレメンス学院の事業(その一つは、子どもたちに教えるために建物を建築すること)や病院と関係ある事柄に費やすようにと、私に与えてくれました[3]。

けれども激しい嵐のため、船は港に戻らざるをえなかった。
3日後の8月25日、サンティッシマ・トリニダード号はようやく日本に向けて出港する[4]。

> アグスティン・デ・マドリードはその著書のなかで(13-17ページ)、1708年8月22日から1708年10月10日(シドティの日本〔屋久島〕上陸の日)までと、1708年10月11日から船がマニラに帰港した29日までの「航海記」を——遭遇した風や海流を記述するとともに——つづっている。マドリードが、シドティが日本に赴くためにおこなった数度の旅について Ms. 1635[(1)] に記載されている日付を「いっしょにして」、すべてを1708年の航海の出来事であるかのように

---

3 Agustin de Madrid, *Relación*, p. 2.
4 Cfr. *[Carta de la Mesa de la Misericordia al Rey (Felipe V)]*, Manila, 22 de junio 1719, in AGI, Filipinas, 226, n. 1, f. 14r. (M. M. Manchado López, «*Desamparo*, pp. 417-418) & Murillo Velarde, *Historia*, p. 411. シドティは日本渡航を3回試みたが、最初の2回は失敗した。この点については、Rubio Merino, *Don Diego*, p. 425, n. 73 をも参照されたい。

> 語っている点に注意を喚起しておきたい。

　船上でのシドティの一日は、まさに修道院の時間割そのものによってリズムを刻んでいた。

　　5時－ 6時　　念禱[2]
　　6時－ 6時45分　祈りの振り返りと定時の聖務日課[3]の祈りを唱える
　　7時－ 8時　　聖体の秘蹟、感謝の祭儀などの名称がつけられているミサと朝食
　　8時－ 9時　　霊的読書と日本語学習
　　9時－10時　　告白の秘蹟を授ける
　10時－11時　　病人の慰問
　11時－12時　　昼食
　12時－13時　　休息
　13時－14時　　夕べの祈りと終課（夜の祈り）[4]
　14時－15時　　霊的読書と日本語学習
　15時－16時　　病人の慰問
　16時－17時　　朝課、その他の祈り
　17時－18時　　日本語学習。告白の秘蹟を授ける
　18時－19時　　ロザリオと痛悔の祈り
　19時－20時　　念禱
　20時－21時　　一日の良心糾明と特別な念禱
　21時－22時　　夕食と休養
　22時－23時　　糾明と特別な祈り
　23時－ 5時[5]　就寝。毎時、鐘がなるたびにシドティは眠りを

5　すぐあとに、ここで加えた記述があるものの、原典は実際には23時か

中断して起きあがり、煉獄の霊魂のために(5) 主の祈りと天使祝詞をそれぞれ1回ずつ唱えた6。

「海上忽に風逆し、浪あらくして、船覆らむとせし事、三たびに及びしのち、はじめて此土に至る事を得し《海ではたちまち風が吹き荒れ、浪も激しく、船が転覆しそうになったことが3度もあったのち、ようやく日本にたどり着くことができたのです》7」とシドティ自身が語っているように、約1800キロの航海――そしてさまざまの災難のあと8、10月9日火曜日、日本の陸地が見えた9。

翌朝10、〔日本の〕漁船に遭遇。水が入手できる場所を尋ねるた

ら24時で終わっている。

6 *Instructiones que diò el Abad Juan Bautista Sidoti de lo que se havria de hacer en el viaje del Japón* [1707], in Ms. 1635, f. 100. Agustin de Madrid, *Relación*, p. 3 では1708年の旅のように報告されている。このフランシスコ会修道士の報告のイタリア語訳である *Breve relazione estratta da varie lettere... Sopra l'Arrivo nella Città di Manila, partenza per l'Impero del Giappone, arrivo, e dimora in quello dell'Abbate D. Gio. Battista Sydoti. Con un esatto Diario del Viaggio à detto Impero del Giappone, e stato in cui si trova. Tradotta dall'Idioma Spagnolo nell'Italiano da Gio. Fra[n]cesco Sangermano Corvo*, Roma: Bernabò, 1718 には una diversa scansione delle ore della giornata（1日のさまざまな時間割）がある。

7 松村57。

8 A. Brou, *L'Abbé Jean Baptiste Sidotti. Confesseur de la foi. Mort à Yedo en 1715*, in *Revue d'Histoire des Missions* 14 (1937/3), p. 373.

9 Faure, *Lettre*, p. 57. 10月9日から10日にかけての出来事の詳細については、*Traslado Simple*, in Ms. 1635, ff. 1-20 を参照されたい。

10 *Un missionaire*, p. 344, n. 1 によれば、『西洋紀聞』では10月11日か12日に対応するという。日本人漁民との出会いが実際には10月10日だった

めに、兵士数名とマニラで乗り込んだ日本人1名——この日本人はマニラの総督に、シドティと日本に上陸し、必要とあればシドティを隠すと約束していた——を乗せた小舟がおろされた。

日本人は漁民とちょっと話したが、漁民の答えに怖気づき、スペイン人が漁船に近づくことを許さなかった。

本船に戻った日本人はシドティの質問に、島に足を踏み入れれば重大な危険を冒すことになるだろうと答えた。発見され、捕縛されて、将軍〔の命令〕によって残酷に殺されるだろう。顔の表情と口にした言葉の一部から、シドティは日本人が漁民に自分の計画を明かしたことを理解した。

シドティは船室にもどり、なすべきことを見極めるために主に祈った。

17時ごろ、船長のもとにおもむき、自分の決断を伝えた。

「船長、幸いなる時がきました」と彼は言った。「その時を私は何年も前から熱望してきたのです。さあ、いま、私たちは日本の戸口にいます。これほど望まれた土地に私を上陸させるために、すべての準備をする時が来ました。あなたは、未知の、そして多くの海難で名高い海を渡って、私をここまで連れてくる寛大さをお持ちでした。どうぞ、あなたの仕事を成し遂げてください。本当のところを言えばキリストのみ名の敵なのですが、私が福音のくびきにつけることを願っている人びとのなかに、私をひとりで残していってください。私が支えとするのは自分の力ではなく、イエス・キリストの全能の恵みと、過去の百年ほどのあいだにそのみ名を守るため

ことは、この日付が、日本に上陸するために小舟に乗りこむ前、夜遅くに書かれたシドティの手紙に記載されているという事実から確かである。

に血を流した多くの殉教者の保護なのです[11]」。

　船長はシドティを上陸させる用意のあることを示したが、数日間の忍耐を要請した。日本人がシドティの計画を知ってしまったので、いったん上陸したら、あとを追って来るかもしれないからだ。そのために、そしてすべての危険を避けるために、別の浜を探してシドティを島に上陸させようとしたと考えられる。

　しかし、シドティは断固として決意を変えなかったので、船長は彼を上陸させる準備を進めた。上陸は夜間におこなわれることになった。

　サンティッシマ・トリニダード号から下船する前、シドティはローマ[12]とマニラ[13]に送るべき手紙を数通したためた。

　ローマに送られたなかに、日本に派遣する宣教師を集めるよう布教聖省に求める手紙があった。「この呼びかけは跣足アウグスチノ会の修道士がきちんと受け取った。このスペインの修道会の経理担当者であるディエゴ・ディ・ヘスス神父は、シドティからの最初の知らせで、あらかじめ選出していた修道士22名を日本に派遣する権限を布教聖省に求めた[14]」。

　もう一通は教皇クレメンス11世に送られた。「〔ローマに送られた〕書簡の1通は教皇宛であった。特使（アグスティン・デ・

11　Faure, *Lettre*, pp. 59-60; Juan de la Concepción, *Historia*, t. VI, pp. 79-80.
12　Faure, *Lettre*, p. 62.
13　Appendice, p. 69 に収録した *Lettera al Padre Provinciale [Cristóbal de Jesus, al secolo Montanchez] dei Minori Osservanti di Manila*, Yantcoxima, 10 ottobre 1708, in AP, sig. 8-2（Pérez, *Labor patriótica*, p. 202, n. 106）を参照されたい。1708年5月に管区長に選出されたクリストバル・デ・ヘススについては、Gómez Platero, *Catálogo*, p. 331 を参照。
14　Pedot, *La S. C. De Propaganda Fide*, p. 334.

マドリード）がその書簡を持参し、教皇の手に届くよう、この（マドリードの）宮廷から、ヴァティカン〔布教聖省のことか〕の副長官フランシスコ・レオニサ大司教を経由してローマに発送された[15]」。

教皇庁書記長フランシスコ・ラヨ・ドーリアとミゲル・デ・エロリアガ[16]は、教皇と布教聖省に送られた手紙をラヨ・ドーリア邸でイエズス会員トゥッチョ神父から見せられたと証言している。

もう一通、やはり1708年10月10日付の手紙は「……枢機卿[17]」宛である。

手紙を書いたあとシドティは、「スペイン船で遵守されている習慣に従って[18]」乗組員とともにロザリオの祈りをとなえ、短く説教をした。最後に、自分の示した悪しき手本と、絶好の機会だったのに、とくに〔マニラで〕少年たちに宗教的な教えを授け

---

15 Agustin de Madrid, *Relación*, p. 12.
16 Attestati del 29 aprile 1710, in Ms. 1635, ff. 131-132. アントーニオ・トゥッチョ（1641年4月16日メッシーナ生-1716年2月2日マニラ没）は1696年から99年までと1707年にフィリピンの管区長だった。E. Descalzo Yuste, *La Compañia de Jesús en Filipinas (1581-1768): realidad y representación*. Bellaterra: Tesis Doctoral. Universidad Autónoma de Barcelona, 2015, pp. 232.605.623.726を参照されたい。フランシスコ・ラヨ・ドーリアはマニラ司教座大聖堂の宝物管理人と聖歌隊の男性ソロ歌手とを務めていた。Real Academia de la Historia, *Catálogo dela collecciόn «Pellicer», antes denominada «Grandezas de España»*, t. II, Madrid: Maestre, 1958, p. 140 & I. Alva, *Redes comerciales y estrategias matrimoniales. La mujeres en el comercio del Galeón de Manila (siglos XVII-XVIII)*, in *Revista Complutense de Historia de América* vol. 42 (2016), p. 215 n. 39を参照されたい。
17 Ms. 1635, f. 137. この書簡は、本書「付録」pp. 208-209に収録。
18 Faure, *Lettre*, p. 62.

なかったことを全員に謝罪し、すべての人の足に口づけをした[19]。

こうして23時、袋ひとつをもち[6]、シドティは船長のほか7名のスペイン人とともに小舟に移った。

シドティとともに日本に上陸したスペイン人のひとり、カルロス・デ・ボニオ[20]の好奇心のおかげで、袋の内容はわかっている。「……彼は袋を開けた。そこに入っていたのは、ミサ聖祭のための祭具一式、聖油[7]を入れた容器、『聖務日課』、『キリストにならいて』、日本語の文法書2冊、そのほかの信仰書数冊、イエズス会員ミケーレ〔正しくは、マルチェッロ〕・マストリッリが所持していた十字架、聖母マリアの肖像画[8]、さまざまな聖人たちの版画、それですべてだった[21]」。

アグスティン・デ・マドリードによれば、これらの品物は、以下の通りである。

> 「悲しみの聖母」の絵を収めた小さな額、ごく小さなミサ典書、聖務日課、日本語の文法書、ミサ聖祭に必要な各種の祭具、祭壇の聖石[9]は袋を痛めないように所持せず、聖油を入れたごく小さな容器、数種類の信心書、尊者マルチェッロ・マストリッリ神父が首にかけていた小さい十字架、一対の苦行用の鞭、3枚の堅い苦行衣〔帯〕、前述の〔エロリアガ〕将軍がシドティに渡した約1リーブラ〔約500グラム〕の堅パン、

---

19 *Ibidem.*
20 Faure, *Lettre*, p. 63 によれば、このように伝えられているが、アグスティン・デ・マドリード (*Relación*, p. 12) は、このスペイン人の名をカルロス・ベッリオであり、また、*Declaración del G.ral Elorriaga*, Ms. 1635, ff. 24-34 でも同様である。
21 Faure, *Lettre*, pp. 63-64.

チーズ少量、前述のアバーテ〔シドティ〕が使用していた数枚の着古した下着類と〔を袋に入れ〕、シドティ神父は日本人の着用する青色の着物を着て出発した……[22]。

シドティの袋に入っていたものすべてのなかで、幸いにも「悲しみの聖母[10]」図――フィレンツェのウフィツィ美術館〔ほか、世界各地の美術館〕に所蔵されている「親指のマリア」の複製――は、日本では「江戸のサンタ・マリア[23]」と名付けて、1874年以来、上野の東京国立博物館に所蔵されている。この絵はまず長崎〔奉行所〕に、ついで幕府に没収された[11]。

小舟による短い移動のあいだ、シドティはずっと祈り続けた。そしてついに10月10日水曜日から11日木曜日[24]にかけての夜、日本人の服装と髪型をして、岸が切り立った崖だったために苦労をしながら、種子島と信じきっていた島[12]に上陸した[25]。

実際には島は屋久島で、シドティが上陸した入江は唐の浦[13]である[26]。

> この二つの小さな島は、日本を構成する主要四島の最南の島である九州の南方海上に位置する[27]。九州の南先端は二つの

---

22 *Relación*, p. 12.
23 C. Tassinari, *Santa Maria di Edo*, in *BS* 81 (1957/27), pp. 421-422; W. Castellan, *Nostra Signora di Edo. Un prezioso cimelio che ricorda l'ultimo Missionario del Giappone della prima ora. Padre Giovanni Battista Sidoti. Ricorre quest'anno il 250° della sua morte*, in *OR* 29-30 novembre 1965, p. 6; Contarini-Luca, *L'ultimo missionario*, pp. 136-137. 口絵 p. xv を参照。
24 Pérez, *Labor patriótica*, p. 202, n. 106 では、10月13日に上陸したとする。
25 Agustin de Madrid, *Relación*, p. 13.
26 Tollini, *Giovanni Battista Sidotti*, p. 105.

小半島によって形成されている。東側が大隅半島、西側が薩摩半島で、その中心都市は同じ名前をもつ湾に面する鹿児島である。

屋 久 島

シドティは陸にあがると地面に口づけをし、すべての困難を乗り越えて日本に到達できたことを主に感謝した[28]。

しばらく歩くと、平野に出たので、ともに上陸した8人を帰船させた。船長はシドティの役に立つだろうと言って、いくらかの金の塊をおいていった。

スペイン人たちはこうして浜にもどり、ふたたび小舟に乗り込んだ。小舟が彼らを本船まで連れもどすはずであったが、本船が見えたのはようやく10月11日木曜日の朝8時だった。風のために約束の場所から流されていたからだ。

スペイン人は船にもどり、帆をあげてマニラに向かい、10月29日に帰着した[29]。

この時点以降、スペイン人が日本人漁民と出会った日（1708年10月10日）からシドティの死（1714年11月27日）までの出来事は、2点の史料から知られる。ひとつは日本語で書

27　口絵 p. xi を参照。

28　Faure, *Lettre*, p. 63 & la *Declaración del G.ral Elorriaga*, in Ms. 1635, ff. 24-34.

29　Agustin de Madrid, *Relación*, p. 17. Faure, *Lettre*, p. 65 はマニラ帰港を誤って10月18日としている。

かれた新井白石の『西洋紀聞』で、かなり詳細な記述がある。もうひとつは1708年に長崎でおこなわれた尋問のフランソア・ヴァレンティンによる報告書で、オランダ語である[30]——『西洋紀聞』でも、尋問については話を大まかに要約する形で書かれ、ただひとつの問答も〔言葉どおりには〕記載されていない[31]。ただし、尋問のために、白石は長崎から江戸に送られてきた報告書を[32]要約して活用していることを指摘しておく[33]。この報告書には、薩摩から送られた報告もまとめられている[34]。これらの著述は、「長崎出島のオランダ商館からのシドティに関する短信(『出島蘭館日誌』)……[35]」とともに、〔宮崎道生校注の〕『西洋紀聞』に収録されている[36]。最後に、長崎でおこなわれた尋問のなかで報告されている事実は——他の史料と突き合せた結果——江戸でおこなわれた尋問で報告された事実からみて、大部分が信頼できることを

---

30 *Kort verbaal*, in Valentijn, *Oud en Nieuw Oost-Indiën*, pp. 157-164.

31 Contarini A, pp. 27-29.

32 『長崎注進邏馬人事』(宮崎道生校注『新訂西洋紀聞』(平凡社、1968) pp. 239-277; 松村 83-99)。

33 白石は次のように書いている。「初には、此事の始末をしるして、長崎奉行所より注進せし大略をうつして附す《上巻には、この事のなりゆきを初めから終わりまで記し、長崎奉行所からの緊急の報告書の大略を写してつけた》」(松村 22)。

34 本書 p. 104 を参照。

35 Tollini, *Giovanni Battista Sidotti*, p. 96. シドティに関係する『出島蘭館日誌』〔の一部〕は、宮崎前掲校注本 pp. 201-204 に所載。

36 Tollini, *Giovanni Battista Sidotti*, p. 96. 本書では、今後、まず第一にイタリア語訳 Contarini A を参照する。また、記述に差異が認められる場合は、他の翻訳をも参考にし、参照した。宮崎前掲校注本に翻訳されたものが収められていないものについては、Tollini の研究書をも参考にした。

付け加えておきたい。実際に、江戸での尋問では、使用言語が日本語だけだったために、白石とシドティにとって最大の問題は言語の障壁だった。シドティは完全な日本語能力を有せず、したがって流暢には話せなかった。

「宝永五年戊子八月廿八日（1709年10月10日[(14)]）……[37]」、コウブラと、ほかに6名の漁師たち[(15)]——市兵衛（船頭）、実兵衛、清左衛門、喜兵衛、休助、市十郎、藤兵衛[38]——は、大隅の国の屋久島湯泊村沖で漁業に励んでいた。突然、大きな船の接近に気づき、驚いて、岸にもどろうとしたが、帆船から10名の異国人を乗せた小舟が近づいてきた。異国人のひとりが漁師たちに身振りで水を求めてきた。しかし、漁師は頼みに応えず、逃げ去った。

異国人を乗せた小舟は帆船にもどった[39]。帆船はその日も翌日「廿九日」（〔1708年〕10月11日[40]）も昼の12時半まで姿を見せていた[41]。

シドティは語る。「某一人、屋久島にあなたこなたと歩き見候

37　松村22。

38　これらの漁師たちの名前は、『長崎注進邏馬人事』上巻に記されている（松村86）。

39　〔以上、サンティッシマ・トリニダーデ号の屋久島沖出没と帰船に至るまでの〕事件の記述は、1708年12月から1709年1月〔までにおこなわれた〕尋問におけるシドティの陳述と合致している。〔ほかに、〕『長崎注進邏馬人事』上巻をも参照されたい。

40　Contarini A, p. 24.

41　松村23。*Un missionaire*, p. 344によれば、日本側の報告がAgustin de Madrid, *Relación* と多少異なることを指摘し、その理由は、日本の漁民が外国人と言葉を交わしたために法の裁きを受けることを恐れたことにあるとしている。当時は外国人と話すことが厳しく禁じられていた。

所《私一人が屋久島に残って、周囲に気をくばりながらあちらこちらと歩いておりました》[42]」。

同日、藤兵衛という名の恋泊村の農民が、松下で炭を焼くための木々を集めようとしていたとき、奇妙な男の声が聞こえた。

声のするほうに行くと、刀を差したシドティとばったり出会った。シドティは身振りで藤兵衛に水を頼んだ。藤兵衛は刀が怖かったから、しかるべき距離をおいたまま、器に水を注いだ。シドティは怖がっている理由を察して、腰から刀を抜き、近くにおいた。そこで農民は勇気を出して、ヨーロッパ人に近づいたが、シドティが与えようとした黄金と刀は受け取らなかった。この男が〔昨日〕見かけた船の乗組員だと思ったからだ。

藤兵衛は岸のほうに身を乗り出したが、帆影もほかの異国人も見えなかった。そこで家に帰り、自分の身に起きた出来事を語って、伝令——安兵衛[43]——を隣村に送り出した[44]。

そのあと〔藤兵衛は〕2名の男——平内村の五次右衛門と喜右衛門[45]——を同道して松下にもどった。そこでシドティは恋泊村を指して、そこに連れていってほしいという身振りをした。しかし歩くのがつらそうだったので、藤兵衛が支え、五次右衛門が刀を、喜右衛門はシドティがもっていた袋を運んだ[46]。

4人は恋泊村に到着し、藤兵衛はシドティを自宅に迎えて、食事を与えた。シドティはふたたび金貨を渡そうとしたが、農民はそれを断った。異国人は日本人の服装はしていたが、相変わらず

---

42 『長崎注進邏馬人事』上巻（松村90）。
43 『長崎注進邏馬人事』上巻（松村85）。
44 同前。
45 同前。
46 同前。

屋久島

その言葉は理解できなかった[47]。

　島の役人たちは知らせを聞くと、異国人を収容するために宮之浦に小屋を建て始め、「薩摩守の許につぐ《薩摩守島津吉貴のもとに告げた》[48]」。

　そのあと、藤兵衛の家では、

> 早速役人共差越、当人等其外堅固申付、食事をも給させ申候。此恋泊村は纔家数四有之、海陸共不勝手之所ニ而候故、同嶋之内宮之浦と申所へ役人共致警固召連、人家□□[(16)]小屋幷囲外廻堅固申付、役人共警固仕、番人等段々附置候。右宮之浦は地方へ渡海最寄の所ニ而御座候《すぐに役人たちが派遣されてきて、シドティはもとより関係者たちを堅固に監禁しておくようにと言い渡した。食事をも与えるようにと言った。この恋泊村には家が4軒とほんの少ししかなく、水上と陸上ともに便利さの面で具合が悪かったので、役人たちは警戒して守りを固めながら、同じ島の宮之浦というところへシドティたちを引き連れた。町はずれに仮の小さな建物と塀を建てて外回りの守りを堅固にするよう命じたので、役人たちがその警固にあたり、あわせて見張りをする者たちも次第に配置していった。上述の宮之浦は他の地域へ船で渡るのに手近な所にある》[49]。

　こうして尋問がおこなわれた[50]。

47　同前。
48　同前（松村84-87）、『西洋紀聞』上巻付録（松村24）。
49　『長崎注進』上巻（松村85）。
50　Brou, *L'Abbé*, (1937/3), p. 379によれば、シドティがこの地方の中心地、

「屋久島から4通の報告書が送られた。最後の1通[17]には9月27日（1708年11月9日）の日付が入っていた[51]」ことがわかっている。

しかし島には通訳がおらず、そのために宣教師の容貌を記すだけにとどめられた。「異国人容躰……之事　年四拾歳程大男、色白鼻高ク有之候《外国人のありさま……を記して、年齢は40歳ぐらいの体格が普通より大きな男で、肌が色白、鼻が高かった》[52]」。

旧暦10月[18]におこなわれた〔長崎奉行での〕尋問のあいだに、シドティの袋の内容、30点ほどの品の一覧表が作られた[53]。

続いて「薩州の家人等連署して、其事を長崎の奉行所に告ぐ〈其書に、九月十三日〔10月26日〕としるす〉《薩摩藩の家来たちはそろって署名し、これらのことを長崎の奉行所に知らせ伝えた〈その文書には、9月13日〔10月26日〕としるした》[54]）。署名したのは「島津大蔵、同将監、新納市正、種子嶋蔵人[55]」、「長崎の奉行は、永井讃岐守・別所播磨守也《長崎奉行は、永井讃岐守〔直允〕と別所播磨守〔常治〕である》[56]」。

そのあと薩摩の家老[19]は、異国人を長崎に移送するよう命じた[57]。

続いて、シドティが口にしたわずかの言葉、ローマ、ルソンな

鹿児島に移送され、そこで尋問を受けたのは確かであろう〔脚注58参照〕。しかし、いずれの史料も鹿児島〔での尋問〕には言及がない〔という〕。

51　『長崎注進』上巻（松村84-87）。
52　『長崎注進』上巻（松村83）。
53　『長崎注進』下巻（松村94-100）。
54　『西洋紀聞』上巻附録（松村24）。
55　同前。『長崎注進』上巻（松村83）をも参照されたい。
56　同前。
57　同前。

どについての報告も送られた[58]。

その間に長崎では、シドティの発言を翻訳させるために奉行がまずオランダ人を呼び出し、そのあと長崎に来ていた他の異国人[20]を呼びだした。

ヨーロッパ人たちは自分たちもこの異国人の言葉はわからないと答えた[59]。

結果として、シドティは言葉で意思の疎通がとれないまま、薩摩の国に2か月あまりとどまった。薩摩の人たちには理解できない言葉を話したからである。

長崎移送の前、『長崎実録大成』はシドティが飢えを抑えるために、30日に3度[21]一種の丸薬を摂取したと語っている[60]。これは聖別された聖体のパンのことだと思う。当然ながら、聖体のパンは使いつくしてしまったであろう。

長崎にて　オランダ人[61]

首都〔江戸〕へおもむきたいというシドティの希望にもかかわらず、日本側は慣例にしたがって、シドティをまず船で、そのあとは陸路をへて長崎に移送し、投獄した[62]。

第1回目の尋問は「宝永五戊子十一月九日[63]」(1708年12月20

58　『西洋紀聞』上巻附録（松村24）。

59　松村24。

60　長崎（宝永五戊子十一月九日条）195。『通航一覧』巻5、113をも参照されたい。

61　長崎における尋問については、少々の重複があるが、まず日本側の史料、次いできわめて詳細なオランダ側の史料を引用する。

62　松村24。

63　長崎注進（松村89）、長崎195。

日[64]) で、大した結果は出なかった。「〔昨日、すなわち、1708 年 12 月 20 日〕……彼〔大通詞今村源右衛門〕はラテン語辞書の中から、あれかこれかと多くの言葉を拾ひ選びして綴つて見るのであったが、……此方〔オランダ人〕がわからず、〔シドティは〕何でも日本語が最も能くわかると自信してゐるやうだけれども、これは到底諒解し難い片言に過ぎないものであったからだ[65]」。

　理解が難しいのを見て、日本側は、とくに日本にいる理由についてシドティを尋問させるためにオランダ人を呼んだ。実のところ、上述したように、長崎では出島の商館のオランダ人だけが唯一日本に滞在を許された外国人だった[66]。

　ところが、シドティが口にした言葉のうちでオランダ人にわかったのは地名だけであった[(22)]。

　シドティがオランダ人を嫌悪しているのがわかり、日本側はオランダ人を介して質問をしないほうがよいだろうと考えた。そこでオランダ人を、姿は見えないがシドティの声が聞こえるところで尋問に立ちあわせた。こうした戦略をとったものの、相変わらずシドティの言葉は理解できなかった。

　その後、オランダ人を介して質問せざるをえないとはっきり告げられ、シドティの側も〔なんとかして思うことを言いあらわしたいと思う様子なので[(23)]〕同意した[67]。

64　Cfr. Contarini A, p. 27 & A. Tollini, *Giovanni Battista Sidotti*, p. 107.

65　『出島蘭館日誌』1708 年 12 月 21 日条（今村明恒『蘭学の祖今村英生』（朝日新聞社、1942）pp. 76-77）。

66　K. Grant Goodman, *The Dutch impact on Japan (1640-1853)*, Leiden: Brill, 1967, pp. 19-26, & T. Iannello, *Sgōgun, kōmōjin e rangakusha. Le Compagnie delle Indie e l'apertura del Giappone alla tecnologia occidentale nei secoli XVII-XVIII*, Padova: Libreriauniversitaria.it edizioni, 2012, pp. 81-96.

12月30日、「アドリアン・ダウとシドティとの間において、ラテン語を通じて24箇条の問答があった[68]」。
　こうしてラテン語を勉強したオランダ人「ア、テレヤンドウ」（アドリアン・ダウ）を介して、出島の「甲必丹ヤスフル・ハン・マンステアル[69]」（ヤスペル・ファン・マンスダーレ[70]）の同席のもと、シドティ来日の動機が判明し、白石は「其由をもて奉行所の注進あり《その一部始終をしたためて、長崎奉行所の注進が幕府に届けられた》[71]」と付け加えている。
　すでに述べたように上記の尋問について、白石は奉行所の報告書を要約して使い、きわめておおざっぱな記述をしているだけなので、オランダ人の報告書[72]はきわめて貴重な史料であり、それには、1708年12月20日にシドティが長崎に到着すると、長崎奉行別所播磨守常治と駒木根肥後守政方がオランダ商館長（Opperhoofd）のヤスペル・ファン・マンスダーレ、副館長（Onder-Koopman）の商人シックス、外科医長（Opper-Wondheeler）ワーゲマンス、書記役（Pennisten）を務める使用人2名ランペンとフィシェルを呼び出したとある。
　別室に隠れていたオランダ人は、シドティから姿を見られず、声も聞かれずに、第1回尋問のあいだ、シドティが話す言葉の理解に努めなければならなかった。

67　松村25。
68　『出島蘭館日誌』1708年12月30日条（今村前掲書 pp. 76-77）。
69　この2人の名前は、白石がカタカナで表記したものによる（松村25）。
70　Jasper van Mansdale は、1708年11月2日から1709年10月22日まで、出島の商館長だった。*Opperhoofd at Dejima*, in www.self.gutenberg.org, & Papinot, *Historical*, p. 777.
71　松村25。
72　*Kort verbaal*, in Valentijn, *Oud en Nieuw Oost-Indiën*, pp. 157-164.

しかし、この日、日本側にはなにも得ることはなかった。なぜならば大通詞の〔今村〕源右衛門[73]はすでにシドティと対面していたのだが、たとえ会話から理解できたとしても、彼には「ポルトガル語は、ローマ・カトリック教徒の〔使用する〕言葉[74]」だったから〔理解できなかったの〕である。

そこで日本側は、シドティにオランダ人と会うことを提案した。

シドティは提案を拒否し、その理由として、大変に苦しい状態で長旅をしたために疲労困憊していることを持ち出した。実際に、シドティ——背がとても高い——は長崎までとても小さな輿で運ばれてきていた。

そこで日本側は、新たな呼び出しがあったときのために待機しているように言いつけて、オランダ人を帰した。

翌12月21日の朝遅く、ファン・マンスダーレはシックス、助手ダウ、助手フイシェル、若い助手ウィレケンスを連れて、肥後守の屋敷にいった。オランダ人は姿を見られずにシドティの尋問

---

[73] 1690年から92年にかけて、出島に滞在したドイツ人医師エンゲルベルト・ケンペルのおもな協力者だった今村源右衛門については、以下を参照されたい。P. van der Velde, *The Interpetrer Interpreted. Kaempfer's Japanese Collaborator Imamura Genemon Eisei*, in *The Furthest Goal. Engelbert Kaempfer's Encounter with Tokugawa Japan* (eds. Beatrice M. Bodart-Bailey and Derek Massarella), Folkestone: Japan Library, 1995, pp. 50-52, 54, 56; H. De Groot, *Engelbert Kaempfer, Imamura Gen'emon and Arai Hakuseki. An early exchange of knowledge between Japan and Netherlands*, in *The Dutch Trading Companies as Knowledge Networks* (Edited by Siegfried Huigen, Jan L. de Jong and Elmer Kolfin), Leiden-Boston: Brill, 2010, pp. 201-210（特に、pp. 206-208); www.wolfgangmichel.web.fc2.com；〔今村明恒『蘭学の祖今村英生』（朝日新聞社、1942)〕。

[74] *Kort verbaal*, in Valentijn, *Oud en Nieuw Oost-Indiën*, p. 158.

を聞けるように、中国の緞通を敷いた部屋に通された。

　囚人の入室を待ちながら、日本人大通詞の〔名村〕八左衛門[75]はファン・マンスダーレに一枚の紙を見せた。そこには24の質問が書かれていた。商館長はそれをきちんとしたオランダ語に直さなければならなかったのだろう。

　もし理解できたら、異国人の回答は質問のそばに書きつけられる手はずになっていた。

　しかし、長崎奉行がこのやり方にきわめて大きな懸念を示したので、オランダ人たち自身がシドティに質問する方がいいだろうということになった。

　さらに、八左衛門はオランダ人に、この件はきわめて重要な任務であり、徳川綱吉（1691-1709）がオランダ人の協力におおいに感謝するだろうと伝えた。

　ファン・マンスダーレが質問をオランダ語に翻訳しているあいだに、手を後ろ手に鎖で縛られたシドティが多くの役人に護衛されて部屋に入ってきた。

　報告書は、これに続けてシドティの容貌を描写している。背は高く、とても痩せていて、顔は長くて青白く、鼻は大きい。黒髪を日本式に結い、日本式の服装をしていた。ひげはのび、首には太い金の鎖をかけ、そこから大きな木の十字架がさがっていた[76]。囚人はさらに片手に「主の祈り[77(24)]」——ロザリオ——をもち、2冊の本をわきの下に抱えていた。

75　*Kort verbaal*, in Valentijn, *Oud en Nieuw Oost-Indiën*, p. 158. つまり、ほかにもうひとり、大通詞あるいは通詞補佐がいたことがわかる。名村八左衛門については van der Velde, *The Interpetrer*, p. 53 に記述がある。

76　マストリッリ神父の十字架である。本書 p. 97 を参照。

77　*Kort verbaal*, in Valentijn, *Oud en Nieuw Oost-Indiën*, p. 158.

シドティは部屋の中央、古い敷物の上に座らせられた。たいへんに疲れており、話すのもやっとに見えた。その唇だけが絶えず動いていた。きっと祈っていたに違いない。

源右衛門が到着し、シドティと奉行たちのあいだにすわり、ポルトガル語で質問を始めたが、シドティはポルトガル語を理解しなかった。大通詞は身振りの助けを借り、同じ言葉を何度も繰り返しながら質問を続けた。シドティはラテン語、イタリア語、スペイン語で答えた[78]。とにかく、しばしばローマのことを話しているのはわかった。

そこでシドティは紙を求め、日本の文字をいくつか書いた。反教皇主義者[79]である報告書の著者のオランダ人は、シドティの書いた言葉はすっかり正気を失った人が書いたように見えたと注釈している。

シドティはまた日本の宗教とローマの宗教について語り、ヨーロッパとインドのいくつかの王国や都市、土地の名を口にした。

しかし、話がオランダに触れると、手と頭を振り、何度も歌うように「ハ、ハ、ハ」と言い、日本語で「タバケッリ」と続けた。これは「偽りの心、裏切り者、嘘つき[80]」を意味する。

およそ1時間半が過ぎ、重要な問題をただのひとつも論ずることなく、尋問は終了した。シドティはふたたび鎖をつけられ、連れ去られた。

奉行の書記（Geheimschryver）はその場でシドティが書きつけた紙をとり、そこに次の言葉を見つけた。「ジョアン・バティス

---

78 *Ibid.*, p. 159.
79 当時は教皇主義者（カトリック）と反教皇主義者（プロテスタント）のあいだで、激しい論争があった。
80 *Kort verbaal*, in Valentijn, *Oud en Nieuw Oost-Indiën*, p. 159.

タ・シドティ……司祭・カトリック教徒・パレルモ出身のイタリアのローマ人・聴取官……」と。

また、次に手にした〔別の〕一枚の紙には、異国人は円を書き、その中央に何本かの直線と曲線を、次の言葉とともに書きつけていた。「イタリア、ローマ、スペイン、フランス、ポルトガル、オランダ、カナリア諸島……父なる神、子、聖霊、マリアは幼児とともに……[81]」、そのほか読むのが難しい名前があった。

ファン・マンスダーレはどう思うかと尋ねられ、ローマから送られた教皇主義者なのは明らかだと答え、教皇主義者についてさらにいくつかの情報を与えた。

それからオランダ人はお役御免となり、出島にもどることができた。

次回は12月25日に設定されていた。

この日――雪が降っていた――日本人の護衛がファン・マンスダーレを出島に迎えにいき、いっしょに朝の10時に肥後守の屋敷に向かった。オランダ人は、前回の尋問がおこなわれた場所に席を占めた。

ファン・マンスダーレは通訳に、これまでの出来事、そして異国人に書面で質問するという提案を奉行に伝えたかと尋ねた。通訳はすべてが前回の尋問と同じようにおこなわれるはずで、日本側は、思慮深く良識あるオランダ人たちがこの件のすべてを知っていることを望んでいると答えた。

長時間待ったあと、シドティが連れてこられ、源右衛門はさまざまな質問をしたが、シドティは長崎という言葉以外よく理解できないようだった。〔長崎と聞くと〕この街にはオランダ人がいるし、自分は江戸に行きたいので、長崎ですることは何もないと

---

81 *Ibidem.*

言った。

　江戸にはシドティの言葉を理解できる者はだれもいないだろうし、もしシドティが望めば、理解ができるように長崎からオランダ人を来させることができると指摘されると[82]、シドティは日本語で「来させなさい、来させなさい[83]」と勢いよく答えた。まるで自分の前に出たら、オランダ人は震えあがるだろうというかのようであった。この言葉に長崎奉行は爆笑し、シドティに寒いからもっと厚着をするように言い、尋問を延期した[84]。

　報告書の著者は、オランダ人はこうして雪のなかを帰らされ、すっかりびしょ濡れになって出島にたどりついた、と付け加えている。

　5日後の「12月30日[85]」、ふたたび尋問が、相変わらず奉行の屋敷でおこなわれた。日本側からラテン語で質問する役をまかされたダウが同席した。

　ダウが尋問のあいだに座る場所をめぐって、ほとんど外交的な言い争いが終わると、尋問がおこなわれた。シドティは始まる前に何度も十字を切った。

　しかし最初に、源右衛門が、シドティにそこにいるオランダ人——シドティは見て見ぬふりをしていた——が、奉行の名でいくつかの質問をすると予告すると、シドティは喜んで同意し、全員を大いに驚かせた。

　次に、尋問における問答を記しておこう[86]。

82　したがってシドティは、自分が長崎にいることを理解していなかった。
83　*Kort verbaal*, in Valentijn, *Oud en Nieuw Oost-Indiën*, p. 159.
84　*Ibid.*, p. 160.
85　*Ibidem.*
86　*Ibid.*, pp. 161-163. 12月30日には準備された質問のうち、5、14、15、17、

1　国籍は？
　　イタリア国のうちローマの者です。
2　名前は？
　　ジョアン・バティスタ・シドティと言います。
3　年齢は？
　　40歳、あるいは、40歳代に入ったかもしれません。正確には言えません[87]。
4　身分は？　立場は？
　　司祭の身分にあり、聴取官でもあります。言い換えれば、教皇庁の上から3番目の身分。枢機卿が1番上、次が司教、その次が聴取官だからです。
6　両親と親族の階級と境遇は？
　　父は亡くなりました。母と姉、兄は健在です。兄は私同様、司祭です。
7　インドにはどの船で来たのか？　どこで乗船したのか？船には何人乗っていたのか？
　　最初、イタリア〔ローマ〕からジェノヴァ、カディスまでは2隻のガレー船で来ました。そこから2隻のフランス船でカナリア諸島、そしてアラビアの沿岸を通過して、インドまで来ました。そのあと、艤装した帆船が私をマドラスまで乗せてくれ、そこからルソンとマニラに着きました[88]。

18、23、24の質問は、なされなかったことを指摘しておく。
87　1667年生まれなので、実際にはすでに41歳になっていた。自分の年齢を正確に言わなかったことに、シドティにおける一時的なある種の、そして理解のできる迷いが現れている。
88　本書 pp. 66-73 を参照。

8 どんな船が貴殿を運び、8月（旧暦）の下弦のころ、薩摩海上に⁽²⁵⁾目撃された船をどこで降りたのか？
　マニラから帆船で到着しました。下船したのは薩摩ではなく、屋久島です。

9 なぜここに来たのか？
　皇帝〔将軍〕と宗教について話し、改宗させるためです。

10 その日本の着物をどこで手に入れたのか、なぜ日本人のように頭を剃っているのか？
　この着物はルソンで求めました。頭〔月代〕は船上で剃らせました。私たちは、おもむく国の人のように装うのが習慣だからです。

11 その刀を手に入れたのは日本か、あるいは他の場所か？
　ルソンで求めました。そこにはたくさんあります。大勢の日本人がマニラに住んでいるからです。マニラには日本人街があります。

12 いまなにをしたいか？　どんな計画をもっているのか？
　江戸へ参り、皇帝と話したいと思っております。できないのであれば、奉行たちのお考えに従います。

13 日本にはひとりで上陸したのか？　仲間はいたのか？
　ひとりで来ました。私の旅の道連れであったトンマーゾ・デ・トゥルノンは清国に行くために、〔私のルソン滞在中に〕すでに船でマニラを離れていました[89]。

16 薩摩で見かけられた船の船員はなぜ周囲にいた漁民に呼びかけ、小舟で追いかけたのか？
　追いかけたのではありません。新鮮な水が欲しかったの

89　マイヤール・ド・トゥルノンは実際に1705年4月1日、すでに清に上陸していた。

で、合図をしただけです。
19 かなり前からここに来ようと考えていたのか？ だれが貴殿にその考えを提案したのか？
　若いときから準備をしていました。教皇〔クレメンス11世〕が私をここに派遣する日まで、ローマで見つけた古い本の助けを借りて日本語の勉強を続けていました。
20 上陸し、4人の男と出会ったとき、金を与えなかったか？
　はい。食べ物と飲み物、そして江戸まで行く手段を得るために、金を差し出しました。でも、日本人は受け取ろうとしませんでした。
21 その日本人たちに宗教の話はしたか？
　たしかに話しましたし、これからも話し続けます。そのために来たのですから。
22 長崎の話をするとき、なぜ不満そうなのか？
　そのことについては、すでにお答えしました。

　ふたりの奉行は尋問にたいへん満足し、とくにオランダ人に感謝した。オランダ人は出島に帰った。
　しかし、予定の質問すべてを終えられなかったので、12月31日にふたたび尋問することになった。
　この日、9時から10時のあいだに、オランダ人はいつもの護衛つきで肥後守の屋敷におもむいた。そこで書記が一行をとても愛想よく迎え、もう一度、オランダ人の手をさんざん煩わせたことに謝意を表した。ファン・マンスダーレは同じようにていねいに返答した。
　そのあとダウが呼ばれ、座るようにといつもの席が示された。シドティが入ってくると、かごがひとつ運ばれてきた。そのなかから青い袋が取り出され、地面におかれて中身が出された。

袋からは、いくつかの金製の品が取り出され、シドティにそれらの名称が尋ねられた。シドティはいくつかについて名前をあげた。たとえば、イエス・キリストの像、イエスが釘で打ち付けられた十字架、聖母マリアの像、ロザリオの聖母とキリストの受難の絵。こういった品物のほかに、袋のなかには別の十字架、ロザリオ、聖油の入ったびん、銀製のカリスがひとつ、そしてこれらに関連するものが入っていた[90]。

これに続いて、上述の品物について質問がなされた。典礼に用いる聖なる器——シドティは、手を触れることができるのは自分だけだと言い、それが認められて、手をほどかれた——ローマから持参した書類、書簡、〔ローマの〕聖クレメンテ教会名義司祭の称号を有する〔フェッラーリ〕枢機卿の署名のある証明書（文面にはシドティが聴取官を務めたフェッラーリ枢機卿の名はなかった[91]）、シドティがダウに読ませた文書、金の塊と金貨があった。

金貨について、どうやって手に入れたのかと尋ねられ、シドティはマニラで清国人から受け取ったと答えた。

日本側はそのほかに、教皇から与えられた金額、ローマから持参してきた金額を尋ねた。シドティは、まったくわからない、金を受けとったのは旅のあいだだけで、残りを得たのは日本の近く（マニラ）だと答えた。

そのあと、司祭の日本入国は全面的に禁止されているのを知っているかと聞かれて、シドティはみんなと同じように知っているが、自分には禁令は関係ないと答えた。自分はスペイン人でもポルトガル人でもなく、イタリア人だからだ[92]——オランダ人の報

90　*Kort verbaal*, in Valentijn, *Oud en Nieuw Oost-Indiën*, p. 163.
91　本書 p. 59 を参照。
92　*Kort verbaal*, in Valentijn, *Oud en Nieuw Oost-Indiën*, p. 164.

告書には、この指摘に奉行は考えこんでしまったと書かれている。
　袋の内容について目録がつくられ(26)、品物はふたたびしまわれて、シドティは連れ去られた。
　奉行はシドティについての情報を得たいま、オランダ人はもう肥後守の屋敷に来る必要もないだろうと考え、まず八左衛門を、そのあと書記を介して、オランダ人に尋問について満足しているとの意を表明した。
　オランダ人のほうも、この一件が最善の解決を見たのに満足し、日本人にお礼を言って出島にもどった——すでに夜になっていた。
　1709年、シドティは将軍の決定を待って何か月も長崎にとどまっていた。長崎奉行は将軍に報告書を送った。数十年前に迫害され、処刑された宣教師(27)の身に起きたように、シドティを手荒く扱うこともなかった。
　ようやく囚人を3名の日本人通詞とともに江戸に移送するよう命令が届いた[93]。3人の通詞とは「大通詞源右衛門、稽古通詞喜七〔加福喜七郎〕及び兵次郎〔品川兵次郎〕[94]」である。

江戸にて　新井白石

「宝永六己丑九月廿五日長崎出立《宝永6年9月25日（1709年10月27日）に長崎を出発》[95]」、背の高さにしては小さな輿に乗せられていたために非常に辛いものとなった旅のあと、「十一月の半に〔江戸に〕来り着きぬ《旧暦の11月の半ばに江戸に到着し

93　『西洋紀聞』上巻附録（松村25）。
94　『出島蘭館日誌』1709年10月24日条（今村前掲書 p. 79）、『西洋紀聞』上巻附録（松村10、25）ほか。
95　『今村源右衛門日記』（『通航一覧』巻190）。

た》[96]」。シドティはこのあと一生、脚が悪いままで、身体の不自由に苦しむことになった。

　移動中、通過する土地を見ることはできなかった。「ヨーロッパ人〔シドティ〕が長崎から江戸まで運ばれるとき、輿を閉じて、外をまったく見られないようにした[97](28)」。

　江戸では切支丹屋敷に監禁された[98]。白石による尋問もここでおこなわれた。白石はシドティの食事の内容まで記録している。〔作事〕奉行(29)〔横田備中守由松と柳沢八郎右衛門信尹〕の証言では、食事の内容が長崎にいたときと同様である。

　　よのつねの日には、午時と、日没の後と、二度食ふ。その食
　　は、飯、汁は小麦の団子を、うすき醬油にあぶらさしたるに、
　　魚と蘿蔔とひともじとをゐれて煮たるなり。酢と焼塩とを、
　　すこしく副ふ。菓子には、焼栗四つ、蜜柑二つ、干柿五つ、
　　丸柿二つ、パン一つ。その斎戒の日には、午時にたゞ一度食
　　ふ。但し菓子は、その日も両度食ひて、其数をくはふ。焼栗
　　八つ、蜜柑四つ、干柿十、丸柿四つ、パン二つを、二度食ふ。
　　その菓の皮実等は、いかにやするらむ、すてしあとも見えず。
　　斎戒の日とても、魚をも食ふ。またこゝに来りしより、つゐ
　　に浴せし事もあらず。されど垢づきけがれし事もあらず。こ
　　れらの食事の外に、湯をも水をも飲みし事もなしといふ《ふ
　　だんの日には、正午と日没後と、2度食事を摂る。その食事

96　『西洋紀聞』上巻附録（松村25）。この日付は白石の記憶違いである。『今村源右衛門日記』によれば、江戸到着は「十一月朔日（12月1日）」である。

97　松村12。

98　松村25。

の内容は、ご飯と、汁は小麦のだんごに薄口の醤油に油を加え、魚と大根とネギとを入れて煮たもの、酢と焼塩とを少し添える。菓子（くだものの意）には、焼栗4つ、蜜柑2つ、干柿5つ、丸柿2つ、パン1つ。（節食しなければならない）斎日には、正午にただ一度食べるだけである。ただし菓子は、その日も2度食べ、その数は倍になる。すなわち、焼栗8つ、蜜柑4つ、干柿10、丸柿4つ、パン2つを、2度に食べるのである。その菓子の皮や種子などは、どうするのであろうか。捨てたあとも見かけない。斎日であっても魚は食べる。また、江戸に来てから、一度も湯や水をかぶったことがない。だからといってあかがついて汚れていることもない。これらの食事のほかに、湯も水も飲んだこともない、という》[99]。

　白石はまた、シドティの袋の内容物のいくつかを短く列挙している。「銅像・画像、これに供養すべき器具、法衣・念珠、此余は、書凡十六冊、……《銅像と画像、それに神に対して捧げる礼拝に使用する聖器具、祭服、ロザリオなどで、これらのほかには書物がおよそ16冊、……》[100]」、さらに硬貨があった。

　書簡やローマからの免許状など、すべて長崎の尋問で言及されている書類がないのは奇妙に思える[101]。

　『西洋紀聞』本文を見てみよう。「書六冊は、つねに身に随へて、手を停めずしてこれを誦ずといふ《そのうち、書籍6冊はいつも身につけて、手をとめないでこれを暗誦しているという》[102]」。

99　松村 26。
100　同前。
101　本書 p. 116 に述べられている書類、書簡、免許状などである。
102　松村 26。

白石はこの記述をもって、シドティが日本に上陸して以降の出来事の要約を、江戸到着についての最新の覚書を加えて終えている。

　さて、なぜ白石がシドティを尋問することになったのだろうか。

　理由は白石自身が告げている。白石は「去八月《去年の8月》[103]」(1708年10月[104])に大隅国の島に上陸した異国人の正体を知るために、「宝永五年戊子十二月六日[105]」(1709年1月16日[106])、将軍徳川綱吉〔の養子徳川家宣〕に呼び出され、江戸城西の丸に伺候した。

　家宣は白石に、異国人はわずかの日本語しか知らないと告げ、長崎から届けられた報告書[(30)]を渡した。家宣は続けて、呼ばれたオランダ人も異国人の言葉をほとんど理解しなかったと言った。

　白石は家宣に、語学に長けたオランダ人がヨーロッパ人に相違ない異国人の言葉を理解できないことに驚きましたと申し上げた。

　そして白石は、間違いなく〔何らかの〕要求を提出するために来日を決めた異国人が、日本語を知らないことなどあり得るだろうかと自問している。

　この点については、だれがシドティに日本語を教えたのか、そして地方による日本語の違いを考えれば、日本のどの地域の言葉を教えたのかを知る必要がある。シドティがローマでは古書で、マニラでは日本人亡命者の子孫との会話で、日本語を学んだことはすでに述べた。このことが、シドティの話した日本語が古く、したがって理解不能だったことを説明すると思う。

103　松村 8。
104　Contarini A, pp. 1-2.
105　松村 8。
106　Brown, *Sei Yo Ki-bun*, P. I, p. [53].

しかし白石には、オランダ人が言葉を理解しなかったという事実は、説明不能のままでとどまった。

徳川綱吉が薨去し（1709 年 2 月 19 日）、新将軍家宣（1662 年 – 1712 年）は、「此年もまた暮むとするに、十一月の初に至て《この年も暮れようとする旧暦の 11 月初めになって》[107]」（1709 年 12 月初め）、シドティがまもなく江戸に移送されてくるので、尋問をするよう白石に言いつけた[108]。

同時に「去年長崎の奉行所注進の状をも、うつし出されたり《去年長崎から届けられた「奉行所注進状」の写しも下された》[109]」。実のところ、異国人来日の動機はまだよくわかっておらず、白石は前の将軍〔綱吉〕に提出する意見書のために、尋問官に選ばれていたのだった。

白石は異国人は必ずや宗教に関する言葉を口にするだろうから、その尋問には困難が生じるだろうと予想した。理解し難い用語が出てくるだろう。そこで、ヨーロッパ語の翻訳が記載されている書物を奉行が保管しているかもしれないので、それを〔貸していただきたいと〕将軍に願い出た。

将軍は、奉行が保管していた 3 巻の書物を白石に届けさせた[110]。白石はそこにキリスト教の教義の大要が述べられているのを見て、この書物は役に立つだろうと判断した[111]。

シドティ江戸到着の知らせを受けると、白石は 12 月 21 日[112]、

107　松村 9。
108　同前。
109　同前。
110　岡本三右衛門（ジュゼッペ・キアラ神父）によって書かれたキリシタンについての書。
111　松村 10。
112　同前。

翌日に命じられている尋問の準備として、奉行と必要なことを打ち合わせするために、2名の奉行——横田備中守〔由松〕、柳沢八郎右衛門〔信尹〕——と奉行所で会見した。

「同月の廿二日に[113]」（12月22日）、白石は定められた場所である切支丹屋敷に奉行とおもむき、硬貨とシドティの衣類をあらためた。

そのあと長崎から異国人に同行してきた通詞が呼び入れられた。大通詞の今村源右衛門英生と2名の稽古通詞[31]である[114]。

白石はヨーロッパの2国の近さを考えれば、オランダ人がなぜイタリア語を理解しないのかわからないと主張している。しかし白石は、言語的な距離ではなく、地理的な距離だけを考えていた。そのために、たとえ近くにあってもひとつの国の国民が他国で話されている言葉を解さないことが理解できなかった。

さらに続けて、次のように書いている。

> 某がために、其ことばを通ずべきためなれば、たとひ彼申さむ事、心得ぬ所ありとも、かた〴〵が心にをしはかり、おもふ所を以て、某に申せ。某も又かた〴〵が申す所、正しく彼申す所の義に合へり、と信じ用ひんともおもはず。さらば、かた〴〵をしはかる所の僻事ありとも、其罪にもあらじ《あなたたちは私のために、その言葉を通訳する任務なのだから、たとえ彼の言うことで、納得できないことがあっても、めいめいが、推測して思うところを私に言いなさい。私もまた、あなたたちの言うところが、正しく彼の申し述べるところの意味に合っているとして、すべてを信じて役立てようとも思

---

113 同前。
114 同前。

江戸にて 新井白石

わない。そうであるから、あなたたちの推測に事実に合わないことがあっても、それは過ちではないのだ》[115]。

12時すぎ、シドティが2名の役人につきそわれて中庭に入れられ[116]、「榻」〔腰掛け〕に座らされた。〔歩くことのできない〕シドティを助けるために、両脇と後ろに〔与力の〕侍1人と歩卒〔2人〕がついた。上述したように、長崎から江戸まで小さな輿に押し込められていたので、歩くことができなかったからである[117]。

尋問には3名の通詞があたり、白石と2名の奉行が立ち会った。まず最初に、白石は異国人の容貌を書き留めている。

白石は、シドティが身長は1メートル80センチ以上、結わいていない髪は黒く、目はくぼみ、鼻は高いと書き、衣服についても描写した。そのなかには薩摩守〔島津吉貴〕から与えられたものもあった。「坐につきし時、右手にて額に符字かきし儀あり。此のちも常にかくのごとし《腰掛けについたとき、右手で額に十字を切る礼法をする。こののちも、いつもそのようにする》[118]」と書いている。

寒かったので、〔奉行が〕より厚手の衣類を与えたが、シドティは、キリスト教の教えや戒めでは同じ教えを信じない人の施し物を受けとることは許されていないという理由で、受けようとしなかった。食物だけは例外であった。それは生命を支えるからであり、生き延びることによって自分の使命を達成するためであった。

そして、こう主張した。「国恩を荷ふ事すでに重し。いかで衣

115　松村 11。
116　同前。
117　松村 12。
118　同前。

服の物まで給りて、我禁戒にそむくべき。はじめ薩州の国守の給りし物身にまとゐぬれば、寒をふせぐにたれり。心をわづらはし給ふ事あるべからず《お国の恩をすでにたくさん受けているのです。このうえ衣服までいただいて、どうして禁戒に背くことができましょうか。以前に薩摩の藩主のくだされたものを、身にまとっているので、寒さを防ぐのに十分です。どうぞご心配しないでください》[119]」。

前置きが終わり、最初の尋問が始まった。そのあと、この回に続いて、尋問は3回おこなわれた。

> 扱われた論題を白石の記述に基づいて要約しよう。1709年12月22日、総論全般。1709年12月25日、地理、歴史、政治など。1709年12月30日、すでに扱った論題──テーマの広さから第2回目尋問の論題だと考える──をもう一度扱う。1710年1月3日、キリスト教の信仰。

白石によれば、シドティは多くの間違いを犯したし、通詞もまさにオランダ語をよく知っていただけにその発音を聞きとらえるのに苦労した。そのため、異国人の言葉の完全なる理解には疑いが残った。しかし、通詞の質問に対するシドティの応答を聞くとすぐに、白石は言葉の理解に自信をもった。

2時間の聴取のあと、白石も問答に加わった。「大西人に問ふに、其姓名・郷国・父母等の事を以てす《この西洋人に、姓名・故郷・父母のことなどを質問した》[120]」。

119　同前。
120　松村56。

江戸にて　新井白石

> 白石がシドティの名前を「シローテ」、生誕地を「パライルモ」、母の名前を「エレヨノフラ」と誤記したことを指摘しておこう。なおかつ白石は、「すべて其語を聞くに、声音うつし得べからず《〔シドティの〕話す言葉を聞くと、その発音のほとんどを、正確には書きあらわせない》[121]」と記している。兄の名前も「ピリプス」となっている。またシドティの年齢を 41 歳──42 歳ではなく──と書いている[122]。

質問のなかには、シドティを少し悲しい気もちにさせるものがあった。

> 「男子其国命をうけて、万里の行あり。身を顧ざらむ事は、いふに及ばず。されど、汝の母すでに年老いて、汝の兄も、また年すでに壮なるべからず。汝の心におゐて、いかにやおもふ」と問ふに、しばらく答ふる事もなくて、其色うれへて、身を撫していふ。「初一国の薦挙によりて、師命をうけしより、いかにもして、其命を此土に達せむ事をおもふの外、また他なく、老母・老兄も、また我此行ある事は、道のため、国のため、其幸これに過ずと、悦びあへり。されど、此体挙りて、父母・兄弟の身をわかたずといふ所あらず。いきて此身のあらむほど、いかでかこれをわするゝ事はあるべき」といふ《「男子が国〔ローマ教皇庁〕の命令を受けて、非常に遠い道のりを越えていかなければならないとき、身の危険など顧みずに行動しなければならないことは、いうまでもないこ

121　同前。
122　同前。

とだ。しかし、おまえの母はすでに年老い、兄ももはや血気盛んな年ごろを過ぎてしまったはずである。そのような母や兄を、どのような気持ちで思い出しているのか」と問うたところ、しばらく答えはなく、顔に悲しみの表情を浮かべ、手のひらでからだをさすりながら、次のように言った。「はじめ国の推挙によって、教皇の命令を受けてからは、どのような困難に遭おうともそれを乗り越えて、わが身をこの日本に到着させたいと思うほか、なにも考えることができず、年老いた母も兄も私がこの日本への宣教を命ぜられたことを、信仰のため、カトリック教会のため、これにまさる幸せはないと喜び合ったものでした。しかし、私のからだは残らずみんな、父母・兄弟と血のつながっていないところはありません。私の生命が生きつづける限り、どうして父母や兄弟のことを忘れることができましょうか」》[123]。

　続いて一連の質問があり、シドティはあますところなく答えた。
　白石はだれから日本語と日本の習慣を学んだのかと尋ねた。するとシドティは袋から2冊の本を取り出して言った。「これら此土の事を記せし所也《これらの書籍に日本のことが記されております》[124]」。
　白石は書物の題を書きつけた。ヒイタ-サントールム〔Vita Sanctorum『聖人伝』〕とデキショナアリヨム〔Dictionarium『辞書』〕である。

123　松村 57。
124　同前。

江戸にて 新井白石

> 白石が報告している最初の1冊については、日本に関するものという以外にどの本かはわからない。白石は「我国の事を記せしといふ物には、絵かきしものを、さしはさみてありき《わが国のことを書いたヒイタ‐サントールムのほうには、絵を描いたものを挟んであった》[125]」と書いている。〔『西洋紀聞』をはじめて英訳した〕ブラウンは書名を『ピエタス・サンクトルム[126(32)]』と報告している。2冊目が辞書であることはたしかだ[127]。スペイン人デ・ボニオが、シドティが日本に持参した袋のなかにあるのを見た品物のなかに、日本語の文法書が2冊あったことを思い出しておこう[128]。

シドティは話を続けて、ルソンで日本人移住者の子孫数人と会い、日本語を教わったと言った。

> ロソンにて、我国の人にあひしとは、「もとよりかしこにありし、我国人の子孫、すでに多く、また三年前に、我国人の風に放されて、かしこに至りし十四人有しにあひて、此土の事ども、たづねとひし」といふ《ルソンで日本人に会ったというのは、「昔そこに移ってきて、住み着いてしまった日本人の子孫がもはやかなりの数になっていますし、また、3年前に

---

125 松村58。
126 *Sei Yo Ki-Bun*, Part III, cit., p. 42.
127 おそらく、『羅葡日対訳辞書』(A. Calepini, *Dictionarium Latino Lusitanicum, ac Japonicum*, Collegio Iaponico Societatis Iesu, Amacusa 1595)であろう。
128 本書 p. 97 を参照。

台風のため、ルソンに流れ着いた 14 人の日本人がいたのにも会って、日本のことをいろいろ質問しました」ということであった》[129]。

　白石は、さらに日本の硬貨と着てきた衣類をどうやって手に入れたか、マイヤール・ド・トゥルノンは清国に行った最初の聖職者かと尋ねた[130]。

　この後者の質問に答えて、シドティはローマからマニラまでともに旅をしたマイヤール・ド・トゥルノンの使節団の団員 2 名、ピエモンテ人のフランチェスコ・サンジョルジョとジュゼッペ・コルデロに触れた。「本国の人サン＝ヂョルヂョは、ナンケンに居る事、すでに十年、アバット＝コルテルは、カンタンにある事、また十年《イタリアの人サン・ジョルジョはすでに南京に 10 年滞在しており、コルテル師も広東に同じように 10 年滞在している》[131]」。ここでも白石が、シドティが口にした言葉をよく理解しなかったことを指摘しておきたい。すでに書いたように、教皇使節団は中国に 1705 年 4 月 1 日に清国に上陸しており、シドティ尋問の年は 1709 年だからである。

　白石はまたフランシスコ・ザビエルの消息と、「鬼怪」〔恐ろしいこと〕から家を解放する能力——これについてはもとイエズス会員であったジュゼッペ・キアラも語っていた——について尋ね、注釈を加えている。「其説、皆これ古の神僧の事など、いひ伝へし所のごとくにして、こと〴〵く信ずべからず。されば、こゝにしるさず《その言うところは、みな、古い昔の徳の高い僧の事績な

129　松村 58。
130　同前。
131　松村 59。

どで、伝説のようになっているものに似かよっており、そのすべてを正しいこととして信ずるわけにもいかない。したがって、ここにそれを書くことはしない》[132]」。

白石は、フランシスコ・ザビエルの遺骸が腐敗していないことを書き、〔もしその説のとおりだとして、〕遺骸の腐敗を防ぐ薬品があるかをオランダ人に確認している。白石はシドティに、ヨーロッパには「幻術」が存在するか尋ねた。シドティは、幻術が存在するかどうかは知らないと答えた。けれども「符呪等の法ありて、その効験ある事よのつね也《呪術などの方法があって、効き目があることは世の常のことです》[133]」と答え、加えてカナリア諸島で起きた出来事を語って、白石から求められた場合には、いまでも実際に悪魔祓いをする用意があると言った[134]。

この論題について、白石は意見を求めてオランダ人に尋ね、オランダ人はこう答えている。

> エウロパ地方、彼教〔カトリック〕を尊信する所には、かならず木を以てクルス〔十字架〕作りて、閭門にたつ。またクルスを小しく作りて、各家の上にたつ。またアンニエスといひて、白蠟にて羊子の類のものゝ、右の手に、クルスかきし旌もちしを、造りて、常に身にしたがへ、また凡そ人に遇ふに、右手の大指を以て、クルスを、己が額と唇と胸とに記す。これ天雷・鬼神、諸々の災難を、まぬかるべきの法也といふ。其説のごとくに、デウスよく万物をつくりて、人を利生せんには、これら攘災の法を、人にをしへんよりは、其天雷・鬼

---

132 松村61。
133 同前。
134 カナリア諸島での出来事は、本書pp. 69-70を参照されたい。

神等を、造り出さざらむには、しくべからず。またそのカナリヤの事は、嶋中の人、ことごとく鬼物也。これはフランスヤにして、兇悪のものゝ、死刑に至りぬを、流し竄くる所なるが故也。ヨヤンもし鬼を役するの術あらむには、みづから獄中に苦しむ事を、まぬかるゝにはしくべからずや」といひて、わらひたりき《カトリックの教えが信奉されているヨーロッパ地方では、木で十字架を作って、村の入口の門に立てる。また、それより少し小さい十字架を作り、それぞれの家の戸口に立てる。さらに人々は、アンニエス〔アーニュス・デイ〕（「神の小羊」の意）という、白蠟製の小羊のようなもので、右の手に十字架を描いた旗を持っている像を作って、つねに身につけ、また、人に会うときはいつも、右手の親指で十字のしるしを自分の額と唇と胸に唱えます。これは雷や悪霊や、いろいろの災難を避けるための方法だということです。シドティが語るように、神が万物を申し分なく造ったというのなら、人間に幸福を与えるのに、これらの災害を払い除く方法を教えるより、神が雷や悪霊などを造らないこと、それに及ぶものはないのです。また、カナリア諸島で起こったことについては、その島じゅうのすべての人びとが、全員恐ろしい形相をした化け物なのです。これは、この島がフランスで凶悪な犯罪を犯し、死刑を宣告されたが、なお刑を執行されなかった者たちを流刑にした場所であるからです。シドティがもし、悪霊を立ち去らせる術ができるというのなら、みずからあのように獄中で苦しむのを免れるのが最上であったのではないでしょうか」と言って笑った[135]》。

135 　松村 61-62。

そのあと白石はマッテオ・リッチについて知りたがったが[136]、シドティは正確な情報を欠いていたために、白石を満足させられなかった。このことは、白石にはひどく奇妙に思えた。誰もがリッチを知っていると思っていたからだ。そこで白石のほうが、このイエズス会員についていくつか情報を与えた。白石は、リッチは清国で生まれ[33]、勉学のためイエズス会員にヨーロッパに連れていかれ、福音を伝えるために生国に帰ったと語った。

それから白石はシドティに、ヨーロッパでもっとも強力な軍隊はどれかと尋ねた。シドティは陸軍についてはトルコ、海軍はオランダと答えた[137]。

さらに白石は、スペインやフランスなどの国が、海外の領土を併合して、新しい国家〔いわゆる属国〕を立てた経過について質問した。〔わが日本は、あなたの〕祖国〔であるヨーロッパ〕から非常に離れており、また小さい国である。それに、ヨーロッパ人が足を踏み入れるのを禁じられていることはご存知のはずである。にもかかわらず、なぜやって来たのか、とその目的をも尋ねた[138]。シドティは、「まず『この国の東に僻りて、かつ小しき也』と、のたまふ事しかるべからず。凡其国を論ぜむに、其地の小大、其方の近遠を以てする事、あるべからず《まず、「この国がはるか東に遠ざかっていて、そのうえ小さい国である」とおっしゃるが、それは道理にかなっておりません。そもそもその国について論議するのに、領土が小さいか大きいか、あるいは、ある場所から近いか遠いかといったことによってもすべきではありません》[139]」と

---

136 松村62。
137 松村63。
138 松村65。
139 同前。

答えた。その証拠として、領土は広いけれど獣に似た人びとの住むタタールやトルコと、小さいけれど多くの国々から尊敬されているローマをあげた。

そのあとシドティは、存在する「善」はすべて東方で生まれ、日本はその領土の狭さにもかかわらず、他の国すべてに優ると言った[140]。

それから話は日本でキリスト教が禁じられたのには、オランダ人が負う責任があると言った。オランダ人は、カトリック信仰の浸透がローマ側からの日本征服に帰結するという考えを伝播したからである。

実際には、真の戦争挑発者はルター派のオランダ人であり、ローマではなく、ローマは何世紀にもわたる歴史で他国を奪い取ったことは一度もない、とシドティは続けた。そして、布教聖省に自分を派遣するよう説得した動機をふたたび持ち出し[141]、こう主張した。

> ……人の国を誤るもの、其教にはよるべからず。たゞその人によれる也。……我今こゝに来れるは、此冤を雪られて国禁を開かれん事、チイナ・スイヤムのごとくならむ事を、望請ひ申さむがため也《人が国を誤らせるにしても、それはその人の信じている宗教の教えに原因があるのではなく、ひとえにその人柄によるのです。……私が今、この日本にやって来た理由は、〔カトリックの教えを信ずる国々が、領土侵略の野心を持っているとする〕誤解を除き去り、シナやシャムが〔キリスト教禁止令を〕解除したのと同じように、キリスト教

---

140 同前。
141 本書 p. 65 を参照。松村 65。

を禁止している国法を解除していただくことを、請い願うためであります》[142]。

一国の大小とかその遠近は重要ではなく、同様に侵略の過ちはおそらく宗教にではなく、侵略者〔という人〕に帰するべきだというシドティの主張に、白石は同意した。

しかしキリスト教は、制定された秩序を侵害する恐れのある信仰を擁護していた。なぜならば、神への奉仕はみずからの君主〔封建君主〕、みずからの父母に対して果たすべき奉仕よりも大切だからだ。反対に、日本の良識では、みずからの君主、父、夫への奉仕こそが天に仕えることになる[143]。

日本が東洋の他の国すべてに優越するという点については、白石は、つねに中国が中心の王国と考えられてきたと指摘し、中国に対する評価をシドティに尋ねた[144]。

「其こゝに来らむ始、本師命ぜし所、また彼告訴ふる事ども、其大要いかに」と問ふ《「日本に来ることになったとき、教皇がおまえに命じたことや、そのほかいろいろ告げられたことのあらましは何であったか」と私はシドティに質問した》[145]。

シドティは、フランシスコ・ザビエルによって日本にキリスト教がもたらされた経緯をごく手短に説明し、そのあと布教聖省の枢機卿たちがシドティを使節として派遣することを決定した、と報告した。そして続けた。

142　本書 p. 65 を参照。松村 66。
143　松村 66-67。
144　松村 67。
145　松村 68。

老大の母と兄とを棄て、万里に来る事、法のため、師のため、
其他あるにあらず。初、此命をうけし日より、我志を決せし
所三つ。其一つは、本国望請ふ所を聴されて、我法ふたゝび
此土に行はれんには、何の幸かこれにすぐべき。其二には、
此土の法例によられて、いかなる極刑に処せられんにも、も
とより法のため、師のため、身をかへり見る所なし。さりな
がら、人の国をうかゞふ間諜のごとく、御沙汰あらむには、
遺恨なきにあらず。それも本師の命ぜしに、「国に入ては、国
にしたがふべし。いかにも其法に違ふ所あるべからず」と候
ひしかば、骨肉・形骸のごときは、とにもかくにも国法にま
かせむ事、いふにおよばず。其三つには、すみやかに本国に
押還されん事、師命をも達し得ず、我志をもなし得ず、万里
の行をむなしくして、一世の譏を貽さむ事、何の恥辱かこれ
にすぐべき。されど我法いまだ東漸すべからざる時の不幸に
あひし事、これ又誰をか咎むべき《老齢の母と兄を残して、
万里も離れた遠い日本にやって来たのは、ただキリストの教
えのため、教皇のためであって、それ以外に理由はありませ
ん。最初に、この命令を受けた日から、私が心に決めたこと
が三つあります。その一つは、ローマ教皇庁の希望が聞き届
けられて、キリストの教えがふたたび日本におこなわれるよ
うになるならば、これ以上の幸せはありません。第二には、
もし私が捕らえられ、日本の法律上のしきたりによって裁か
れて、どのような極刑に遭おうとも、言うまでもなくキリス
トの教えのため、教皇のためでありますので、自分の身を気
にかけて心を配るということなどはありません。そうではあ
りますが、私が貴国の法律を犯して潜入したからといって、
他国をうかがうスパイであるかのようにご裁決を申し渡され
るのでしたら、忘れられないほどの悔しさが残らないわけで

はありません。しかし、それも教皇のご命令では、「その国へ入ったならば、そこでの慣習ややり方に従いなさい。その国の法にほんの少しでも違反するようなことがあってはならない」とのことでしたから、心はさておき、からだはこの国の法にまかせるつもりであることは、申すまでもありません。第三には、ただちに強制的に本国に送還されることになれば、教皇のご命令も達成できず、また、私自身の決意をも果たしたことになりません。それでは、万里の遠くまでやって来たこともむなしくなってしまい、一生のあいだ人びとのそしりを残すことになります。これにまさる恥辱はありません。しかし、キリストの教えが、まだ東方で信じられるまでになっていない不幸に遭遇していることは、誰が悪いわけでもなく、したがって、誰をとがめるわけにもいきません》。

結論は簡潔である。「これらの外、申すべき事もあらず《以上のほか、申し上げるべきことは何もありません[146]》」。

白石は、日本上陸後、長崎に送られることを希望せず、ただちに江戸にのぼることを望んだわけを尋ねた。

シドティは、受けた使命に従わなければならず、さらに長崎にはオランダ人がいるからだと答えた。

白石は、日本はローマと国交がなく、シドティ自身も日本人のように装い、日本語を話せるほかに、必要な信任状を携えていないのだから、どうして大使だと言えるのかと尋ね、だから日本上陸の真の理由は、沿岸の住民を改宗させることにあったが、その計画が失敗したから、大使と身元を偽ったのだろう、と続けた。

この指摘に、シドティは、自分は一人目の大使であり、日本が

---

146 松村 69。

幸いにも自分の主張を受け入れた場合、ローマは日本人が示した寛大さに感謝するために、別の大使を送ってくるだろうと繰り返し、完璧な回答を与えた[147]。

日が暮れて、尋問は後日に繰り延べられた。

そこでシドティは、自分は日本の民衆を救済するためにこの国に来たのだから、絶対に逃亡はしないと断言し、自分を日夜監視していなければならない看守のために少しの思いやりを求めた。そして、看守が夜は安心して眠れるように、自分が鎖につけられることを望んだ。

白石はそこに口をはさみ、シドティは嘘つきだと言った。なぜなら看守のことは気にかけるが、厳寒を考えて着物を与えた奉行のことは考えないからだ、と。

当初シドティは一瞬憤慨し、反問してこう言った。「すべて人のまことなきほどの恥辱は候はず。まして妄語の事に至ては、我法の大戒に候ものを。某、事の情をわきまへしより此かた、つゐに一言のいつはり申したる事は候はず。殿には、いかにかゝる事をば、仰候ぞや《何といっても、人として誠実でないほど恥ずかしいことはありません。まして、嘘をつくというに及んでは、私たちの教えの十戒の一つ[(34)]であるのですから。私は、物心がつく年ごろになってから今まで、一度だってひと言の偽りも申したことはありません。あなた様は、どうしてそのようなことをおっしゃるのですか》[148]」。

しかし、事情の説明を受けたあとには、「大きに恥おもひし気色にて、『今の仰を承り候へば、さきに申せし事は、誠にあやまり候き。さらば、いかにも衣給りて、御奉行の心をやすむじまいらす

---

147 松村 69-70 を参照。
148 松村 14。

べきに候』と申す《シドティは大いに恥じ入った様子で、「ただいまのお話をうかがってみますと、前に私が申しましたことは、まさにあやまりでした。それでは、たしかに衣服をちょうだいして、ご奉行がご安心なさるようにいたしましょう」と言う》[149]。

とはいえ、シドティは自分の心の負担を軽くするために、絹ではなく木綿の衣服を頼んだ。

白石は「明れば廿三日の夜[150]」、通詞を自宅に呼び寄せ、尋問で理解のできなかったことを説明させた[151]。

2日後の「廿五日に」（12月25日[152]）、10時から13時まで2回目の尋問がおこなわれた。その主題はさまざまだったが、なによりもまず地理が扱われた。

白石が地理について多数の情報を得られたのは、シドティとの出会いのおかげである。それは、のちに著作『采覧異言』として書きなおされる。この著述で、白石は日本における最初の地理学者と認められている。

尋問終了後、奉行は白石に切支丹屋敷訪問を提案した。敷地内にキリスト教の宣教師で、その後棄教した者[(35)]がかつて住んでいた一軒の家があった。年老いた夫婦者が顔を出し、奉行にあいさつをした。このふたりについて白石はこう記している。

> これは罪あるものゝ子どもの孥となりしを、かのこゝに按置せられしものゝ奴婢に給りしが、夫婦となされし也。これらは其教をうけしなどいふものにはあらねど、いとけなきより、

---

149 同前。
150 松村15。
151 同前。
152 同前。

さるもののめしつかひし所なれば、獄門を出る事をも許されず。奉行所より衣食して、老を送らしむる也けり《これは罪人の子どもで、奴隷となったものであるが、ここに押しとどめていたあの黒川寿庵の召使としてくだされたもので、それを夫婦としたものである。これらの者（夫婦）は、キリストの教えを信じていたわけではないが、幼いころから、そのような者〔黒川寿庵のようなかつてはキリシタンであった者〕が召し使っていた者なので、獄舎の門から外出することを許されず、奉行所から衣食を支給されて、老いを迎えているのである》[153]。

　白石が独房のなかで見たのは、以下のとおりである。「赤き紙を剪て、十字を作りて、西の壁にをして、その下にて法師の誦経するやうに、その教の経文を暗誦して居けり《赤い紙を切って十字架を作り、西の壁に貼って、その下で、僧侶たちが経文を声を出して読むように、その教えの祈りを口に出して唱えていた》[154]」。
　「晦日[155]」（1709年12月30日[(36)]）、白石は奉行をわずらわせたくなかったので、今回は奉行の同伴なしで新たな尋問がおこなわれた。すでに扱われたが、白石がより詳しい説明を望んだ主題に関して質問がなされた。しかし、シドティが信仰について語ろうとしたとき、白石は話をさえぎった。
　「その明の日（1709年12月31日）に[156]」——宝永六年十二月一日——白石は将軍に報告をした。

153　同前。
154　松村 16。
155　同前。
156　同前。

「きのふ迄に彼人を見候事凡三日、今はかれが申すほどの事、聞くまがふべくもあらず。かれも又某申すほどの事共、よく聞わかち候ひなむ。此上は、かれが来りし由をもたづねきはめばやと存ず。さらむにおゐては、かれが申す所、必ず其教の旨にわたり候べければ、『奉行の人々も出あひて、事の次第をよく承れ』と、仰下さるべくや候はん」と申す《「昨日までに、あの人におよそ3日間会いました。今は彼が申し述べることを聞き違えることはございません。彼もまた、私が申しますことを聞いて十分に理解しているようです。このようになりました以上、彼が渡来してきた理由を問い究め、明らかにしたいと存じます。そうでございますから、彼が申し述べるところは、かならず彼が信奉するその教えの主旨に及ぶはずです。お上からは、『奉行の方々も尋問の席に連なって、このような状態に至った背景や成り行きを十分に承知せよ』と仰せくださいませ」と、お上に私は申し上げました》[157]。

「十二月の四日に[158]」（1710年1月3日）、最後の尋問が執りおこなわれた。

シドティには来日の目的と日本に広めようとみずから決意した教義について質問がなされた。白石は「こゝに来れる事の由をも問ひ、又『いかなる法を、我国にはひろめむとはおもひて、来れるにや[(37)]』《日本に渡航した理由を問い、また、『どのような教法を、わが国に広めようと思ってやって来たのか』》と尋ねた。

　かれ悦びに堪ずして「某六年がさきに、こゝに使たるべき事

157　同前。
158　同前。

を承りて、万里の風浪をしのぎ来りて、つゐに国都に至れり。しかるに、けふしも本国にありては、新年の初の日として、人皆相賀する事に候に、初て我法の事をも聞召れん事を承り候は、其幸これに過ず候」《〔シドティは喜びを抑えきれない様子で〕「私は、今を去ること6年前、日本国に教皇の使節として渡ることをうけたまわり、万里の風浪をしのいでやって来て、ついに国都である江戸に着きました。実に今日という日は私の国では、1710年の元日として人びとはみなおたがいに祝いあうのですが、その日に初めて、私の信ずるキリストの教えのことをも、お聞きくださるとうけたまわって、このような幸せなことはございません[159]」〔と述べた〕》。

　その日は1月3日だったが、シドティは新年の元日と考えていた。白石は注釈をつけている。「彼方にしては、十二月四日をもつて歳首とする歟。但し暦法のたがひあるによれる歟《シドティの生国では、12月4日を元旦とするのか。あるいは、暦法の違いによるのかもしれない》[160]」。いずれにしても、ここでもまた、白石はシドティの発言を正しく理解しなかったと考えられる。なぜなら、シドティが宣教の任を受けたのは〔6年前の〕1703年/1704年ではなく、1702年だったからだ。

　こうしてシドティはキリスト教の教義を説明した。教義だけではなく、実のところ、話は聖書を引用した説明から、コンスタンティヌス〔大帝〕の改宗、ローマ市、教会の位階、世界の3大宗教（キリスト教、ユダヤ教、イスラム教）、カトリックの信仰告白、キリスト教の異端（ルター主義など）、中国の儒教にまで及んだ。

159　松村 16-17。
160　松村 17。

江戸にて　新井白石

さまざまな主張のなかに、キリストの生誕、つまり、キリストの降誕があり、白石はそれを 1709 年前の出来事と書いている。ここから、尋問が 1710 年の初めにおこなわれたことが確認できる[161]。

白石はこの説明で言いつくされたと判断した。なぜならば、奉行所から借りた 3 冊の書物で読んだことと一致していたからだ[162]。

しかし、内容については、「按ずるに、西人其法を説く所、荒誕浅陋、弁ずるにもたらず。しかりといへども、其甚しきものゝごときは、また弁ぜざる事を得べからず《考えるに、シドティが説いたキリストの教えというのは、でたらめであるうえに、見聞が狭いもので、論議の対象にもならない。しかし、あまりにもひどい内容に対しては、やはり論及してその誤りを指摘し、弁証しなければならない》[163]」。「荒誕浅陋」としたなかには創造主である神と天国の教えがあった。

実際に白石はこう書いている。「凡其天地人物の始より、天堂地獄の説に至るまで、皆これ仏氏の説によりて、其説をつくれる所なれば、これ又ことへ〲く論弁するに及ぶべからず《およそ天地人物がはじめて造られたという説から、天国地獄の説にいたるまで、これはみな、仏教の説に基づいて作られているので、これらをすべて論議する必要はない》[164]」。

白石は、イエスが人類の罪をあがなうために遣わされたという教義も批判し、それを「嬰児の語《幼児の戯言》[165]」とした。同じ

161　松村 70-82。
162　松村 10。
163　松村 78。
164　松村 79。

ように、ノアの大洪水で人類を罰する代わりに、人類を悔い改めさせることができなかったのは、神の無能力さを示すものではないのか、と考えた[166]。

シドティはキリスト教の説明の他の多くの事実を仏教と比較したように、十戒についても仏教の教えと比較している。「其十誡といふもの、また仏氏の説によりて、たゞその他犯の戒を、二条にわかち出す[(38)]《その教えの説く十戒というものは、仏教の戒律に根拠をおいて、その一つである姦通の戒めを2条に分けて述べている》[167]」。

結果として、「すべてこれらの説、番語ことごとくに通暁すべからずといへども、大約その教の由来る所、西天浮図の説に出づ《私は、ヨーロッパの言葉を非常にくわしく知っているわけではないが、すべてこれらの話から、だいたいキリストの教えの成立の由来は、仏教が広まって流布している地域に、その影響を受けてキリストの教えが成立したとする「西天浮図」の説で説明できる》[168]」。白石はさらに続けて、仏教がキリスト教よりもずっと古く、ユダヤは西インドからそう遠くはないと書いている。そして、明末期のある学者が、キリスト教の普及はこの王朝[169]が終焉を迎えた原因のひとつを構成すると主張したことを指摘し、次のように結論づけた。

「我国厳に其教を禁ぜられし事、過防にはあらず《わが国が厳しくこの教えを禁じられたことは、過剰な警戒ではない》[170]」。

---

165 同前。
166 松村 80。
167 同前。
168 松村 81。
169 明王朝は中国を 1368 年から 1644 年まで支配した。

キリスト教に関する質問によって、シドティへの尋問は終了した。最後のほうの尋問は通詞の必要もなく、日本語でおこなわれた。シドティは日本語を以前よりもよく覚え、シドティと白石のどちらもが集中して、ときに正確な言葉に欠けることがあっても身振りを使い、多かれ少なかれたがいに理解し合うことができたからである。

さらに、ふたりの男のあいだには幸いなる相互理解があった。どちらもが異なる文化世界に属していながらも、すぐれた人間性と知性とを認め合ったからである。

尋問の最後に、白石はシドティについての評価を述べている。「其人博聞強記にして、彼方多学の人と聞えて、天文・地理の事に至ては、企及ぶべしとも覚えず……『十六科(39)には通じたり』と申しき《シドティは学識広く、記憶力が強く、ヨーロッパにおいて多方面に学殖の深い者として聞こえ、天文・地理の事にいたっては、とても匹敵できるとは思われないほどである。……『〔西洋の学問はその科目が多く、そのなかで〕私は16科目に精通しております』と私に言った》[171]」。

さらにまた、自分の宗教の戒律に従うのと同様に、「謹愨にして、よく小善にも服する所ありき《シドティはつつしみ深くまじめであり、ちょっとした善行にもそれを受けて従おうとするところがあった》[172]」。事実、白石が一度シドティに新オランダ〔現在のオーストラリア〕はどのくらい離れているのかと尋ねたとき、シドティは回答を拒否した。理由は、白石が大変に才能のある人なので、得た情報から侵略が可能と考えるだろう、つまりシドティ

170　松村 82。
171　松村 17。
172　松村 18。

が虐殺の原因を与えることになり、結果として十戒に反することになるからだ、というのであった[173]。

しかし白石は、宗教人としてのシドティの評価のなかで、自分がキリスト教に対し、変わらずに距離をおいていることを示した。

> 其教法を説くに至ては、一言の道にちかき所もあらず。智愚たちまちに地を易へて、二人の言を聞くに似たり。こゝに知りぬ、彼方の学のごときは、たゞ其形と器とに精しき事を。所謂形而下なるもののみを知りて、形而上なるものはいまだあづかり聞かず。さらば天地のごときも、これを造れるものありといふ事、怪しむにはたらず《彼の説くキリスト教の教義を聞くと、ひと言も道理にかなったところがない。賢さと愚かさが立場をとりかえたように、今までの彼の賢さはどこかにいってしまって、まったく愚かさそのもので、別の人の説明を聞いているようである。こうして私は、西洋の学問というのは、形のある物質的な面には通じているが、形のない抽象的な、精神や道などの面については十分に究めかかわってはいないのだ、ということを知った。そうであるから、天地創造の理論においても、天地を創造したデウスが存在したということも、怪しいと思うほどの値打ちもない》[174]。

尋問が終了し[175]、白石は1710年1月8日（宝永6年12月9

---

173 松村 19。

174 同前。

175 白石とシドティのあいだの相違についての批評的な読みについては以下を参照。J. Pigeot, *Le prêtre*, pp. 49-62 & A. Tollini, *L'ultimo missionario in Giappone: Giovanni Battista Sidotti*, in Istituto Italiano, *Italia – Giappone*,

日[176(40)])、シドティの「件」に対する解決策とキリスト教に関する短い説明をつけて、2通の口上書[177]を将軍に提出した[178]。

一通目では、何度も[179]尋問したヨーロッパ人宣教師について、明確な考えを述べている。

白石にとって、とるべき解決策には三通りあった。

> 右異人裁断之事に上中下の三策御座候歟。第一に、かれを本国へ返さるゝ事は上策也。此事難きに似て易き歟。第二に、かれを囚となしてたすけ置るゝ事は中策也。此事易きに似て尤難し。第三に、かれを誅せらるゝ事は下策也。此事易くして易るべし《前に述べたこの外国人の取り扱いをどうするか、三つのことが考えられます。第一は、彼を祖国に帰すこと、これはすぐれたはかりごとであります。これは、〔国の法を破ることになるので〕難しいようですが、効果的な方法でありましょう。第二は、彼を囚人として獄につないで死から逃れさせることで、これは中策です。この処置は、容易いようでも、もっとも難しい結果を生むものであります。第三は、彼を死刑に処すことです。これは下策ですが、容易く、効果

---

vol. I, pp. 66–73.

176 G. Elison, *Deus Destroyed. The Image of Christianity in Early Modern Japan*, Cambridge MA: Harvard University Press, 1973, p. 237.

177 『羅馬人処置献議』と『天主教大意』のこと。ともに、箕作秋坪・大槻文彦校訂『新井白石全集』(白石社、1882) 第4巻に所収。

178 松村 19。『新井白石日記』宝永6年12月5日条 (岩波書店、1953)。

179 『西洋紀聞』のドイツ語訳版の L. H. Lönholm, *Arai Hakuseki und Pater Sidotti*, in *Mittheilungen der Deutschen Gesellschaft für Natur-und Völkerkunde Ostasiens*, Bd. VI heft 54 (1894) p. 177 による。Contarini A, *Appendice*, p. 2 は尋問を「2回」としている。『西洋紀聞』によれば、4回である。

的なものであります》[180]。

しかし第三の策が選ばれないように、白石は将軍たちが1614年以降、キリスト教に対しておこなった弾圧とその結果について短く述べている。

ところで、公布されていた法律に従おうとすれば、シドティは死罪にされなければならなかった。

かれ番夷の俗に生れそだつ、其習其性となり、其法の邪なるをしらずして、其国の主と其法の師との命をうけて、身をすていのちをかへりみず、六十余歳の老母幷年老たる姉と兄とにいきながらわかれて、万里の外に使として六年がうち険阻艱難をへてこゝに来れる事、其志のごときは尤あはれむべし。君のために、師のために、一旦に命をすつる事は有べし。六年の月日、万里の波濤をしのぎしは難きに似たり《シドティは、野蛮人の社会のなかで生まれ、育ちました。そのため、その社会の慣習が彼の本性を形成してしまいました。したがって、キリスト教の教えが正しくないことを知らないので、ローマ教皇と指導的地位にある枢機卿たちの命令を受け、身命をなげうって、60歳あまりの老母や老いた姉と兄とに生きながら別れ、万里の波濤を乗り越えて使節として6年もの月日をかけ、険しい場所と多くの困難を経て日本に来たこと、その志といったら何よりも一番に人の心を捉える、あわれで感動的なことと言わなければなりません。君命によって来日したのですから、簡単に命を捨てる覚悟もあることでしょう。6年もの歳月をかけ、決死の覚悟で日本に潜入した者に処分

---

180 『羅馬人処置献議』（宮崎 193-194）。

を下すのは難しいことです》。

さらに続けて、白石は次のように書く。

> 其人番夷にして其□番夷なれば、道徳のごときは論ずるに及ばず。されど其志の堅きありさまをみるに、かれがために心を動かさゞる事あたはず。しかるを、我国法を守りてこれを誅せられん事は、其罪に非ざるに似て古先聖王の道に遠かるべし《シドティは野蛮人であり、その心も野蛮ですから、その道徳上のことは述べる必要はありません。しかし、彼の志の堅固な様子を見ると、彼のために心が動かされないわけにはいきません。そういう状態で、わが国の法律にのっとってシドティを死刑に処すのは、そうした罪のない者を処罰するようなもので、いにしえのすぐれた天子の歩んできた道からは遠いものでしょう》[181]。

第二の解決策について、日本の法律は、外国人が棄教した場合、命を助けると定めていた。

しかし、白石は続けている。シドティを知っているので〔言うが〕、シドティは絶対に棄教しないだろう、と。

また、将軍のこのうえない寛容により、シドティに恩赦が与えられても、「かれが命のあらむかぎり、獄舎のなかで痛み苦まむ事もまたあはれむべし是一ツ《シドティは生命あるかぎり、苦しむことになる。これもかわいそうに思わなければならない、これが一つ目の考えである》[182]」。

---

181 『羅馬人処置献議』（宮崎 194-195）。
182 同前（宮崎 195）。

しかしヨーロッパで——「是二ツ」——囚人が生きて獄にいることが知られればすぐに、必ず禁教令が緩められたと考えて潜入する宣教師が日本に送られてくるだろう。

さらに——「是三ツ」——彼の祖国がその使命についてなにも情報が得られなければ、たしかに〔1,〕2年間のあいだに、他の人間を使節として送りこんでくるだろうし、そのようにして宣教師が日本に戻ってくる道を開くことになろう。

最後に「これ四ツ」目の考察は、誰がシドティを監視するかについてである。与力や同心がつねに囚人に応対しなければならず、万一、逃亡した場合は責任を負うことになる。

白石が勧めた第三の策は、シドティを歴代将軍の法に付すことであった。つまり、法律をきわめて忠実に適用することで、幕府の法律が正しく世を治めることができるのを明らかにすることになる。

> 汝が法とする所、その理ありとも、今はた我、祖宗の法をやぶりて、汝番夷の法を行ふ事をゆるすべからず。謹で、祖宗の法を按ずるに、汝が如くの輩、転ぶ時はたすけ、転ばざる時は誅す《おまえが信奉することに道理があろうとも、現時点で前と同じように私はわが国の法律を犯してまで、おまえが信奉する教えを広めることは許せない。うやうやしくかしこまって、先祖代々の法律を調べてみると、おまえのような者の場合、その者が信ずる宗教を棄てれば助命し、棄てなければ死刑にするのである》[183]。

さらに続けて、こう言う。

183　同前（宮崎 196）。

江戸にて　新井白石

当代仁恩広大、汝が其主の命をうけて身をかへり見ず、万里に使し来れる事をあはれみ給ふが故に、その命をたすけて本国へ帰し給ふ所也。すみやかに汝が国に帰り、其主に申すべし。此のち又汝がごとく我国に来らむものをば、海返の国守に仰せて、まづ誅してのちに申さしむべし。かならず汝の国人をして我誅を試み陥らしむる事なかるべしと。……もししからば、彼国をして我祖宗の法は天地と改るべからずして、当代仁恩の広く、聖度の大きなる事をしらしむべし《現在の将軍は慈愛にあふれたお方であるので、おまえがローマ教皇の命令で身命をなげうって遠路使節として来日したことに憐れみを感じられ、おまえの命を助けて祖国へ返したいと考えておられる。急いで祖国へ帰り、ローマ教皇に申すがよい。今後、おまえのようにわが国に来る者に対しては、海に近いところの藩主に命じて、まっさきに殺して、それから報告をあげさせる。まちがいなくおまえの国の者どもに、日本に潜入させて、殺害に及ぶことがないようにと。……万が一殺されないのであれば、わが国の先祖からの法律は天と地がひっくり返るようには変わらないので、将軍の慈愛深きことと、また、その度量が大きいことを、おまえの祖国に知らせなければならない》[184]。

　将軍が提案に同意すれば、白石はシドティをすみやかに送還するのがよいと考えていた。
　二通の口上書の提出からしばらくして、将軍徳川家宣は次のような勅令を出した。

184　同前（宮崎106）。

我国、耶蘇の法を禁ずること年あり。「今彼徒のこゝに来れる、行人の其冤を告訴ふるもの也」と称ず。もし行人ならんには、いかむぞ其国信とすべきものをば帯来らずして、詭りて我国の人となり来れる。たとひ言ふところ実ならむにも、跡のごときは疑ふべし。しかりといへども、称ずる所は、彼国の行人也。例によりて誅すべからず。後来其言の徴あらむを待ちて、宜く処決[185]すべきもの也」と、仰下さる《わが国はキリスト教を禁止して、ずっと年月を経てきた。「今、そのキリスト教徒シドティがこの江戸に来たのは、使節として、そのキリスト教を邪教とすることが濡れ衣であると告げ、それを晴らすためだ」という。もし、まことに使節であるなら、どうして、その国の信書にふさわしいものを携行せず、偽ってわが日本人に似せた姿をしてやって来たのか。仮に、シドティの申すことが真実だとしても、なお姿の点などは疑わなければならない。しかしながら、彼はローマ教皇庁の使節であるという。とすれば、慣例によって殺害するわけにもいかない。将来いつか、その言葉の証を待って、適当に処理して決めることにいたそう》[186]。

　白石は感想を述べている。「某その事情をはかるに、此後に至ても、彼国人のこゝに来らむ事は、絶ゆべからず。されば後按のために、此たびの事ども録して、進呈すべき由を言上し詑ぬ。《私は、このたびの事情を考慮すると、今後とも外国人が宣教のために、日本に渡航してくるのは、絶えることはないにちがいない

185　ルカは、この「処決」に "collocazione"（配置）というイタリア語をあてている。Cfr. R. Contarini, A. Luca, *L'ultimo Missionario*, cit., p. 127, n. 84.
186　松村 19-20。

〔と思っている〕。したがって、将来のこうした際の取り調べのために、このたびの出来事を記録して、進呈するつもりである旨を言上したのであった》[187]。

将軍のとった選択に基づき、シドティは残りの生涯を切支丹屋敷に幽閉されて過ごした。しかし、虜囚生活は厳しくはなかった。史料によれば、拷問にかけられたり、キリスト教を棄てるよう要求されたりしたことは一度もない。

死

しかし、〔切支丹屋敷への〕収監と幽閉がシドティの熱意を冷ますことはなかった。

オランダ側の報告書は、シドティの江戸到着と彼が接触した人すべてに福音を教え続けたことを伝えて終わっている[188]。

獄につながれていたあいだの1714年8月27日、シドティは本人が知らないままに、布教聖省から日本の教皇代理[189(41)] に任命された。教皇による任命書には1714年9月15日[190]の日付がある——このとき同時にホセ・デ・ラ・ソレダード修道士がスペイ

187　松村 20。

188　*Kort verbaal*, in Valentijn, *Oud en Nieuw Oost-Indiën*, p. 164.

189　APF, *Acta de anno 1714*, f. 529, *ad Cong. diei 27 augusti*, num. 4 (in Tassinari, *The End*, p. 250 n. 10). 教皇代理（Vicario Apostolico）は、通常の教区は設立されていないものの、神の民が居住していると確定された地域〔ここでは日本のこと〕をローマ教皇の名において統治する聖職者のことである（cf. CJC can. 371 §1）。

190　APF, LSC, vol. 103, f. 273 (in Pedot, *La S.C. De Propaganda Fide*, p. 334 n. 115) & LSC, vol. 103, f. 272 (Roma, 25 settembre 1714; in Tassinari, *The End*, p. 250 n. 10).

ンの跣足アウグスチノ修道会の長に任命された[191]。このスペイン人修道士は教皇にシドティが日本で存命であり、よい扱いを受けていることを報告した。その結果、クレメンス11世は、日本との関係を再開できると考えて、シドティを重要な役目に任命したのである[192]。

この任命を伝える書簡で、ローマの布教聖省はさまざまなことに加えて、次のように書いている。

> ……あなたは聖フランシスコ・ザビエルを見習い、この布教聖省と私たちの教皇聖下があなたに抱いた大きな期待に完全に応えました。さらに教皇聖下はあなたから（そして布教聖省も）、このきわめて重要な使命と宗教を確立するためのあなたの働きについて完全かつ明確な報告を望まれました[193]。

しかし同年、シドティに死をもたらす出来事が起きた。「正徳四年甲午の冬に至て[194(42)]」（1714年）、棄教した元司祭――「此教師は、黒川寿庵といひしなり。番名はフランシスコ・チウアンといひし歟《この宣教師は、黒川寿庵といった。外国の名はフランシスコ・チウアンといったとか》」――に仕えていた男女――「奴

---

191 APF, LSC, vol. 84, f. 530 (in Pedot, *La S. C. De Propaganda Fide*, p. 334 n. 113).

192 *Lettera di Fr. Giuseppe della Solitudine (José de la Soledad) a Papa Clemente XI*, Madrid, 11 marzo 1714, in Archivio Vaticano, *Biblioteca Clemente XI*, vol. 263, f. 352 (in Tassinari, *The end*, p. 250 n. 10).

193 APF, ACG, vol. 84, f. 663v (Roma, 12 novembre 1714; in Pedot, *La S.C. De Propaganda Fide*, cit., p. 334).

194 松村20。この脚注については、「監訳者あとがき」p.283をも参照されたい。

婢の名は、男は長助、女ははるといふ《召使いの名は、男は長助、女ははるという[195]》」――が次のような自白をする。

> むかし二人が主にて候もの世にありし時に、ひそかに其法をさづけしかども、国の大禁にそむくべしとも存ぜず。年を経しに、此ほど彼国人の、我法のために身をかへり見ず、万里にしてこゝに来りとらはれ居候を見て、我等いくほどなき身を惜しみて、長く地獄に堕し候はん事のあさましさに、彼人に受戒して、其徒と罷成り候ひぬ。これらの事申さゞらむは、国恩にそむくに似て候へば、あらはし申す所也。いかにも法にまかせて、その罪に行はるべし《昔、私ども二人の主人でございました者（黒川寿庵）が、また存命中の折、こっそりと私どもにその教えを授けてくださいましたが、私どもは国の大禁を犯しているとも知りませんでした。そのまま過ごして参りましたが、このほど外国人のシドティ様が、キリストの教えのため、身の危険をかえりみず、万里をわたって来られ、捕らわれていらっしゃるお姿を見て、私どもは少しばかりの命を惜しんで、長く地獄に落ちてしまうみじめさを悟り、シドティ様から洗礼を受け、その信徒となってしまいました。これらの始終を申しあげなくては、国のご恩にそむくようですので、はっきり申しあげるのです。どうにでも、法の定めるままに、私どもを処罰してください》[196]。

白石は、ふたりが別々の場所に閉じ込められたと書いている。さらに、

195　松村 20。
196　同前。

明年三月〔1715年[197]〕、ヲヽランド人の朝貢せし時、其通事して、ローマ人の初申せし所にたがひて、ひそかにかの夫婦のものに戒さづけし罪を糺されて、獄中に繋がる。こゝに至て、其真情敗露はれて、大音をあげてのゝしりよばゝり、彼夫婦のものゝ名をよびて、其信を固くして、死に至て志を変ずまじき由をすゝむる事、日夜に絶ず《明くる年の3月、オランダ人が朝貢（参府）のため江戸に上ってきたとき、随伴したその通訳を介して聞いたのだが、シドティがはじめ自分は使節であると言ったことと違って、ひそかに宣教師として長助・はる夫婦に洗礼を授けたその罪を糾明なさって、シドティを獄におつなぎになった。ここにいたって、彼の本心があらわとなり、大声で呼び叫びながら、この長助夫婦の名を呼んで、その信仰を堅固にして、死を迎えるまで志を変えてはならない、と昼も夜もつねに言いたてるのであった》[198]。

　白石はまた、その年、江戸に到着したオランダ人——白石はこのヨーロッパ人の名前を書いていない[(43)]——が、マイヤール・ド・トゥルノンが同じカトリックを信奉する者たちから疎まれ、清国を追放されたことを知らせたとも書いている。

　そのあとオランダ人は、ローマ人〔シドティ〕が日本にきた理由を尋ねられて、祖国で何か犯罪を犯したのだろうと答えた。しかし、と続けて、日本行きを希望したので、同国の人々は、告発

197　Brown, *Sei Yo Ki-Bun*, Part I, p. 66 に、*The Capture*, p. 167 を引用して、«In the third moon of the next year, (1715)» と記されている。旧暦3月は、グレゴリオ暦の4月にあたる。〔この点については、訳註（42）と「監訳者あとがき」p. 283 を参照されたい。〕

198　松村 20。

が事実無根であることを示すのであれば、それは彼にとってよいことだろう、反対に日本で死ねば自分にふさわしい目に遭うことになるだろうと言って、シドティに許可を与えたのだ、と。

しかし、白石はこの説明に納得しなかった。

白石に言わせれば、信仰を日本にもたらすときが来たと考えたのはその国〔カトリック教会〕の会議であり、そう考えたきっかけとなったのは、シドティが日本上陸のとき身に着けていた黄金と最近鋳造された日本の硬貨だった。

> 当時の日本の歴史から分かることだが、将軍が幼少であった[44]ことを考え、硬貨の改鋳を実行したのは、白石である。改鋳によって、まさに1714年に新しい硬貨が鋳造された。これが米価の下落をもたらした。

白石は次のように書いている。シドティがなぜ金と硬貨をもっているのかと最初に尋ねられたとき、シドティは自国にも、またルソンにも金は豊富にあり、自分が望めば、本国に言い送るまでもなく、フィリピンから自分が要求するだけのものを送らせることができる、と答えた。白石は続けて書いている。

> 此人の今なにの故に来れるにやと心得ぬ事におもひしが、おもひ合せぬ[45]。其国にて我国黄金の製と、銅銭の製との改まりしを伝へみて、「国財以の外に窮したり。国民さだめてくるしみなむ。民くるしむ時は、命の行はれざる所あり。たとひ其禁なを行はるとも、金銀をてみちびきなば、其禁開く事ありぬ」とおもひ謀りしにやとおもひしかば、此のちは、金銀等の事は、いひも出す事はせざりき《このシドティは何を目的に渡航してきたのかと不審に思っていたが、私は気付

いたのであった。シドティの国では、わが国の黄金と銅銭の改鋳されたのを聞いて、日本国の財政が意外なほどに窮迫していることを知った。国民はさぞかし苦しんでいることだろう。国民が苦しんでいるときは、為政者の命令が実行されないところがあるものだ。たとえ、キリスト教禁制の令が相変わらず実行されていようと、金銀を積んで近づいていけば、その禁が解かれることもあろう、と謀議したのではあるまいかと思ったのである。それで、それからというものは金銀などのことは、決して口には出さなかった》[199]。

> 白石が述べた〔シドティ渡来の〕動機は、オランダ人が述べた動機よりも興味深く、また、たしかに鋭いものであり、その政治家としての鋭敏さを示している。だがシドティを日本に赴かせた意図については結果的に真実を示してはいなかった。

白石は続けている。「かくて、此年の冬十月七日（1714年11月13日）に、彼奴なるものは、病し死す。五十五歳と聞えき。其月の半より、ローマ人も身病ひする事ありて、同じき廿一日の夜半に[200]死しぬ。其年は四十七歳にやなりぬべき《このようにして、正徳4年の冬、10月7日（1714年11月13日）に、シドティの召使い長助は病死した。55歳であったと聞いている。そしてその月の半ばから、ローマ人シドティも病気になり、同じ月の21日（1714年11月27日）の夜半に死去した。その年齢は47歳になっていただろうか》[201]」。

---

199 松村 21。
200 Contarini A. p. 22.
201 松村 21-22。

死   157

ブラウンも、シドティは真夜中に死亡した、としている[202]。
〔『西洋紀聞』上巻の末尾で、この書の成立について〕白石は次のように書き結んでいる。

> 前代の御時に、某申せし事もあれば、今此事をしるす事凡三巻。初には、此事の始末をしるして、長崎奉行所より注進せし大略をうつして附す。中には、其人のいひし海外諸国の事共をしるす。終には、某問ひしに、答へし事共の大要をしるす。此事すでに年月を隔てぬれば、今はわすれし事共多くして、そのこと葉のごとき、その事のごときは、なをしるすところの誤りのみぞ多かるべき《先代将軍家宣様のご在世のときに、私は申しあげておいたこともあるので、今このシドティ一件を記録してみたら、みなで3巻となった。上巻には、この事件の初めから終わりまでの事情を記し、長崎奉行所から急遽送られてきた報告書のあらましを写して「附録」として付け加えておいた。中巻には、シドティが私に述べた海外諸国の事情などを記した。下巻には、私が質問したことに、シドティが答えた事どもの要旨を記した。この事件は、起こってからすでに年月が経ってしまっているので、今は忘れてしまったことが多く、その言葉や、その事実のたぐいは、なおさら記載するところに誤りがさぞかし多いことであろう》[203]。

史料からはシドティの真の死因はわからない。
オランダ人の報告書には、日本側がシドティの宣教活動[(46)]を

202　*Sei Yo Ki-Bun*, P. I, p. 67.
203　松村 22。

知り、改宗者を処刑し、宣教師を深さ4〜5フィートの穴に、感染症と精神的な錯乱によって死ぬまで入れておいたと書かれている[204]。

一方、ド・シャルルヴォアによれば、「かなり頻繁に言われてきたのは、ほとんど身動きがとれないほどにたがいに接近している4枚の壁のなかに閉じこめ、餓死させたということである[205]」。

現在確認できるのは以下のことである。宣教師とその世話人ふたりは、地下に掘られた深さ3メートル、差し渡し1メートル40センチの穴に入れられた。空気も光も入らず、食物としては米の粥を与えられた。また囚人たちはそこで排泄もした。これによって、緩慢な、また人間の条件としてはまったく尊厳を欠く死がもたらされた。

ジョヴァンニ・バッティスタ・シドティの正確な死亡年月日については、18世紀末に修道会の宣教師、年代記作者、研究者のあいだで相違があったことを指摘しておきたい[206]。

2014年12月1日に〔東京の〕イタリア文化会館で開催されたシドティ没後300年記念行事では、日本では現在でも「死亡年月日は1715年とすべきだと考える人もいるが、一般的には1714年に死亡したと考えられている[207]」と説明されている[208]。

しかし、白石が記している日付について話をもどそう。

洗礼を受けた日本人ふたりが自首した時期を、白石が「正徳四年の冬[(47)]」と書いていることはすでに見た。正徳元年は1711年

204　*Kort verbaal*, in Valentijn, *Oud en Nieuw Oost-Indiën*, p. 164.
205　De Charlevoix, *Histoire*, t. II, p. 486.
206　本書 p. 203 の「死亡年月日の表記一覧表」を参照されたい。
207　Carrer, *Sidotti, l'ultimo missionario*, 12 luglio 2015.
208　*Ibid.*, p. 12.

死

にあたるので、コンタリーニはそれを1714年としている。

　白石は続けて、「明年三月[48]」——つまり1715年——にシドティは獄中に繋がれ、牢獄のなかでは、夫婦にキリスト教の信仰を捨てるなと呼びかけたとする。

　さらに続けて、「此年の冬十月七日」(西暦では1715年11月13日にあたる)、洗礼を受けた日本人男性〔長助〕が死亡したと書いている。コンタリーニはこの日付を、それまでの記述の当然の帰結と考えられる1715年ではなく、1714年11月13日と「翻訳」している。

　白石は続けて「其月の半より、ローマン人も身病ひする事ありて、同じ記廿一日の夜半に死しぬ」と書き、コンタリーニはこれを1715年ではなく、先の〔長助の死亡を1714年11月13日と〕「翻訳」したことを守って1714年11月27日としている。

　しかしコンタリーニが遺した原稿をまとめたルカは、原稿を書籍として出版するにあたって、シドティの死亡日を1715年11月16日[209]としている。

　白石に忠実であろうとすれば、シドティは正徳5年10月21日に死亡しており、それは西暦では1715年11月27日にあたる。

　しかし最後に、一貫性が欠けている事実を指摘しておこう。

　『西洋紀聞』上巻〔附録の〕末尾に〔擱筆の日付を〕「正徳五年乙未二月中澣」としており、コンタリーニはこれを「1715年3月15日から25日のあいだ[49]」と「翻訳」している(この「翻訳」は、Contarini-Luca, *L'ultimo Missionario*, p. 54にもある)。この日付に照らし合わせると、シドティは1714年に死亡したことになる。

209　Contarini-Luca, *L'ultimo Missionario*, p. 131.

日本にて（1708年−1714年）

埋 葬 地

「切支丹屋敷」についてはすでに述べたが[210]、ここではとくにシドティの墓所について言及しているものを紹介したい。

切支丹屋敷内でシドティが居住していた建物を最初に突き止めたのはイエズス会員のマックス・フォン・キュエンブルクである[211]。

しかし、その墓所の発見はサレジオ会員タシナリ師のおかげである。日本にサレジオ会をもたらしたから「日本のドン・ボスコ〔サレジオ会創立者〕」と呼ばれていたタシナリの上長ヴィンチェンツォ・チマッティ（1991年に「尊者[(50)]」の称号を与えられた）は1941年にこの「発見」について、次のように伝えている。

> 忍耐強い調査のあと、タシナリ師は、痕跡が失われていたかつての墓所を確定できると考えた。そのうえさらに、墓石と推定された「ヨワン・シローテ」のものと言われる石のあとをたどることができた。石の上部にはキリスト教の十字架のしるしが彫られていた。また墓、すなわち、少し高くなったところの塚の形をした花壇を見ることもできた。それが墓、あるいは、少なくとも墓のあった場所といわれる。他方で、「シドッティ神父の墓石」、上に十字架が刻まれた墓石も見せられた。たしかに切支丹屋敷では多くの囚人が命を落としたので、その墓は少なくはないだろう。しかし、ただひとつだけが民間の伝承に記憶を残している。それが名もなき罪人の墓であるはずはない。異国人であり、（白石がはっきりと認

210　本書 pp. 25-26 を参照されたい。
211　von Kuenburg, *Kirishitan Yashiki*, p. 303.

埋葬地

めているように)その美徳によって近づく者の尊敬を勝ち得たために、切支丹屋敷でもっとも特徴のある囚人となったシドッティ神父のことが考えられる。シドティ神父の墓を区別するために、キリスト教のしるしのついた記念碑が建立されたと考えるのが自然である。石の所有者一家の口伝および家に伝わる文書は、墓の場所と墓石について言われたことをはっきりと確認している。1724年から25年にかけて、宣教師たちの監獄は焼け落ち、二度と再建されなかった。1792年に、〔宗門改役の廃止に伴い〕切支丹屋敷の土地は武家に下げ渡された。最近の数年のあいだに、この有名な場所について、興味深く詳細な研究が多数出されている。1918年に東京市は跡地に銅板をはめた石碑を建てた。銅板には「キリシタンたちが収容されていた場所」とラテン語で書かれている。石碑はいまでも目にできるが、銅板は紛失した。現在、切支丹屋敷跡地には美しい邸宅や個人の屋敷が建てられている[212]。

その翌年(1942年)、タシナリ師は論文を発表し、そのなかで調査の結果を詳細に示し[213]、ヴァレンティンとド・シャルルヴォアの文献で触れられている事実、そして当時のもうひとりの、日本人史家川村恒喜が報告している事実の信憑性を調べた。川村もまた、世話人の受洗が知られたあと、シドティが入れられた穴の狭さについて述べている。

この研究のなかで、タシナリ師はシドティの墓は現在〔報告の執筆時〕、檀野礼助の一家が所有する家の下にあると主張している。

212　Cimatti, *Una gloriosa pagina*, p. 164.
213　Tassinari, *The End*, pp. 246-253.

この研究の40年後、タシナリ師は発見したことについて、こう回想する。

> しかし、私は切支丹屋敷で、偶然にもこの地下の穴を目にしたのだった！ それは、家を建てるために丘を平らにしているときに発見された。電話で知らされ、現場に飛んでいき、小さな階段を通って、一種の井戸のようなところに入った。そこを通るのは大変だった。地下では小さなトンネルが、凝灰岩に彫りこまれた奥行と高さが1メートル半ほどの独房とつながっていた。シドッティ神父は丸一年のあいだ、この湿って暗い独房のひとつで衰弱していったのである。……1940年に初めて切支丹屋敷を訪れたとき、檀野家の庭園に、伝承が「ヨワン・シローテの墓」の場所として示してきた花壇を見ることができた[214]。

シドティの運命をめぐる報告

このあとに続く数ページで、18世紀から19世紀初めの著作のなかから、シドティの日本上陸の年（1708年）以降にシドティについて記された報告を紹介し、それらが、ときにはシドティの最期を知らないまま書かれ[215]、またときには曖昧、ときには完全に

---

214 Tassinari, *La temeraria*, pp. 90-91.
215 A. M. De Castro, *Misioneros Agustinos en el Extremo Oriente 1565-1780 (Osario Venerable)* [ms., Manila 1770], Edición, Introducción y Notas por el P. M. Merino. Consejo Superior de Investigaciones Cientificas. Instituto de San Toribio de Mogrovejo, Madrid 1954, p. 508; Martinez de Zuñiga, *Historia*, pp. 420-421.

つくりあげられていることを明らかにしよう。

シドティの死以前に、シドティに言及した書簡が2通ヨーロッパに届いている。この書簡からは、消息がなかったために、シドティは日本で殺害されたにちがいないと考えられていたことがわかる。

1通目は、あるイエズス会員の手による1708年の書簡である。「彼〔シドティ〕は日本に入国すると、すぐに殉教することになるでしょう。というのは、日本人のカトリック信者に対する内心の憎しみは、中国人たちに、神父を殺害できるよう譲り渡してくれるなら、ひとりの神父について1,000スクード以上もの賞金を与えると、約束しているのですから[216]」。つまり、中国人は1,000スクードの賞金のために、シドティを日本人に売り渡すとされていた。

2通目は、現在の南ヴェトナムから届いた。「コーチシナの使徒座代理司教の補佐が1712年11月23日の書簡で、シドティは日本に行くというただひとつの望みを抱いて死亡したと断言している[217]」。

1713年7月3日、フランシスコ会オブセルヴァント派会員のフィリピン管区長フランシスコ・デ・サンタ・イニェス師はマニラからアグスティン・デ・マドリード師に手紙を書き、まさにこの年、マニラに漂着した日本人6人からシドティの消息を得たと書いている。漂流者のひとりが長崎奉行の義理の兄弟だったからだ。この日本人は、シドティが1708年に上陸し、捕らえられて長崎に連行されたと語った。長崎において日本と良好な関係のない国フィリピン在住のヨーロッパ人と認められ、皇帝の前に連れて

---

216 *[Brief] Giovanni Battista Messari S.J.*, in Leibniz, *Briefe*, p. 96.
217 Pedot, *La S. C. De Propaganda Fide*, p. 335.

いかれた。皇帝はシドティを直々に、そして大臣たちともに、その身元や祖国などについて尋問したいと望んだ。しかし、シドティは言葉がよくわからなかったので、身振りをし、しばしば天を仰いで答えなかった。そこで皇帝はシドティを死刑にすることに決めた。日本人たちがある晴れた日に、処刑を実行しようとしていたところ、突然、激しい嵐が起きた。日本人たちは怯えて、シドティを監獄にもどした。二度目にシドティを処刑しようとしたときにもこの奇跡的な出来事が繰り返された。それ以降、日本人たちは宣教師を敬意をもって扱い、宣教師は牢にありながらも、その牢番たちに称賛の念を引き起こした。その後、皇帝の宮殿に連れていかれ、そこで尊敬を受けながら暮らしている[218]。

> 残念ながら空想の果実に過ぎない知らせを報告することになってしまったが、この物語には、シドティが存命で、日本人から――まさに皇帝の宮殿で！――称賛されていることを強く望む書き手の気持ちが表れていると思う。

アグスティン・デ・マドリード師の報告は、ここでほぼ終了するが（1717年）、彼は結果として、こう断言することができた。「マニラや中国から届いた書簡によって、あのアバーテ・ジョヴァンニ・バッティスタ・シドティ神父が日本の皇帝の尊敬を得て長崎にいる知らせを確認しました。しかし、聖なる福音の教えを説くことに関する特別なことについては、報告を受けていません[219]」。

---

218 *Capitulo de Carta del Provincial [Fray Francisco de Santa Inés] de dicha Provincia de S. Gregorio de Philipinas, del estado en que se halla dicho Abad de 3 de Julio de 1713*, in Agustin de Madrid, *Relación*, pp. 17-18.

シドティの運命をめぐる報告

165

　ミゲル・デ・エロリアガはマニラから教皇使節マイヤール・ド・トゥルノンの秘書宛に送った3通の手紙（1712年7月22日、7月26日、1714年7月18日）で、諸事に加えて、シドティが存命であるとも書いている[220]。

　1715年、オペラ・ピア信心会会長のトマス・ファルコハは、清国にいる信仰上の息子マッテオ・リーパに手紙を書き、シドティについてヨーロッパに届いている、よき知らせに触れている。

　　アバーテのシドッティ殿が至福なる神のお恵みといとも聖なるおとめマリアの保護を受けて、入国不能の日本に入国したという知らせがここに届きました。2度火刑を命じられましたが、奇跡的に解放されて、この島〔日本〕全体を改宗させる用意をして、いまはこの皇帝の寵愛を受けています。この知らせは全ヨーロッパをよろこばせ、ひとりの教皇派遣の宣教師がいかに、そしてどれほどに勇敢であり、神を信頼しているかを私に考えさせました。そして私に、このような精神に浸りきった宣教師たちをまた見たいという気持ちにさせました。この神のしもべはマカオからあの島へと導かれ、人間の助けはまったくなく、神への信頼をもってひとり残され、到達しえぬと信じられていたものに到達したのです[221]。

219　Agustin de Madrid, *Relación*, p. 19.

220　M. de Elorriaga, *Letters [manuscript]: Manila, [Philippines], to Marcelo Angelita, [Mexico?], 1712 July 22-1714 July 18*, in Newberry Library Chicago (notizia e sunto in *Calendar of Philippine Documents in the Ayer Collection of Newberry Library* (Edited by Paul S. Lietz), The Newberry Library, Chicago 1956, pp. 30-31, 61-62, 64).

221　*Lettera di Tommaso Falcoja al Sig. D. Matteo Ripa in Cina*, Napoli, 3 agosto 1715, in T. Falcoia, *Lettere a S. Alfonso, Ripa, Sportelli, Crostarosa*.

翌年、ボヘミア出身のイエズス会員が広東からプラハの聖クレメンス神学校の校長に手紙を書き、シドティの消息がないと明確に記している。したがって、いくつかのヨーロッパの新聞が報道していること——あるものはシドティが存命であり、あるものは死亡したとしている——には根拠がなかった。

そこで、このイエズス会員は、シドティその他、確実な事実が明らかでない宣教師の消息をヨーロッパに伝える際には慎重を期すよう求めている[222]。

同年、シドティの死について最初の知らせが届く。

あるイエズス会員は書いている。

> 1716年5月、日本から到着した中国人苦力が、広東にシドティ神父殿の死の知らせをもたらした。入国すると同時に、すぐに見つかって捕らえられ、ある官僚のところに送られて、その官僚が皇帝に意見を陳述したことを除いて、日本滞在中にその身に何が起きたのかはよくわかっていない。皇帝は自分でシドティの旅の目的を知るために、シドティを呼び寄せた。宣教師は自分のことをわかってもらえるように説明できなかったので、日本語を勉強する自由を与えられて、兵士たちの監視のもとにおかれた。大した根拠もなく、皇帝がシドティに宮廷の若い貴族4人を与え、ラテン語を学ばせたとも付け加えられている。この事実はかなり不確実に見えるが、一部の人たちが発表しているように、鉄の檻に閉じ込められ

Testo critico, Introduzione e Note a cura di P. Oreste Gregorio, EP, Roma 1963, p. 41.

222 *I. Brief P. Caroli Slaviczek*, in Stöcklein, *Der Neue Welt-Bott*, vol. I, VII, n. 155, pp. 14-19（特に pp. 18-19）.

たとか、長崎に設立されたオランダ商館の館長の監視下に送られたというのは間違いだ。この詳細を教えてくれた中国人船長は、シドティの死因を行き過ぎた断食と苦行のせいにしている。しかしながら、この話がいかに真実に見えようとも、さらに調べる必要があると思うし、宣教師の死が、言われているほど確実だとあえて保証することは、いまだにできない[223]。

同じく1716年、やはりローマにバタビヤ（現在のジャカルタ）で聞かれた消息が届いた。それによると、シドティは突然に嵐が襲ったために処刑されず、江戸に移送されたと説明されていた[224]。
2年後、デ・エロリアガは、シドティがオランダ人のせいで1708年10月に長崎で死亡したと書いた[225]。
1719年、跣足アウグスチノ会のジョヴァンニ・フランチェスコ・ディ・サン・グレゴリオ修道士は布教聖省に2通の書簡を送り（7月15日）、あるオランダ人から宣教師の死について矛盾する知らせ（ひとつは4枚の壁のなかに閉じこめられて死んだとし、もうひとつは自然の病で死んだとする）を聞かされ、マニラではシドティの消息について、もはや何もわからないと伝えている[226]。

---

[223] J. B. Du Halde, *Préface*, in *Lettres édifiantes & curieuses, écrites des Missions Etrangeres, par quelques Missionaires de la Compagnie de Jesus*, vol. XIII, Paris: Nicolas Le Clerc, 1718, pp. 13-16; Juan de la Concepción, *Historia*, t. VI, pp. 82-83.

[224] Pedot, *La S. C. De Propaganda Fide*, pp. 334-335.

[225] *Relaz. del Gen.le d. Miguel de Elorriaga intorno alla Morte, anzi Martirio dell'Ab.ᵉ Gio: Bau.ᵃ Sidotti nel Regno del Giappone*, Manila, 12 agosto 1718, in Ms. 1635, ff. 132-134.

[226] APF, *Atti delle Congregazioni particolari e Congressi (India e Cina)*, vol.

1720年2月23日、有名なウィーンの新聞がパリからのニュースを報じた。それはシドティの死を確実なものとして伝えていた。すなわち、「〔アグスティン・デ・〕マドリードからの最新の書簡は、東インドから受け取った知らせが確かなことだと伝えた。それによるとジョヴァンニ・シドッティという名のシチリア生まれのアバーテが、日本でこの国の住民数名をカトリックに改宗させたため、激しい拷問と極端な飢えによって命を奪われたという[227]」。

1720年、「聖パウロの息子たちの修道会」(バルナバ修道会)の神父ふたり、オノラート・フェラリスとフィリッポ・チェザーティがローマの総長フィリッポ・ペトルッチに手紙を書き、シドティの最近の死に触れた。「宣教師がいないのは日本、ボルネオとあといくつかの場所だけです。けれどそこに行くことは、多くの宣教師にとって、そして最近では日本で殺害されたアバーテのシドッティの身に起きたように、何の実りもなく、すぐに殺されに行くのと同じことです[228]」。

1721年、ポルトガル王(ブラガンサ王家)ジョアン5世は教皇クレメンス11世に書簡を送り、シドティは存命であり、シドティを大変に尊敬している日本の皇帝の宮廷にいると伝えた[229]。

1724年、イエズス会のローマでの報告会に管区から派遣された2名の代表者ボバディリャとプラーナは、日本におけるシドティ

III, ff. 386-387 (in L. M. Pedot, *La S. C. De Propaganda Fide*, p. 335).

227　*Parigi 19 Febraro*, in *Il Corriere Ordinario* 43 (9 Marzo 1720).

228　*Lettera dei padri [Onorato] Ferraris e [Filippo] Cesati al Padre Generale, Filippo Petrucci*, Madras, 29 giugno 1720 (in F. M. Lovison, *La missione dei Chierici Regolari di S. Paolo (Barnabiti) nei Regni di Ava e Pegù (1722-1832)*, in *Barnabiti Studi* 17 (2000) p. [39]45).

229　Reboulet, *Histoire*, t. II, p. 233.

の宣教活動は前進していると断言した[230]。

2人のデンマーク人宣教師ニコラウス・ダルとアンドレアス・ヴォルムは1733年の日誌で、シドティが1716年に日本人の服装をして上陸したが、発見され、すぐに逮捕されたと伝えている[231]。

リーパが1735年から40年にかけて著した著述のなかで、日本におけるシドティの宣教活動を語るにさいして参照した報告は2点ある。ひとつは「*Breve relazione estratta da varie lettere ec.*〔さまざまな書簡などから抜粋した短い報告など〕で、もうひとつはスペイン語で手書きされ、イエズス会の管区長トゥッチ神父からマニラで私に渡された報告である。神父は先に述べたエロリアガ将軍の報告の写しだと言った[232]」。ナポリの中国人のための神学校創設者〔リーパ〕はこう断言した。なによりもまず「日本にとどめ置かれたあと、上記のアバーテの身に起きたことは、オランダ人の報告によらねばならないために、確実には知ることができない……[233]」。続いて、すでにフランシスコ・デ・サンタ・イニェ

---

230 *Verzeichnuss... von Josephus Kropff (Num. 536)*, in *Allerhand So Lehr als Geist reiche Brieffe, Schriften und Reise Beschreibungen, ...* vol. 27 (Zusammengetragen don Petro Probst), Betruckt und zu sinden ben Leopold Johann Raliwoda, Wien 1748, pp. 37-40（特に pp. 38-39）.

231 *Sieben und dreyssigste* Continuation *Anderes Stück/worin Eine doppelte Benlage des* Diarii *enthalten. Erste Benlage des* Diarii. *Bericht von einer Reise nach Nagapatnam/so von den benden Missionarien, herrn Nicolaus Dal und herrn Andreas Worm, zu Ausgang des* Ianuarii 1733 *dahin angestellet worden*, in *Der Königl. Dänischen Missionarien aus Oest-Indien eingesandter Ausführlichen Berichten. Erster Theil...*, vol. 37 (hrsg. Von Gotthilf August Francken), Verlegung des Waysenhauses, Halle 1735, p. 123.

232 Ripa, *Storia*, cit., p. 292. 当該の文書は *Declaración del G.ral Elorriaga*, contenuta in Ms. 1635, ff. 24-34 の写しであると考えられる。

ス修道士の上述の書簡で伝えられた消息を報告し、さらに、北京在住中にフィリピンから届いた報告に記されていることを短く付け加えている[234]。

　上記の日本人武士の報告に、私が北京にいるあいだにフィリピンから届いた私宛ての報告を付け加える。シドティは、われわれの聖なる信仰を説かないという義務を負わされ、ひとりの監視役の武士がついていたものの市内を自由に歩き回っていた。しかし禁止に従わなかったので、最後には斬首された。これは1714年に起きたと書く者がある。しかし、シドティが結局は殉教したという主張については、全員が一致している[235]。

一方、

　[ニコライ猊下は、1718年8月12日にマニラで書かれたデルボッリアガ侯爵宛ての手紙でシドティの死を伝えられたとおっしゃった[236]]。デルボッリアガによれば、バタビヤ、マ

233　Ripa, *op. cit.*, p. 290.
234　1723年11月、リーパは北京を離れ、イタリアにもどった。
235　Ripa, *op. cit.*, pp. 291-292.
[236]　ミラ大司教、バチカンのサン・ピエトロ大聖堂の司祭長代理のフランチェスコ・ニコライ猊下が言及している手紙は、猊下がデロリアガに送った書簡の返信であり、F. Rayo Doria, [*Original letters, treatises, records, etc. (12 documents in all), concerning the work of the missionary Giovanni Battista Sidotti and his martyrdom in Japan, a period covering the years 1702-ca. 1710*] *1713-1731* (in *The Philippine Islands*, vol. LIII, p. 323) に収録の史料12点のうちの1点である。

ラッカ、マカオから得た知らせから、次のことが確認できる。オランダ人が長崎でシドッティに対しあらゆる悪巧みをめぐらせ、すぐに処刑させようと、あるいは追放させようとして、シドティが日本に来たのは将軍を位から引きずりおろすためだと非難した。しかし、将軍はシドティの沈着ぶりに感化され、自分の宮殿のなかに快適で品格のある住居と必要なものすべてを与え、シドティ自身からこの国に来た目的について説明を受けるために、言葉をしっかり学ぶことを望んだ。シドティはこの期間を、自分を補佐する者大勢を指導し、洗礼を授けるのに利用した。仏教の僧侶に発見され、将軍に告発がなされ、将軍はシドティの手を後ろ手に縛って、とても狭くて、とても天井の低い牢獄に入れさせた。この悲惨な状態でも、シドティは福音を説くことをやめず、ごくわずかの食物で22か月を生き、このような条件下にあってこんなにも長く生きられたことで将軍を啞然とさせた[237]。

18世紀末には、フィリピンのドミニコ会員の年代記作者が、シドティについて、「信仰のために牢獄内で亡くなったことを、中国を経由して知らされた[238]」と書いた。

18世紀末の日本でも、まったく荒唐無稽な内容ではあったけれど、宣教師の死について語られた。

儒者の三浦梅園（1723-89）は、『五月雨抄』（1784）のなかで、シドティは薩摩の海岸に停留していた船に乗せられ、波の思うが

---

237 Pedot, *La S. C. De Propaganda Fide*, pp. 335-336. Pedotは注記でAPF, *Atti delle Congregazioni particolari e Congressi (India e Cina)*, vol. 1742-48, f. 31, dell'1 ottobre 1742を参照するよう言っている。

238 Collantes, *Historia*, p. 51.

ままに流されて、数日後に視界から永遠に消え去った[(51)]、と書いている[239]。

---

[239] 『梅園全集』上巻 p. 1006（名著刊行会、1979）。

結　論

　本書を結ぶに当たって、短くではあるがジョヴァンニ・バッティスタ・シドティの人間性と霊性の一部を明らかにしたうえで、シドティは殉教者であると言える可能性について数語を費やし、最後に、私の二つの望みを表明したい。

人間性と霊性

　シドティの伝記的事実のなかに、美しい人間性と深い霊的生活のさまざまな様相や、人格の偉大さを示す事柄を浮かびあがらせることができる。そのいくつかを短く記述しよう。なぜなら私の考えでは、それがこの偉人であり、キリストの教えを信ずる人の現代的意義を語っているからだ。

　自分を監視するために寒さのなかで夜を過ごさなければならない看守たちに心遣い[(1)]を求めたとき、自分を尋問する者たちに敬意をこめてお辞儀をしたとき[(2)]、くしゃみをした奉行にもっと厚着をするよう勧めたとき[(3)]、通詞にラテン語の正しい発音を教えようとしたとき[(4)]などに、その性格の優しさが現れている[1]。

　日本に向かう船上で、自分が犯した悪事（！）と、福音宣教の奉仕の至らなさについて全員に赦しを乞うたこと[(5)]、嘘つきという白石の非難[(6)]の意味を理解し、その結果、事前になされていた提案をよろこんで受け入れたことのなかに、その慎ましさが透け

1　Contarini A, p. 16.

て見える。実のところシドティは、奉行が冬の気候を考えてより厚い着物を与えたとき、いらないと答えたのが間違いだったことを理解した——その間違いは当時の宗教的規律に忠実に従おうとしたことから生まれた——規律に従うために[7]、キリスト教徒ではない日本人から正当に受け取ってよいと考えたもの以外は拒否したのである。

公正の感覚は、食べ物を手に入れてくれた藤兵衛に金を与えようとしたこと[8]に表れていた。

清貧は、絹ではなく木綿の衣類を頼んだ事実のなかに反映されていた[9]。

長崎と江戸の日本人が証言するように、食を節制し、断食日を守った。

誠実を愛する気持ちは、白石に嘘つき呼ばわりされたとき、憤慨して反射的に口にした言葉のなかで完全に示されている——シドティは分別のつく年頃に達したあと、一度も嘘をつかなかった。

隣人愛は、マニラにおける中国人の子どもや病人への献身、オペラ・ピアの創設、現地の人も受け容れる神学校建設の推進力となったことのなかに表れている。シドティは現地の人もまた司祭＝宣教師になりうると考えた。また、神への愛と教皇からゆだねられた使命を優先させざるをえないものの、母親を優しく思い出していることのなかにもその隣人愛が表れている。

さらに、江戸における尋問のあいだに口にした主張も感銘を与える。「国を誤るもの、其教によらず、其人による《国を誤らせるのは、宗教によってではなく、人によるのである》[2]」。この言葉を白石は評価し、共有しているし、またそれは今日、世界の多くの場所が宗教性のメッキを施した原理主義に染まっている時代にお

---

2 松村66。

いても、現代的意義を有する。

　キリスト者シドティの豊かな霊的生活ではとくに、ふたつの特徴が私の心を特別な形で打った。祈りと、福音を伝えたいという切実な思いである。

　シドティは絶えざる祈りのなかで生きていた。日本に向かう航海のあいだ、そして小舟の上では祈ることしかしなかった。虜囚生活では、つねに聖務日課のページをくっていたことを、白石が証言する。また尋問のあいだも、十字を切り、唇を動かしていた。江戸の牢獄のなかに、小さな祈りの場所をつくり、壁に赤い十字架をはりつけ、その前で祈りをとなえていた[10]ことを日本側の証人〔新井白石〕が確認している。

　宣教への切実なる思いゆえに、すでに歩み始めていた教会における輝かしい立身の道──たしかに枢機卿か教区の司教になっていただろう──を、シドティは宣教におもむくために放棄した。その思いゆえに、ふたりの世話人に洗礼を授け、ふたりがおかれた悲惨な状況のなかで、キリストの信仰を棄てないように勇気づけた。この宣教への思いはしかし、自分が実現できたことはすべて、なによりもまずイエス・キリストの全能の恵みと殉教者たちの守護のおかげであるという確信を、ごくわずかでも損なってはいない。

シドティは殉教者か

　シドティの死が知られて以来、さまざまな人びとがシドティをまさに真の殉教者として語ることができると主張している。

　すでに18世紀、神の母修道会の第8代総長がシドティの最期を殉教として語っている[3]。

　また、インドの遣外管区長サンツ修道士も、シドティは福音宣

教の仕事に血で署名をしたとする[4]。

　同様に、18世紀においても[5]、また19世紀にも、一部のシチリアの著述家は、パレルモ出身の司祭シドティの死は真の殉教と考えることができるとはっきり主張している。「……私たちの時代に、中国で宗教のために殺害されたジョヴァンニ・バティスタ・シドティのことを思い出そう……[6]」。さらに19世紀末には、アレッシオ・ナルボーネが次のように書いている。「彼〔フィリッポ・シドティ〕にはジャン・バッティスタという名の弟がいた。弟は宣教の熱意に動かされてインドにおもむき、最初は汗で、そのあとは信仰のために流すに値した血で、この野蛮な土地を豊か

3　A. Di Poggio, *Relazione della Vita, viaggio al Giappone, e Martirio del Sig. Abbate D. Gio. Batista Sidoti Sacerdote Palermitano*, ms. del XVIIIs. (in Sarteschi F., *De scriptoribus Congregationis Clericorum Regularium Matris Dei*, Roma: Angeli Rotilii & Philippi Bacchelli, 1753, p. 267; la Curia Generalizia dell'*Ordine dei Cherici Regolari della Madre di Dio* と la Biblioteca Statale di Lucca で調査をおこなったにもかかわらず、手稿を見つけることはできなかった。おそらく失われたと思われる。ディ・ポッジョが1700年にパレルモの司教座大聖堂で2回説教をおこなったことは判明している。*De S. Rosalia Panormi*, Apud Augustinum Epirum & Felicem Marinum Typographos, Panormi 1700 & *Il possesso giustificato predica panegirica della Concezzione Immacolata di Maria Vergine nostra Signora detta nella Metropolitana di Palermo dal rev. padre Alessandro Poggi della Congregazione della Madre di Dio*. Il martedì dopo la quarta domenica di Quaresima, Nella regia stamperia di Agostino Epiro, Palermo 1700.

4　*Carta del comisario*, cit., (in Manchado López, «*Desamparo*, p. 418).

5　*Memorie della Vita*, p. 8; *Orazione funebre*, 6; [G. Monroy Scuderi], *Li Doveri*, cit., pp. 223-224.

6　V. Amico-G. Di Marzo, *Dizionario topografico della Sicilia*, Palermo: Tipografia di Pietro Morvillo, 1856, vol. II, p. 264.

にした[7]」。

 また20世紀には、ある作家が、日本の教皇代理シドティは、外国人の入国をすべて禁じていた封建時代の日本に足を踏み入れたアンシャン・レジーム最後の宣教師であり、信仰に命を捧げ[8]、まさに真の殉教者[9]として死んだと言っている。

 さらに、ときには殉教という言葉は使われなくても、シドティは「信仰の証しびと[11]」と定義されることもあった。たとえば、「1709年に日本に入国した証しびと、尊敬すべきシチリア人神父のジャン・バティスト・シドティ（あるいは、シドッティ〔シドティの名のフランス語読み〕[10])」とする例がある。

 ジョヴァンニ・バッティスタ・シドティの殉教を根拠とする列聖の可能性については、「信仰への憎しみのなかで[12]」での殺害と言えるので、必要な要素はすべてそろっている、と私は信じている。

 殉教についての史料としては、白石の著述と同時代のさまざまな証言から、シドティは切支丹屋敷の狭い穴に閉じ込められ、ひどい状態におかれた結果、死亡したこと[13]が確信できる。

 「迫害を通しての殉教」であったと見なす形式的な面については、シドティは、ふたりの世話人がシドティから洗礼を受けたと明かしたために殺害された〔と証明できる〕。これが、宣教師が残酷な状態で監禁された理由であり、それが結果としてシドティを

---

7 Di Giovanni, *Storia del Seminario*, p. 137 n. 1.
8 Brou, *L'Abbé*, (1937/3), p. 90.
9 *Ibid.*, p. 367.
10 *Pourquoi les Protestants n'envoient-ils ni Missionaires, ni Bible au Japon? (traduit du hollandais)*, in L. De Foere, *Le spectateur belge*, t. XI, Chez la Veuve De Moor et Fils, Bruges 1820, p. 5 n. 1.

死に導いた。それ以前の虜囚生活がシドティの宣教の熱意を冷ますことはなく、自分の世話を任せられた夫婦を神の子どもたちとすることに成功した。日本人側は、シドティに確実に死をもたらすようなきわめて残忍な形での投獄を決定した。これはキリスト教の信仰に対する憎悪のためであり、シドティは、英雄的にその信仰を保って生きた。

最後に、「犠牲的な面からの殉教」についても語ることができると思う。シドティには、日本人世話人2名の洗礼の執行者であると知られたら、死罪によって罰せられるとの認識があったことに疑いの余地はないからである。

終わりに、シドティの殉教がどれほど知られているかだが、20世紀半ば、ヨーロッパ人宣教師が日本人のカトリック信徒にシドティの生涯を伝えたときから、それが広く知られるようになっていたことはわかっている。とにかくそうした事実は、このとき以降、シドティの殉教が継続的に、またますます広く知られるようになっていることを示す指標だと思う。祈り、巡礼、記念碑の建立、会議、教会を通しての典礼の執行など、日本のカトリック教会の多くの取り組みが、それを証言している。

タシナリ師によれば、すでに1982年には、「歴史的史料は数多く、多くの言語で発表された研究や記事は膨大な数にのぼる。列福の大義のための証言は充分に存在する[11]」。

二つの望み

パレルモ市は街路か広場にジョヴァンニ・バッティスタ・シドティの名をつけるべきだと思う。それによって、18世紀の初めに

---

11 R. Tassinari, *La temeraria*, p. 89.

西洋と日本のあいだの対話に重要な役割を果たした人物を忘却から決定的に救い出し、現在だけでなく過去の世紀においても、みずからの命を犠牲にして、信じ説かれた福音のさまざまな価値を証言することに一身を捧げるだけの重要性を与えた人物がいたことを、パレルモ市民に思い出させる手段となるであろう。

　最後にパレルモの教会側は、信仰のために命を落としたこの名高い息子を知り、知らしめ、その記憶を鮮やかに保ち、シドティのなかに福音の宣教者の光り輝く模範を認めるべきであろう。

訳　註

序

（1）　シドティの死亡年については、訳註「日本にて」(42) と、「監訳者あとがき」pp. 282-283 とを参照されたい。

（2）　il Paese del Sol Levante の訳語。イタリア語による日本の美称。

（3）　la Congregazione de Propaganda Fide の訳語。1622 年に創設された布教聖省は、その後のローマ教皇庁の改組などにより、現在は「福音宣教省」(Congregatio pro Gentium Evangelizatione) と改称されている。本書 p. 21, 脚注 9 の著者自身による説明をも参照されたい。

（4）　従来、「鎖国」という語があてられていた。「鎖国」の語は、ドイツ人ケンペルの『日本誌』(初版 *The History of Japan*, London, 1727, その後のドイツ語版 *Geschichte und Beschreibung von Japan*, Lemgo, 1777-79) の「付録」を長崎のオランダ通詞志筑忠雄が 1801 (享和元) 年に「鎖国論」と題して訳したときに初めて使われて以来、幕末期の「開国」に対比する語として用いられてきた。しかし近年、幕府の対外政策は「異国渡海御制禁止」と呼ばれ、「鎖国」と認識されていなかったこともあり、「鎖国」の語の使用の適否が各視点から議論されているので、「海禁」の語を使用した。

（5）　uditore の訳語。教会法による裁判手続きにおいて訴訟行為をなす者で、証人を召喚して尋問し、訴訟のための文書を作成する。普通、最終判決を下す権利を持たない。平易な言葉で言えば、法律顧問のようなものである。

（6）　司祭職への志願者養成のために設立された教育施設である神学校。トレント公会議で教会は、各教区に神学校の設立を命じていた。

（7）　引用文と、原著者自身の考察や説明を述べた部分は、前後 1 行ずつあけ、各行に 2 字分の空白を設けた。また引用文と区別するため、原著者自身の考察や説明文は「游ゴシック」のフォントを用い、角丸罫線で段落飾りを施した。

訳　註

はじめに

（1） 17世から18世紀前半にかけて、インドや中国での宣教にともなって、イエズス会の、現地の文化や習慣への適応や融合策をめぐって引き起こされた論争。ローマ教皇庁やヨーロッパのカトリック諸国で1世紀以上にわたって論争が続き、この時点での文化適応策は拒否された。

（2） 原著者は、本ページ最初の行からの引用文に脚注14をつけ、*Lettere di Francesco Cancellieri … Roma*, 1808 からの引用であることを示している。「1793年刊行のミラノ版」とは、この *Lettere* には出版年と出版地を異にする書もあって、その書によれば、という意である。

（3） 教会によって特別に任命されて、助祭を補佐し、司祭に奉仕する職位。

（4） 1644年ごろに最後の宣教師である小西マンショ神父が殉教し、これによって日本の教会が完全に宣教師を失い、その結果、宣教師に対する迫害が終了したことを言っている。

（5） この人については日本側史料にも、「交趾の人にて……トナトといふ……元禄十三年辰七月十六日〔1700年8月15日〕……没す年七十八」（『小日向志』（国立公文書館所蔵『息距編』所収）とある。

（6） 教会は、直接に殺されなくても、信仰のゆえに牢舎に投ぜられ、最後まで信仰を捨てなかった人をも殉教者として認めている。

（7） 会則厳守派、または、原始会則派ともいう。フランシスコ会内部において、教皇ホノリウス3世によって1223年に認可された、聖フランシスコの会則を忠実に守ることを公言した修道士たちのグループで、フランシスコ会総長に従属を続けた。1898年、教皇レオ13世はもとのフランシスコ会という名称のもとにこの派を統合した。

（8） 初版ドン・ボスコ社、1941年。なお、研究論文を付した改訂版（ドン・ボスコ社、2012）が刊行されている。

（9） この祝日は、1925年12月11日に、教皇ピウス11世によって10月の最終主日（日曜日）に定められた。しかし現在は、典礼暦年の最後の日曜日（11月の末ごろ）に祝われている。

（10） ブラウン自身が書いた「序」の注には、「江戸の一書店で見つけた日本の一文書を訳した（a translation of an old Japanese manuscript found in a book-store at Yeddo）」（*Journal of the North-China Branch of the Royal Asiatic Society*, New Series n. II (1865), p. 53）とある。

(11) 「海外諸国の事に係れる所は、異聞博からむために、もとむる人もありなむには、秘すべき事にもあらず。……もし、おほやけよりめしたづねらる、事もあらむには、此限りにあらざる事は、いふに及ばず《海外諸国の関係事項をひろく知りたいと、求める人があるだろう。そうした折は秘匿しなければならないことでもない。……もし、公儀〔幕府〕から召されてこの書のことについて尋ねられることがあったら、門外不出とするまでもないのは、いうまでもないことである》(『西洋紀聞』上巻末尾、松村 22)と、白石自身が慎重な言い回しで述べているように、亡き主君である将軍家宣に筆禍が及び、かつ、その遺徳に傷がつくのを恐れて、白石は、幕閣を去ってからは、『西洋紀聞』を門外不出として秘匿していた。

(12) 「新井成美(割注 源八郎後改伝次郎)寛政五年癸丑九月廿一日以今主命先大夫君美所著西洋紀聞三巻明年甲寅六月十日賜時服二以賞献書略譜《〔白石の五代後の孫、すなわち、来孫にあたる〕新井成美（源八郎、後に伝次郎と改名する）は、寛政 5 年 9 月 21 日〔1793 年 10 月 25 日〕幕府の命令によって、大夫〔五位を授けられた者をいう。白石の官位は、従五位下筑後守であった〕君美〔白石の諱〕が著した『西洋紀聞』3 巻を幕府に進呈したところ、翌年 6 月 10 日〔1794 年 7 月 6 日〕にその時期に着るべき衣服 2 着を賜った。書籍を献じたことが賞められるのである。以上、要点を簡単に記した》」（自筆本下巻末尾）と、後人の識語が記されている。

(13) 白石自筆本からの校訂本は大槻文彦らによってなされ、白石社から 1882 年に刊行された。その刊本の奥書に、「著者故人新井筑後守相続人新井琴代理兼出板人」である白石社が刊行した旨、記されている。ジェルマニの言う「老婦人」とは「新井琴」のことである。

(14) ヨワン・シローテの呼称を用いての代表的な著作に吉野作造『新井白石とヨワン・シローテ』（文化生活研究会、1924）がある。

(15) 今回の日本語への訳出作業では、正確を期すために、外国語による重訳からの翻訳を避け、本来の『西洋紀聞』自筆本の原文から引用する。

(16) 当該の箇所には、「続 ……それより後の事は、ヲ、ランド人の説を、こ、にしるしぬ《付け加えるべき事項 ……それよりのち〔宝永 4 年以降〕のことは、オランダ人の言うところを、次に記載しておいた》」（松村 54）とある。

(17) 原書では、Carrer の記事を引いているが、「早稲田大学の谷川章雄教

訳　註

授自身の説明によれば、『棺は、樟通しや把っ手などの金具が出てきたことから、きれいな装飾のあった長持ちを転用したものと考えられ、人間が横になった姿勢で葬られている半伸展葬（16〜17世紀のキリシタン墓を意識した）であった』」という（2016年11月13日に文京区民センターで開催されたシンポジウムの記録『シンポジウム　シドッチ神父と江戸のキリシタン文化』（文京区教育委員会、2018）所収の谷川論文。pp. 31-32を多少改作してある）。

(18)　白石のシドティ尋問は1709年12月22日に始まり、翌1710年1月3日まで、都合4回にわたっておこなわれた（松村10、15、16、日記下102、103）。これらの尋問がシドティ死去の年までつづいたと、ベックマンは勘違いしたかと思われる。

(19)　白石は、シドティの学識やその人柄については大いに賞賛し、高く評価している（松村17、18）が、「其教法を説くに至ては、一言の道にちかき所もあらず。智愚たちまちに地を易へて、二人の言を聞くに似たり。こゝに知りぬ、彼方の学のごときは、たゞ其形と器とに精しき事を。所謂形而下なるもののみを知りて、形而上なるものはいまだあづかり聞かず。さらば天地のごときも、これを造れるものありといふ事、怪しむにはたらず《そのキリスト教の教義を説くのを聞くと、一言も道理にかなったところがない。彼の賢さと愚かさが即時にひっくり返って、別々の人の言葉を聞くようなものである。ここに、私は西洋の学問は、形と器、すなわち、物質的・技術的面には通じているが、精神的な面についてはまだ考究されていないことを知った。そうであるから、天地というものは、これを造った者（デウス）があったということも不審を抱く必要もない》」（松村19）と、きびしくキリスト教を批判しているので、この引用文には納得しかねる。

(20)　ドン・バルトロメウ大村純忠、ダリオ高山飛騨守、ユスト高山右近らが、この年に受洗している。

(21)　パルマ出身のイエズス会員。叙階前に、ボローニャで人文学と哲学とを教授していた。1635年4月13日にマストリッリらとともにインドに向け、リスボンを出発し、ゴアで下船。翌年4月にマカオに移る。1637年、ルビーノによって日本潜入のための宣教師のグループの一員に選ばれ、1643年6月8日に日本に向けてマニラを出発。1643年6月22日平戸着。直ちに捕縛され、7月に長崎から江戸へ移送。その年か、翌1644年に、ス

ペイン人司祭アロヨと日本人修道士アンドレ・ヴィエイラとともに、拷問を受け、牢内で死去（Voss-Cieslik, *Kirishito ki und Sayō Yoroku*, Tokyo, 1940, p. 213; Schütte, *Introductio*, Roma, 1968, pp. 372-375; J. Ruiz-de-Medina, *El martilogio del Japón*, Roma, 1999, p. 756）。

その生涯の出来事

イタリアからフィリピンへ

（1） 「次は我、是年四十一歳《次は私で、今年41歳になります》」とあるが、この年齢は白石の思い誤りか、書き誤りである。

（2） フランシスコ会の第三会には在俗第三会と、盛式誓願（修道誓願）を宣立する律修第三会がある。ここでは、女子のフランシスコ会律修第三会のことである。

（3） 『聖人伝』と訳した AA. SS.（Acta Sanctorum, 略号 AA. SS.）のことである。これは、広範な調査によってボランディスト（ベルギーで聖人伝の集成・編纂に従事するイエズス会員のグループ）によって発表された聖人たちの伝記のことである。

（4） Vicario Capitolare（Vicarius Capitularis（ラ）、Vicar Capitular（英））は、司教座が空位になったとき、司教座参事会によって司教区運営を委託される聖職者。

（5） 司教座聖堂参事会の意見を参考にし、司教により任命された巡察師のことを指す。

（6） スペンシエラーティ（Spensierate）とは、「配慮の足りない人たち」とか「無頓着な人たち」という意味である。この団体の会員を本来の意味とは反対の意味を含ませる表現を使って、反語的に名付けたのであろう。

（7） 「テモテへの第一の手紙」2章3節。みずからの殉教の日が近いことを悟っていた聖パウロが、宣教活動の同行者であり、協力者であったテモテに、困難な時代に立ち向かっていかなければならないなかにあっても、「キリストの兵士」として信仰のために勇敢に戦うことを教え、励ましたときに、用いた言葉である。

（8） 「雷と稲妻の息子たち」とは、ゼベダイの子、大ヤコブとヨハネのこと。激しい気性であったことから、イエスはこの二人を「雷の子」と呼んだ（マルコによる福音書3章17節）。

訳　註

(9)　「カリス」とは、ミサ祭儀においてキリストの聖なる血を入れる杯のことであるが、ここでは「神の恵み、神のたまもの」の意で用いられている。
(10)　ここで、兄弟についての記述が終わるので、日本側史料によるシディの兄弟姉妹についてまとめておく。『西洋紀聞』下巻に、「兄弟四人。長は女也、幼にして死す。次は兄也、ピリプスといふ。次は我、是年四十一歳。次に弟あり。十一歳にして死して既に廿年《兄弟は4人です。いちばん上は女でしたが、幼いときに死にました。次は兄でフィリッポと言います。次が私で、今年41歳になります。次に弟がいましたが、11歳で死に、それからもう20年経ってしまいました》」(松村56)とあり、また、『長崎注進邏馬人事』下巻には、「兄弟も御座候。私同門之出家にて御座候。妹も御座候《兄弟もございます。私と同じカトリックの修道者でございます。妹もおります》」(松村94)とある。
(11)　苦行衣の荒衣を肌にじかに着ていたか、あるいは、鞭打ちによる傷跡であろう。
(12)　教会内にあって各種の職務を果たす使命を与えられた司祭。
(13)　自筆本原本も、箕作、村岡、宮崎の各校訂本ともみな「輿従」になっている。しかし、「輿従」という漢語がないこと、また、ここでは「輿に従う供の者」の意味で使用しているのなら、返り点を省いた「従輿」とするのが適切ではないか。したがって、ここは白石の書き誤りで、車輿に従う従者の意の「輿徒」ではないか。
(14)　枢機卿に任命されると、ローマにある古代ローマからつづく一つの教会の「名義司祭」(著者トルチヴィアは、これを Il titolo presbiterale というイタリア語で表している) という、名誉ある称号が与えられ、その教会の形式上の責任者的な存在になる。枢機卿とローマの教会の名義司祭については、枢機卿職の成立を合わせて考察していただきたい(『新カトリック大事典』III, p. 492 参照)。
(15)　オランダ商館長の勧告によって幕府は、1858年からの絵踏廃止の通達を出した。それより150年ほど前の段階で、すでにオランダ人のあいだでは、絵踏廃止のことが話題にあがっていたのか。興味あるシディの手紙の内容である。

マニラにて

（１）　江戸幕府の禁教令によって、キリシタンの柱石であった高山右近の家族を含む多くのキリシタンたちが宣教師たちとともに 1614 年 11 月、マニラに流された。

（２）　シドティ自身も同様のことを語っている。「『これら此土の事を記せし所也。またロクソンに至りとゞまれる時に、此国の人にあひて、訪ひ学びし事共もありき』といふ。其小冊子の名、一つをば、ヒイタ-サントールムといふ。……一つをば、デキショナアリヨムといふ。此我国のことばを記して、彼方の語を以て翻訳せし所也《「これらが日本のことについて書いてあるものです。また、ルソンに滞在していたときに、日本人に会い、その人の家を訪ねて学んだこともありました」という。それらの小冊子の 1 冊の名を『ビイタサントールム』といい、……もう 1 冊は『デキショナアリヨム』といい、これは日本の言葉を記して、あちらの方の場所（外国）の言葉で訳をつけたものである》（松村 57-58）。ただし、2 冊の書物が異なっているが、シドティ自身が語っている 2 冊が正しく、おそらく、『サントスのご作業のうち抜書』（加津佐、1591）と、見出し語がラテン語でポルトガル語と日本語による説明がある『羅葡日辞書』（長崎、1598）であろう。

（３）　直訳すれば、「慈善事業」のことである。初代教会以来、信仰と愛の実践として慈善事業は組織的に継続して実施されてきた。キリシタン時代の日本でも、「色身にあたる七の事（七つの肉身的な慈善行為）」があげられている（『どちりいなきりしたん』第 12 ほか）。慈善活動は施与だけにあったのではなく、教会法によって、教会の収入の一部は、貧者の救済のためと、慈善事業に関わる聖職者の生計維持のためにとっておかなければならない、と規定されていた。ここでいう「オペラ・ピア」は、そうした慈善事業のための基金を指している。

（４）　トレント公会議は、1563 年 7 月 15 日の第 23 会期で、司祭志願者のため各教区で神学校を設立するように命じた。

（５）　スペイン王室が、新大陸征服の過程で、征服者たちに原住民の教化を義務づける代わりに、徴税権と労役権を与えた制度。

（６）　このフィリピン総督の名前の表記については、「ドミンゴ・サバルブル（Domingo Zabálburu）」「ドミンゴ・サバルブル・エチェベッリ（Domingo Zabálburu Aecheverri）」「ドミンゴ・サバルブル・イ・エチェベッリ

（Domingo Zabálburu y Echeverri）」とあるが、これらの異なった表記は、使用した資料や文献にしたがってそのまま使用したためである。
（7）　原書に Emuy とある。福建省南部の厦門（アモイ）のことである。厦門の古名「下門」は、ローマ字表記で Ē-mûi と書き、「エームイ」と発音する。

日本にて
（1）　「欧文・和文略符号」（pp. 16-17）にも記してある、カサナテ文庫（ローマ）に所蔵されている手稿本部のうち 1635 包みにある、*Miscellanea di scritti vari circa il viaggio che l'Abbate Giovanni Battista Sidoti cercò di fare in Giappone* のことである。
（2）　内心において、黙想または観想の形で行われる祈り。
（3）　毎日定められた時間に歌う（または、唱える）ために、教会によって構成された詩編、賛歌、祈り、聖書朗読、霊的読書の組み合わせである。この起源は、使徒たちの時代にまでさかのぼる。
（4）　夕べの祈りと終課（夜の祈り）を午後1時から2時のあいだにおこなうことを奇妙に思われるかもしれない。教会の祈りは、一日のうちの一定の時刻にキリスト者が集まっておこなわれる。しかし、シドティの場合は一人で暮らしていたこと、また、宣教地で多忙な宣教活動をおこなっていたことから、決められた時刻におこなうことは不可能なことが予想されるでの、できる時間に聖務を果たしておきたいということからのことではなかったか。なお、3行先の「朝課」は、かつては真夜中を過ぎた後の早朝におこなわれるものであった。
（5）　神の恵みを受けながらも、浄めが済まないまま死んだ人は、死後に浄めを受けなければならない。そのために、教会は「聖徒の交わり」（聖なる者との交流という意味で、特にキリストの聖体との一致、また、聖なる人々との交流をあらわす）の功徳によって、煉獄の霊魂のために神のあわれみをこい、代禱を捧げる。
（6）　使徒を宣教に派遣するにあたっての、何も携えずに、というイエスの諭し（マタイによる福音書10章10節ほか）に従って、シドティは袋一つだけを携行したのである。
（7）　聖油は、司教によって祝別された油で、霊的栄養と恵みの光の象徴で

あり、洗礼と堅信や、病人の塗油のときに使われる。
(8) 現在、東京国立博物館に所蔵されている「親指のサンタ・マリア図(江戸のサンタ・マリア)」と呼ばれる聖母図のこと。
(9) 小さく平たい石で、司教によって聖別され、くり抜いた小さい穴に列聖されたふたりの殉教者の遺物を納めてある。この聖石は普通祭壇全体が聖別されていない祭壇の中央部に挿入されているので、この聖石が厳密な意味での祭壇である。
(10) 「悲しみの聖母」とは聖母マリアの称号のひとつである。特に、十字架の下に立ってキリストの死を嘆き悲しむことから、信徒の特別な信心の対象になっている。
(11) 現在、この画像を重要文化財として所蔵する東京国立博物館は、「長崎奉行所旧蔵品(宗門蔵保管)」と説明している(『東京国立博物館図版目録キリシタン関係遺品篇』No. 40)。1874(明治7)年9月22日、長崎県令宮川房之は、旧長崎奉行所宗門蔵に保管されていたこの画像や踏絵などについてその保管方法を教部省へ問い合わせた。その結果、10月18日に教部省への移管が決まり、その後、博物館へ移されたのである。白石の『長崎注進邏馬人事』下巻に「一　四角成びいどろ鏡の様成物、壱。異国人に相尋候処、サンタマリアと申す宗門の本尊の由申候。……○君美も奉明旨奉行所におゐてこれを見たりき《〔シドティ所持の袋に入っていた品々〕四角なガラスの鏡の様なもの〔内側にガラスをはめ込んである額縁のこと〕、一つ。シドティに尋ねましたところ、サンタマリアというキリシタン教会で信仰の対象としてもっとも尊重されている像であると言っております。……○君美〔白石〕もシドティを尋問するよう上様のご命令をお受けして、奉行所〔切支丹屋敷〕でこれを見ました》」(松村95-96)とあることは、シドティへの尋問など一件が片付いた段階で、ふたたび長崎の奉行所に戻されたということか。
(12) 「大西洋人〔シドティ〕罷越候時、長崎よりの注進状とものひかへ一々有之候き、宝永五年八月に、大隅の内種ヶ島〔種子島が正しい〕へ来り候事……名はヨワンバツテスタシローテイと申候」と、『新井筑後守(白石のこと)書牘の内』(林煒〔等編〕『通航一覧』(泰山社、1940)所収)に見られるように、白石でさえ、種子島と屋久島を混同している。
(13) 『西洋紀聞』には上巻付録として、長崎奉行所から届いた報告をもとに、

白石が記したシドティ来日時の有様が述べられている。それによると、邦暦8月29日（西暦10月11日）夜明け前にシドティが、現地で言い伝えられているように、屋久島尾之間西南の「唐の浦」に上陸したことは確かである（松村22-24）。

(14) 宝永五年戊子八月二十八日は、1708年10月11日に当たる。

(15) 「屋久嶋の地、栗生村といふところに、阿波国久保浦といふ所の漁人等、来り止りて、魚捕る事を業とするあり。宝永五年戊子八月廿八日、これら七人《屋久嶋の栗生村というところに、阿波国久保浦（徳島県海部郡宍喰町）というところの漁師たちがやってきてとどまり、魚を捕って業としていた。宝永5年8月28日、これら7人》」（松村22）とあるので、この箇所は、「久保浦から漁に来ていた7名の漁師たち」とするのがよい。

(16) 宮崎道生博士は、「迦二（はづれに）」と読んでおられる（宮崎243）。それに従って「町はずれ」と訳しておく。

(17) 4通とも、9月27日付けである。

(18) 「右之品々銘々相改、阿蘭陀人致通達、異国人に相尋候処、右之通御座候。以上。子十一月《右の品々は、それぞれに点検し、オランダ人が通訳して、シドティに尋ねましたところ、右のとおりでございます。以上。宝永5年11月》」（松村100）とある。まず、第一に旧暦の10月であるから、西暦の11月の中旬から12月の上旬に当たる。次に、「オランダ人が通訳して」とあるので、これは鹿児島ではなく、オランダ人が在留していた長崎でおこなわれた尋問である。

(19) 原文に Il Satsuma Karō (p. 76, l. 18) とあるので、「薩摩の家老」と訳したが、白石は、「彼人、長崎に送り致すべき由を、いひ送れり《「この異人を、長崎に送り届けよ」と言い送った》」（松村24）と記している。この前後の文から考えると、送還を言い送ったのは長崎奉行所と解釈するのが適切であろう。

(20) オランダ人のほかに、ほかの国の外国人も居合わせていたようである。白石も、「長崎にありあふ外国の人共、奉行所に召集て《長崎に来ている外国人たちを奉行所に召集して》」（松村24）と記している。

(21) 『長崎実録大成』には「食物ハ薬物ト覚シキ丸薬一ツヲ、三十日二一度用テ飢ヲ凌シ由也《たべものは薬品と見受けられる丸薬一つを、三十日に一度使って、飢えを乗り越えていた》」とある。「三十日二一度」を「三十

日ニ三度」と誤訳していることが判明した。訳者は「三十日ニ一度」の「ニ」(漢数字の「二」ではない。カタカナの「ニ」)と次の「一」を一つの文字「三」と読んでしまって、この語のフランス語へのフランス語訳を著者トルチヴィアはそのまま引用した誤りと思われる。そのため、ここは、'per tre volte in trenta giorni'(原書 p. 77)を 'per una volta in trenta giorni' と訳し改めるべきである。なお、この丸薬云々の記述を、監訳者は『長崎実録大成』以外に見いだすことはできなかった。なお、脚注60に「『通航一覧』巻5、113をも参照されたい」と記したが、『通航一覧』は『長崎実録大成』の記述を引用している。

(22)「阿蘭陀の通事共して、彼来れる由をとふに、『地名などは聞も及びしあれど、其余の事ども、きゝわくべからず』といふ《オランダの通訳どもを介して、シドティの来航した理由を問うたところ、通訳たちは、『地名などは、前に聞いたことがあるけれど、そのほかのことは理解できません』と言う》」(松村 24-25)と、白石は伝えている。

(23)「いかにもして思ふ事共いひあらはしてむとおもふ気色なりしかば《何とかして自分の思いを言いあらわしたいと思っている様子なので》」(松村 25)と、白石はシドティの表情を伝えている。

(24) 原文にオランダ語で een Paternoster(主の祈り)とある。ロザリオの祈りでは、「主の祈り」が唱えられるので、ロザリオを「主の祈り」と言ったのであろう。

(25) 原文は、all'altezza di Satsuma nell'ultimo quarto dell'ottavo mese (p. 84, ll. 9-10)である。l'ultimo quarto(下弦)と月齢で記しているが、日本側の史料『長崎注進』上巻(松村 83)、『西洋紀聞』上巻付録(松村 22)によれば、「宝永5年8月28日」である。

(26) この目録が、実は「旧暦10月におこなわれた尋問のあいだに、シドティの袋の内容、30点ほどの品の一覧表」(p. 104)と同じものである。原著者は、「旧暦10月」を西暦の10月とし、p. 104のこの箇所に関わる事柄と解してしまったため、そこで述べてしまったのである。

(27) 1641年8月薩摩の甑島に上陸して数日後に捕縛され、長崎に送られて拷問を受けたうえに1643年3月21-25日に殉教したルビーノと4人の司祭(ルビーノの第1団)のことである。

(28) このような報告は、日本側史料には見出せない。江戸までの護送中の

様子を伝えているのは、管見によれば、『西洋紀聞』以外にはない。白石は、「かのもの長途を輿中にのみありて、歩に堪ず《彼は長い道のりをずっと輿の中にばかりいたので、歩くことができない》」(松村12)と伝えているだけである。
(29) 江戸幕府の職制のひとつ。享保以降、定員は2名で、うち1名は大目付1名とともに宗門改役(宗門方)を兼帯した(寛文2年に始まる)。
(30) 『長崎注進邏馬人事』のことである。
(31) 稽古通詞の加福喜七郎と品川兵次郎のこと。
(32) おそらく、ブラウンは、「ヒイタ」(Vita)を「ピエタス」(Pietas)と解釈してしまったのであろう。『ピエタス・サンクトルム』とは、「聖人たちの孝愛」の意である。
(33) 白石は、「利子〔リッチ〕は香山嶴に近き小国に生れし」と記している(松村62)。「香山嶴」は、中国南部広東省の地名である。
(34) 第8番目の戒めの「あなたは偽証してはならない」である。わが国でも「妄語」(仏教語。嘘を言うこと)は、五悪・十悪の一つとして、「妄語の咎逃れがたく、綺語の過何ぞ避けん」(『本朝文粋』)、「十戒のなかに、妄語をば保ちてはべる身なればこそ、かく命をば保たれて候へ」(『大鏡』)と古来戒められてきた。それで、白石はシドティが嘘を言っていると叱責したのである。
(35) 黒川寿庵のこと。中国広東の人。岡本三右衛門(キアラ)たちとともに筑前大島に潜入し(いわゆる、ルビーノの第2団)、捕らえられて信仰を棄て、名前を黒川寿庵と改めたが、のちにまたキリスト教に戻ったので、ふたたび切支丹屋敷に投獄され、1697(元禄10)年に没した。
(36) 「(その月の)晦日に」であるが、当時の旧暦のカレンダーでは、月には「大(30日)」と「小(29日)」の月があり、ここに出る旧暦の11月は「大」の月なので、11月30日にあたり、「1709年12月30日」になる。
(37) 松村16からの引用をそのまま掲げた。
(38) 「第六 邪婬を犯すべからず」と「第九 他の妻を恋すべからず」(『どちりいなきりしたん』)のふたつに分けていることを言っている。
(39) 文法・算術・修辞学・天文学・地理学・数学・形而上学・論理学・物理学・倫理学・神学・教会法・教理学など。
(40) 著者はエリソン教授によって、この日付にしているが、正しくは、

「1710年1月4日（宝永6年12月5日）」である（「出仕、昨夕めしニよりて也、口上書差上」（『新井白石日記』宝永六年十二月五日条））。

(41) ここで、当時の日本の教会組織と教区の設立について説明しておく。日本の宣教は、ポルトガル国王の保護権のもとに始まったので、当初はゴア教区に組み入れられた宣教地域であった。その後、1576年にマカオが司教区に昇格され、日本もこれに含まれることになったが、1588年にはマカオから切り離されて独自の教区に昇格し、豊後の大友宗麟の城下である府内（現在の大分）に司教座を置くことになった。最初に日本に着任した司教はマルティンス（Pedro Martins）であった。しかし当時、司教座は実質上長崎に移されていた。日本司教は、マルティンスの後継者セルケイラ（Luis de Cerqueira）までが日本に着任したが、次のヴァレンテはマカオにとどまったままで、日本への入国は叶わなかった。その後はローマからの教区長（司教）の任命もなく、かつ、キリシタン教会への迫害と弾圧により、日本教会は地下に潜伏してしまい、その教会組織は表面的には崩壊してしまっていた。今回のシドティの司教座代理区長任命は、将来の日本教区の復活を予期しての任命だったのである。

(42) 後述するが、江戸参府のオランダ商館長と白石は対談している。その対談は、白石自身の日記から「正徳四年三月三日」（1714年4月16日）であったことが明白である。したがってここは「正徳三年癸巳の冬に至て」と訂正すべきである。なお、白石は日付を追って『西洋紀聞』を記述している。この洗礼事件を伝えてすぐに、「明年三月」とオランダ人の江戸参府を伝えているが、この「明年」が「正徳四年」であることからも訂正すべきであろう。

(43) オランダ商館長ホールン（Nicolas Joan van Hoorn）で、参府は、正徳4年2月28日（1714年4月12日）におこなわれた。

(44) 将軍家宣が死去し、家継が将軍職に就いたのは、1713年、3歳のときであった。

(45) 上述の金銀についてのシドティの答えから、シドティ来日の狙いは、わが国の財政難に乗じて、ふたたび宣教を試みようとしたのではないかと、白石は考えたのである。

(46) 長助夫妻を洗礼に導いたことである。

(47) 本書 p. 152 を参照されたい。

訳　註

(48)　本書 p. 154 と脚注 197 を参照されたい。
(49)　中澣とは中旬のことで、月の 11 日から 20 日までの 10 日間。したがって「正徳五年二月中澣」は、「1715 年 3 月 16 日から 25 日のあいだ」である。
(50)　神のしもべとしての徳行が証明され、その決定書が教皇によって署名され、荘厳に宣言された場合に与えられる称号。
(51)　消え去ったのは、シドティを屋久島沖まで連れてきたサンティッシマ・トリニダーデ号である（本書 p. 99 ページ参照）。

結論
(1)　本書 p. 136 を参照。
(2)　「通事していはせし事ありしに、拝してのちにこれに答ふ《通訳を介して申し入れていたことに対して、シドティは拝礼してからこれに答えた》」（松村 12）。
(3)　原文どおりに訳しておくが、厚着を勧めたのは奉行、勧められたのはシドティである。「天すでに寒くして、其衣薄ければ、衣あたへしに、うけず《すでに冬の季節で寒いのに、シドティのまとう衣が薄いので奉行が厚手の着物を与えたところ、受けようとしなかった》」（松村 12）。
(4)　「彼がいふ所のごとくにいひ得がたき事どもあるを、をしへいふ事などもありし《彼が言うとおりに通訳しえないことなどあると、シドティはかえって通訳に教えて言うことなどもあった》」（松村 13）。
(5)　本書 pp. 96-97 を参照。
(6)　本書 p. 136 を参照。
(7)　本書 pp. 123-124 を参照。
(8)　本書 p. 102 を参照。
(9)　キリシタン時代のことであるが、「当初は絹の衣服を着用したが、しかし後には、すべてこれを止め、……絹はまったく用いていない」（ヴァリニャーノ『日本諸事要録』(1583) 第 23 章）と、「絹の代わりに木綿の着用」を勧めていたことがあった。
(10)　本書 p. 138 を参照。
(11)　キリストのために多くの苦難を受けたが、拷問や虐待では命を落とさなかった。このような人々は、苦難や迫害のときに信仰を「公言した」の

で「証聖者（信仰の証しびと）」と呼ばれる。「証聖者」という用語は、殉教者以外の男子聖人を指す語として用いられている。
(12) ラテン語の in odium fidei の訳。殉教者とは、信仰、すなわち、キリストの教えを捨てるよりは、苦しみを受け、あるいは、そのためには命を落とすことさえもいとわない人のことである。彼らは、キリストの模範に倣って、迫害者がキリスト、または、キリストの教会、または、カトリックの教えの啓示された真理（fides）に対する憎しみや悪意（odium）から暴力を振るうとき、そのような事態を甘んじて受け止め、迫害者にはけっして反抗をしない。すなわち、著者トルチヴィアは、シドティと長助・はる夫妻を殉教者と位置づける立場をとっているのである。
(13) 「亦血留者の難儀を堪へ兼ねて死したり、……辛労難儀の道より死したるに於ては、丸血留なり《囚人としての難儀を耐え忍んで死んだり、……苦難・難儀を受けたがために死んだのであれば、これは殉教者である》」（長崎奉行所が寛政の浦上一番崩れ（1700-95）のさい没収した、殉教に関する三部作の一書『マルチリヨの心得』原写本は現在所在不明）とあるように、牢舎に投ぜられ、最後まで信仰を棄てなかったシドティは「殉教者」と見なされるのである。

付　　録
(参考資料)

年　　譜

〔監訳者註〕
1 「年譜」に関しては、著者トルチヴィアにより原書 pp. 131-132 に 35 項目が掲げられているが、日本の読者のための便宜をはかって、本書に記されている事件などを加え、大幅に増補した。
2 それぞれの文末に示された (123) は、本書 123 ページの意味である。
3 年月日が誤っていたり、混乱している場合には、他史料などによって判明する正しい年月日に訂正して掲載したものもある。

年月日	シドティ関係事項
1549.8.15	ザビエル、キリスト教を伝える (1, 42)
1551.11	ザビエル、離日 (42)
1563	一部の大名らのキリスト教への改宗 (42)
1587.7.24	伴天連追放令発布 (42)
1593	フランシスコ会員が来日 (42)
1597.2.5	26 聖人の殉教 (43)
1600	オランダ人来日 (43) 徳川家康、政権を掌握 (43)
1603	徳川家康、征夷大将軍となる (43)
1614 　　11.	キリスト教禁止令が発布 (43) 宣教師・キリシタンら、マカオとマニラに追放される (186)
1622.9.10	長崎で「元和の大殉教」おこる (44)
1623.12.4	江戸の大殉教。デ・アンジェリスら殉教 (44)

年月日	シドティ関係事項
1633	フェレイラ、棄教 (45)
1635	幕府、日本人の海外渡航と帰国を禁止 (44)
1636	平戸のオランダ商館を出島に移す (44)
1639	ポルトガル人の来航禁止 (44)
1641.8	潜入したルビーノと4人の宣教師、捕縛され、その後、殉教する (190)
1642	キアラ棄教し、岡本三右衛門と名乗る (45)
1643.6.22	カッソーラら、平戸に潜入 (183)
1644	この頃、小西マンショ殉教し、司祭はいなくなる (44, 181) この頃、母アレオノーラ誕生 (49)
1664.3.22	兄フィリッポ誕生 (51)
1667.8.22 8.23	シドティ、パレルモに生まれる (11, 48) シドティ、聖十字架教会で受洗 (48)
1670.7.7	弟パオロ誕生 (54)
1684	これ以前に哲学の学位を取得 (56)
1689	これ以前にイエズス会のマッシモ学院で神学の学位を取得し、パレルモの司教座大聖堂の聖職禄を受ける (57) パレルモの「信仰篤き聖母マリア信心会」の会員となる (58)
1689-1702.7	ローマに滞在 (11, 13, 21, 57) ローマ滞在以前に叙階される (57)
1693 3. 12.27	これより以前にローマに移る (58) リッジョのカターニア司教任命の報告調書に証言を提出 (59) インノケンティウス12世の前で演説をおこなう (58, 59)
1696.11.11	フェッラーリの聴取官に任命される (59)
1698.3.	カーヴェの洗礼の代父を務める (61) この年、父ジョヴァンニ没す (49)
1699.7.24	パレルモ司教バザン宛に殉教者聖フェリチッシマの遺体と墓碑を送る (62)

年　譜

年月日	シドティ関係事項
12.27	殉教者フェリチッシマの遺体と墓碑がパレルモに移送される (62)
1700.8.15	切支丹屋敷に収容の最後の囚人、死去する (26, 181)
1701.9.12	図書検閲者としての働きをなす (60)
9.21	マイヤール・ド・トゥルノン、アンティオキア総大司教に任命される (22)
12.30	典礼問題解決のため、中国に派遣されるマイヤール・ド・トゥルノン随行員の名簿作成される (49, 63, 65)
1702.7.4	マイヤール・ド・トゥルノンに随行してローマを出発する (57, 65, 66)
7.5	チヴィタヴェッキアで乗船する (66)
	ジェノヴァ、タラゴナ、ジブラルタルを経由する (66)
8.22	カディスに上陸 (68)
9.13	カディスを出航し、サンルーカルに到着 (68)
9.16	セビリアに到着 (68)
1703.1.20	フランスによる船団提供の知らせが届く (68)
2.3	セビリアを出発 (68)
2.5	カディスに到着 (68)
2.9	カディスを出発 (68)
2.17	テネリフェ島（カナリア諸島）のサンタ・クルスに到着 (68)
4.28	フランス船団がポンディシェリに到着 (69)
4.30	無原罪の御宿り教会に聖クレメンテの聖遺物を奉納 (70)
5.1	ポンディシェリに向け、出航 (70, 205)
11.4(6)	ポンディシェリに到着 (71, 205)
1704.2.10	シドティ、ズベルニア神父宛に書簡を認める (71, 204-207)
5.	マドラスとゴアで信心会内部の紛争を解決 (73)
7.11	マドラスを出港 (74)
9.22	マニラに到着 (74, 75)
1705.4.1	マイヤール・ド・トゥルノン、中国に着く (114, 128)
8.18	マニラ大司教、教皇宛に書簡を認め、シドティのセミナリヨ建設の計画について触れる (80)
9.15	シドティ、オペラ・ピアを設立 (82)

年月日	シドティ関係事項
9.17	マニラ大司教、教皇宛に書簡を認め、シドティのセミナリヨ建設について再度触れる（80）
1706.7.7	マニラ大司教、セミナリヨを認可（81）
1707.7.3	セミナリヨの創設証書作成（86）
8.1	マイヤール・ド・トゥルノン、枢機卿に任命される（22）
10.18	教皇、マイヤール・ド・トゥルノンとマニラ大司教宛書簡で、シドティにマニラに滞留するよう要請（81）
11.27	日本への最初の航海に出発するが、失敗（87, 88）
	この年、カマチョ・イ・アビラ、グアダラハラに赴任（82）
1708.8.22	シドティ、再度マニラを出港するが、失敗（90）
8.25	シドティ乗船のサンティッシマ・トリニダード号、マニラを出港（82, 90, 91）
10.9	日本を眼前にする（93）
10.10	日本の漁船に遭遇する（93, 99）。屋久島に上陸する（11, 95, 98, 101, 120）
	シドティ、書簡を認める（14, 95, 96, 207）
10.11	シドティとともに上陸のスペイン人たち、サンティッシマ・トリニダード号に戻る（91, 99）
10.26	薩摩の家人、長崎奉行所へ知らせる（104）
10.29	サンティッシマ・トリニダード号、マニラに帰港（91, 99）
11.9	薩摩藩庁へ屋久島から報告書が送られる（104, 189）
12.20	シドティ、長崎到着（107）
	長崎奉行、オランダ商館長らを呼び出す（106）
	この日、奉行所でシドティへの第1回目の尋問がなされる（105）
12.21	オランダ商館長ら長崎奉行の屋敷へ赴く（108）
12.25	オランダ商館長ら長崎奉行の屋敷へ赴き、尋問に立ち会う（111）
12.30	アドリアン・ダウと24箇条の問答をおこなう（107, 112）
12.31	シドティ、ふたたび尋問を受ける（115）
1709.1.16	白石、将軍養子家宣から呼び出しを受ける（120）
2.19	将軍徳川綱吉薨去（121）
8.	リーパ、シドティについての書簡を認める（76）
10.27	シドティ、大通詞らとともに長崎を出発（117）

年　譜

年月日	シドティ関係事項
12.1	江戸に到着し、切支丹屋敷に収監（117, 118）
12.21	白石、尋問について奉行と打ち合わせる（121）
12.22	第1回目尋問（122-124, 183）
12.23	白石、第1回目尋問につき、通詞らに問いただす（137）
12.25	第2回目尋問（35, 124, 137）
12.30	第3回目尋問（35, 124, 138）
12.31	白石、将軍にシドティ尋問の報告をする（138）
1710.1.3	第4回目尋問（124, 139, 183）
1.4	白石、シドティの件につき、将軍に口上書を提出（144, 191）
1712.7.22	エロリアガ、この日付と、7月26日付、1714年7月18日付で、シドティの存命を伝える（165）
11.23	コーチシナの代理司教補佐、シドティの死を伝える（163）
1713.7.3	フランシスコ会修道士、日本到着後のシドティの消息を伝える（163）
	この年、長助・はる夫婦がシドティから洗礼を受けていたことを自白する（153）
	この年、姉死去（50）
1714.4.12	オランダ商館長、江戸参府（192）
4.16	白石、オランダ商館長らと浅草善龍寺で会談（192）
8.27	シドティ、日本の教皇代理に任命される（151）
11.13	長助死去（156, 159）
11.27	シドティ、江戸で死去（11, 49, 99, 156, 159）
1715.3.	白石、『西洋紀聞』の上巻を一応書きあげる（159）
	この年、ファルコハ、シドティについてよき知らせが届いている旨、伝える（165）
1716.5.	シドティの死が、広東にもたらされる（166）
	この年、シドティは処刑を免れ、江戸に移送された旨、ローマに届く（167）
	この年、兄フィリッポ、パレルモ大司教区立神学校校長に就任（52）
1718.8.12	ニコライ、シドティの死を伝える（170）
	この年、エロリアガ、シドティの死を伝える（167）

年月日	シドティ関係事項
1719.7.15	アウグスチノ会員、シドティの死を伝える (167)
1720.2.23 4.17	ウィーンの新聞がシドティの死を伝える (168) 兄フィリッポ、カターニア司教に選出 (53) この年、バルナバ修道会員、シドティの死を伝える (168)
1721	ポルトガル国王ジョアン5世、シドティの存命を伝える (168)
1724	イエズス会員、シドティの宣教活動を伝える (168-169) この年、切支丹屋敷焼失 (161)
1733	デンマーク人宣教師、1716年にシドティが逮捕されたと伝える (169)
1734.3.13 4.8	兄フィリッポ死去 (51, 52) 兄フィリッポの葬儀が行われる (50, 52)
1792	切支丹屋敷の土地が武家に下げ渡される (161)
1793	幕府、白石自筆の『西洋紀聞』の献本を要求 (34, 182)
1858	幕府、日米修好通商条約を結び、開国 (44)
1862.6.8	26聖人列聖 (43)
1868	大政奉還 (43)
1874	シドティ持参の「悲しみの聖母」図、東京国立博物館に所蔵される (98, 188)
1882	『西洋紀聞』の刊本がはじめて発行される (34, 182)
1884	シドティ、はじめてヨーロッパで知られる (30)
1918	東京市、切支丹屋敷跡地に石碑を建てる (161)
1956.3.17	切支丹屋敷跡地にシドティの記念碑が建立される (25)
1998.3.27	コンタリーニ神父死去 (29)
2014.7.24 9.17 12.1	切支丹屋敷跡から3体の人骨が発見される (11, 37, 39) パレルモで、シドティを記念してラウンドテーブルが開催される (28) イタリア文化会館（東京）で講演会が開かれる (36, 158)

年月日	シドティ関係事項
2016	切支丹屋敷跡で発見の人骨、科学的調査の結果、シドティのものと確認された旨、公表される（11）
4.4	成澤廣修文京区長らによる記者発表がおこなわれる（38, 39）
11.12	「よみがえる江戸の宣教師シドッチ神父の遺骨の発見と復顔」展が国立科学博物館で開催（12月4日まで）（41）
11.13	文京区民センターでシドティのシンポジウムが開かれる（40, 183）
2017.7.26	ロンドン大学で開催の国際修辞学史学会でシドティについての発表がなされる（31）
11.23	屋久島で「シドッチ神父屋久島上陸記念祭」が開かれる（42）

「シドティ」という姓についての表記一覧

Cidoti（チドティ）：Rubio 1958
Cidotti（チドッティ）：Messari 1708
Sidoti（シドティ）：Zabalburu 1707; *Obra pía* 1707; de La Baluere 1710; *Orazione* 1734; Congregazione del Fervore 1796; Santiago 1983
Sidotti（シドッティ）：Congregazione *de Prop. Fide* 1701.1714; *Relazione* 1704; Pitonius 1704; *Copia Obra* 1705.1720; de Elorriaga 1718; Du Halde 1718; Barnabiti 1720; Bernino 1722; Moréri 1725; de Charlevoix 1736; Castorano 1740; Viera 1783; *Pourquoi* 1820; Wright 1881; Chrysanthemum 1882; Lönholm 1894; Marnas 1896; Thurston 1905; Delplace 1910; Papinot 1910; Pérez 1929; Brou 1937; Cimatti 1941; Tassinari 1942.1982; Pedot 1946.1953; Germani 1956; Vawdrey 1956; Tragella 1958; DEI 1960; Beckmann 1970; Elison 1973; Fernández 1979; Tollini 1979.1980-1982.2003; Pigeot 1982; Abad Pérez 1983; Lewin 1995; Martinez C. 1995; Frédéric 1996; Ogawa（小川）1998; Semizu 2001; Capasso 2002; Tamburello 2003; Contarini-Luca 2009; Furui（古居）2010.2018; Villa Niscemi 2014; Tanigawa（谷川）2016; DBI in preparazione; 文京区教育委員会（東京都）2016.2018; Shinoda（篠田）2018
Sidotus（シドトゥス）：Clemente XI 1707
Sivotti（シヴォッティ）：Rops 1958
Sydot（シドト）：Agustin de Madrid 1717
Sydoti（シドティ）：Ripa 1735

死亡年月日の表記一覧表

日付なし	1715 年 11 月 27 日
Charlevoix 1736 Wright 1881	Tollini 1980 & 2003 文京区役所　2016
1714 年	**1715 年 10 月–11 月**
Ripa 1735-1740	Pedot 1953
1714 年初め	Pedot 1953
Moréri 1759	
1714 年 11 月 27 日	**1715 年 11 月 16 日**
新井白石　1715 Contarini A（1998 以前） 文京区役所〔髙祖〕2018	Fernández 1979 Tassinari 1942 & 1991 Castellan 1965 Tollini 1979 Pigeot 1982 Luca 2009
1714 年 11 月 28 日	
Elison 1973 Frédéric 1996	
1715 年	**1715 年 12 月 15 日**
Lönholm 1894 Delplace 1910 Brou 1937 Castellani 1929 Hallack 1957 Tragella 1958 DEI 1960 Castellan 1965 Schwedt 2006	Puga XVIIIs Papinot 1910 Pérez 1930 Abad Pérez 1983 Marnas 1886
	1715 年 12 月 16 日
	Mis.Cat. 1884 [1] Germani 1956

[1]　*Les Missions Catholiques*, p. 382 は『西洋紀聞』のブラウン訳を尊重して、世話人の死について「翌月」と付け加えている。Contarini は「同月」としている。

シドティ神父の3通の書簡

1704年2月10日付、〔インド〕マラッカール王国ポンディシェリ発、イエズス会員ジローラモ・ズベルニア神父宛書簡

いとも尊敬するに値する神父様

　息子である私の義務として、アジアからヨーロッパに向けて最初に書く手紙を神父様にお送りします。幼少期より私をこの聖なる信心会へと向かわせてくださった神父様の息子としての義務を、ローマ教皇庁にあっても私は忘れたことはありませんでした[1]。そしてそれは、神の恵みによって、心の奥深くに携えて世界の最果ての地にまで持っていくべきものなのです。しかし、神と聖母マリアのおぼしめしに従い、私はその記憶をよく保ち続け、その規律を忠実に守り、徳を実践します。それを私は信仰の広がりのために、それをいま、これまで以上に必要としております。聖なる信仰の種は、言葉よりも血で育てられるからです。私はそれに値打ちしないのですが隠れた（秘密的な）信心会[2]のもとに身を寄せることを否みません。現在私はイエズス会のフランス人神父たちのところに〔マイヤール・ド・トゥルノン〕総大司教猊下といっしょに滞在しておりますが、すでにこのフランス人神父たちの〔……〕において、同じような信心会を設立しようと決心しました。信心会の会長にはタカール神父（神父は、まさに王の心を聖なる信仰へと導き、王はインノケンティウス11世の聖なる思い出

1　以下、脚註は翻訳者によるものである。本書 p. 58、71、72 を参照。
2　Congregato Segreto の訳。「隠れた（秘密的な）信心会」とはメンバーの名前などを公開していないことを言っているのか。

に、神父と官僚2名をローマに遣わしました)、修練院の院長にはレブロリ神父をあてました。レブロリ神父は信仰を証しした人のひとりで、シャムにおいて王国の政権転覆〔を図ったという嫌疑で〕、王が退位されたあと、キリスト教への迫害によって2年間をまったき虜囚の身で首にくびきをつけられて苦しみ続けられました。この信心会からめざましい成果を期待するのは、私たちヨーロッパ人の恥ずべき淫らな悪徳と酩酊にあきれ果てている、新しくキリスト教徒に改宗した者たちや異教徒たちの模範となるため、同様に若いフランス人たちが回心を遂げるためです。ああ、このうえもなく敬愛すべき父上よ、この地の官僚やブラマンたちがその理想のために20年、30年と続けている悔い改めと、ほとんどすべての東洋における飲食に対する節制を見るために、これら私たちの修道士たち、愛情深い信心会会員、そして修錬者たちがわずか1日でも〔この地に〕連れてこられたら、私たちの軟弱さと真の神に対する忘恩を思ってきっと涙を流すことでしょう！　この船上で、そしてマラッカール王国の領土内で数名の異端者と異教徒を改宗させたという小さな善を、私は御主の無限の慈悲と、そのいとも聖なる母上聖母マリアのとりつぎに、そして尊敬すべき神父様とこれらすべての聖なる修道者の皆様の祈りに帰します。皆様には、〔私たちが〕航海の無事を果たせたことを心から感謝いたしております。航海は去年の5月1日にカナリア諸島の港サンタ・クルスから始まり、何度も無風状態と遭遇した以外に不都合はなく、南回帰線と赤道を通過したあと、9月に到着していなければならなかったというのに、いつものように11月4日[3]にこの港にようやく到着することができました。船〔の便〕がないうえに、アンティオキア総大司教猊下の深刻な病のた

3　シドティ自身はポンディシェリ到着をこのように「11月4日」と述べているにもかかわらず、著者トルチヴィアは、他の史料 (p.71の脚注89を参照) によって「1703年11月6日」(本書 p.71を参照) としている。

めに、清国に向かって旅を続けることはできませんでした。総大司教猊下は恵み深き神のおかげで、すべての危険から脱することができ、フィリピンを通過する船で、翌月、フィリピンに移ることを固く決意されました。ジョアン・ブリト神父[4]の殉教について、イエズス会員とともに喜ぶべきことがありました。ブリト神父はマデュレの宣教地へ派遣されたフランス人[5]で、マラバ〔ール〕で聖なる信仰のために斬首されました。その崇敬すべき御頭がゴアに移送されてきました。同様に、コーチシナでの迫害が、その迫害の元凶であった王の兄弟がきわめて惨めな死を遂げたために、終了したことをすべてのキリスト教徒とともに〔喜んでおります〕。そして、イエス・キリストの証聖者（監獄ですでに死亡した）に食物を運んだマニラのひとりの若者が、この者は現在は私のもとにいる改悛者[6]ですが、キリストが死をもって私たちをあがなってくださったことに自分は値ししないと、一日中、泣いております。日本から来たもう一人のフラマン人は、日本では十字架を踏ませるという悪魔的な考案物〔絵踏〕は廃止されたと証言しています[7]。最後に、神父様に聖なる祝福をお願いし、私のいとも聖なる修道士の皆様を抱擁し、敬意を表します。

---

4 ポルトガル人イエズス会員。マラバール（ケーララ州）に隣接するタミル・ナードゥ州のオリユール（Oriyur）で殉教。1947年聖人の列に加えられた。

5 シドティ神父の思い違いである。上記註を参照。

6 Penitente の訳語。自分の犯した罪を悔やみ、それを司祭（ここの場合は、シドティ神父）に告白し、神に背いたことに対して相応のつぐないをしている者のことである。例をあげるなら、キリシタンの時代の大友義統（宗麟の子息）の一生を思い浮かべると悔悛者、ならびに、悔悛者の行為そのものの理解を深めることができよう。

7 本書 p. 73 参照。

尊敬すべき神父様へ
マラッカール王国ポンディシェリから
1704年2月10日

    感謝の気持ちを込めて、卑しきしもべである
      ジョヴァンニ・バッティスタ・シドティ

1708年10月10日付、屋久島発
マニラのフランシスコ会管区長
〔モンタンチェスによれば、クリストバル・デ・ヘスス〕宛書簡

いとも尊敬すべき神父様
 ついにやっとのことで、神のお恵みにより私は日本の近くまで達することができました。ここ〔サンティシッマ・トリニダーデ号の船上〕から私どもは、〔島の〕あちらこちらに人びとの姿や火を目にすることができます。今晩、神の慈しみによってこの地に上陸することができることでしょう。この島は、薩摩の国から7レグア[8]南に位置しています。尊敬すべき神父様、聖なる祈りとミサ聖祭とをもって私をお助けください。そして、私たちの御主がこれからも長きにわたって神父様にご加護を垂れますように祈っております。

屋久島から、1708年10月10日

---

8 レグアは、長さの単位で、キリシタン時代から、通常ヨーロッパ人は1レグアを1里に換算していた。

いとも尊敬すべき神父様の取るに足りない息子であり、
教皇庁派遣の宣教師である
　　　　　ジョヴァンニ・バッティスタ・シドティ

1708 年 10 月 10 日付、種子島〔屋久島〕発
枢機卿宛書簡

いとも卓越した枢機卿猊下

　私たちの御主は、まことに大きな御慈悲を垂れたまい、ありがたくもこの大きな罪人〔である私〕に日本の王国に入国することをお許しくださいました。本日、私が上陸するこの地から、猊下にご報告するのが私に課せられた義務だと考えております。多くの点で、猊下のご恩情と熱意によるこの使命〔宣教活動〕の始まりと今後のいかなる発展をも感謝申しあげるでしょう。旅は第一に神のご加護と私たちの将軍ドン・ミゲル・デ・エ〔ロ〕リアガの称賛すべき恩情、賢明さと配慮とによって、きわめて順調なものでした。上陸地は薩摩の国に隣接する種子島です。私たちの御主が私に機会をお与えくださるならば、これから起きることを猊下には詳細にご報告いたします。今後とも猊下におかれましては、ミサ聖祭とお祈りのうちに、またそのほかの神へのお勤めのなかで、私のことを心に留めていただきたくお願いいたします。

種子島[9]から、1708 年 10 月 10 日

9　シドティは、みずからが上陸した屋久島を最後まで種子島と信じていた。本書 p. 98 を参照。

感謝のうちに、いとも卑しきしもべであり、
　教皇庁派遣の宣教師である
　　　　　　ジョヴァンニ・バッティスタ・シドティ

参考文献
（ウェブサイトも含む）

〔監訳者註〕

　「参考文献」については、原則的にトルチヴィアから提供されたファイルをそのまま表示したが、もともとは日本語文献であるものがイタリア語訳されて掲載されているものに限り、その日本語タイトルなどを脚註に表記した。また、p. 224 に記載されている『今村源右衛門日記』のように、外国語文献から引用している日本語史料などについては、〔訳註〕として、その史料が所収されている日本語文献を表記した。なお、本文中には引用はないものの、シドティに触れている外国語文献も監訳者の判断で記載する。ただし、日本語〔表記〕による文献は除外した。したがってこの脚註には、原注と訳註とが入り混じって配されている。

文献目録

Japanese Thought in the Tokugawa Era. A Bibliography of Western-Language Materials (Compiled and edited by Klaus Kracht), Harassowitz Verlag, Wiesbaden 2000, nn. 42.48.423.568-574.958. 967.973-974.1468.

Ogawa S., *Italian Missionary Sidotti in Japan in the Catholic Periodical "Les Missions Catholiques" and in the English Translated Version of* "Seiyo-Kibun", in *The Journal of History of Christianity*, vol. 52 (1998) pp. 11-32.[1]

Streit R.- Dindinger J., *Bibliotheca Missionum*, vol. VI *Missionsliteratur*

Indiens, der Philippinen, Japans und Indochinas 1700-1799, Franziskus Xavierius Missionsverein, Aachen 1931, pp. 402-406.

Streit R. - Dindinger J., *Bibliotheca Missionum*, vol. VII *Chinesische missionsliteratur 1700-1799*, Franziskus Xavierius Missionsverein, Aachen 1931, pp. 147-148.212.

The Philippine Islands, vol. LIII *Bibliography*, 1908, p. 323 (ripreso in Cruikshank B., *The Hispanic Society of America. Department of Manuscripts and Rare Books. Sino-Philippine Manuscripts and Imprints* (dec. 2008), p. 21 n. 10, in www.academia.edu).

史料 (1664-1803)

シドティによる著述

A) イタリアにおける著述

Oratio habita in sacello Quirinali Coram Sanctiss. D. N. Innocentio XI Pontifice Maximo die S. Joannis Apost. et Evang., Ex Typographia Jo: Jacobi Komarek Boemi apud S. Angelum Custodem, Romae 1693 (citata in Narbone A., *Bibliografia Sicola Sistematica*, vol. IV, Stabilimento Grafico Librario dei Fratelli Pedone Lauriel, Palermo 1855, p. 21).

Heliotropii languor, sive Panormi ob Divae Rosaliae Virginis Panormitanae recessum. Tristia. Ex Augusto Salomonis Epithalamio deprompta et a don Josepho Salina Musice Moderatore perquam bellè emodulata, Apud Thomam Romulo, Panormi 1688[2].

---

1 〔訳註〕小川早百合「欧文史料にみる宣教師シドッティ」(『キリスト教史学』52 (1998), pp. 11-32)。

B) インドからの書簡

Lettera a p. Girolamo Sbernia, Pondicherì nel Regno di Malaccar [India], 10 febraro 1704, in *Istruzioni*, pp. 24-29 (ripubblicata in Rocco B., *Una lettera di G. B. Sidoti dall'India*, in *Ho Theológos* 6 n. 23 (1979) pp. 111-114).

C) フィリピンにおける著述

Carta del Abate Sidotti al Arzobispo de Manila sobre formar Seminario, in Archivo Provincial de Santo Tomás de Ávila (Padres Dominicos), Lado 1, Secciòn Caja 41, t. 119; www.archiprov-avila.org.

Carta del Abad Sidoti al Arzobispo sopra fundar un Seminario, Hospital Real [Manila], y febrero 5 de 1705 años, in Archivo de la Universidad de Santo Tomás. Sección de Libros, t. 60, p. 1-1v (pubblicata in Tollini, *Sidotti in Manila*, p. 133).

Copia de la obra pía que fundó el muy devoto y venerable Abad don Juan Bautista Sidoti, misionero apostólico del Reino del Japón, cuya administración encomendó al cuidado de la Mesa de la Santa Misericordia de esta ciudad de Manila que se hizo cargo de ella,

---

2 〔原注〕文書――BCP XLVI G 21, n° 25 に保管されている――の扉に手書きの記載があり、これをシドティの著作としている。cf. V. Petrarca, *Genesi di una tradizione urbana. Il culto di Santa Rosalia a Palermo in età spagnola*, Fondazione Ignazio Buttitta, Palermo 2008, p. 150. Precedentemente anche Giuseppe Maria Mira l'attribuisce a Sidoti, cf. *Bibliografia Siciliana ovvero Gran Dizionario Bibliografico*, volume secondo, Ufficio Tipografico diretto da G. B. Gaudiano, Palermo 1881 p. 366. しかしながら、Mongitore はこれをシドティの著作には含めていない。cf. *Bibliotheca Sicula*, t. I, Ex Typographia Didaci Bua, Palermo 1707, p. 337.

Manila, 29 de octubre de 1705, in AGI, Filipinas, 226, n. 1, ff. 38r-40v (cit. in Manchado López, «*Desamparo*, p. 419 n. 17).

Copia de la Obra Pía que fundó el muy devoto y venerable Abad, Don Juan Bautista Sidotti, Misionero apostólico del reino del Japón, cuya administración encomendó al cuidado de la Mesa de la Sta Misericordia de esta Ciudad de Manila, que se hizo cargo de ella, Manila y septiembre quince de mil y setecientos y siete[3] (cit. in Abad Pérez, *El abad Sidotti*, p. 117).

Escrito del abad Juan Bautista Sidoti presentado ante la Mesa de la Misericordia, Manila, 15 de septiembre de 1707, AGI, Filipinas, 226, n. 1, f. 41r (cit. in Manchado López, «*Desamparo*, p. 425 n. 28).

D) 1708年10月10日付、屋久島発信の書簡

Al Card...., in Ms. 1635, f. 137.

al Padre Provinciale [*Cristóbal de Jesus, al secolo Montanchez*] *dei Minori Osservanti di Manila*, in AP, sig. 8-2[4] (pubblicata in Pérez,

---

3 〔原注〕慈善団体オペラピアの資金を管理していた会計係りのマルティン・デ・アバウレアによって、1720年6月25日にマニラで書かれた。
4 〔原注〕シドティの書簡は、現在、AFIO 24/17 に保管されている。cf. Abad Pérez A., *El abad Sidotti y sus Obras Pías al servicio de las misiones (1707-1715)* in *MH* 40 n. 117 (1983) p. 114 n. 20 (nel quale articolo l'autore ha ripubblicato la lettera). フィリピンを「失った」(1898年) あと、一部のフランシスコ会員はスペインに向かったが、会の聖グレゴリオス・マグヌス管区は 1970 年まで存続した。現在のカスティーリャ (マドリード) 聖グレゴリオス管区は、1577 年にフィリピンで創設されたものを「引き継いで」いる。そのためにシドティの書簡は、最初 AP で保管されていたが、現在はマドリードの AFIO に所蔵されているのである。AFIO は、以前はパストラーナ文書館 (Archivo de Pastrana) として (た

Labor patriótica, p. 202 n. 106).
a Papa Clemente XI[5].
alla Congregazione de Propaganda Fide[6].

シドティに関する史料

AA.SS., *De S. Rosalia Virgine. Die Quarta Septembris*, pp. 407f & 408a.

Agustin de Madrid, *Relación, del viage que hizo el Abad Don Juan Bautista Sydot, desde Manila al Imperio del Japon, embiado por Nuestro Santissimo Padre Clemente X. Sacada...*, [Madrid, 8 marzo 1717][7]; (常に正確とはいえないが、イタリア語訳として、

とえば、小川早百合は www.adelieland.com でこう呼んでいる)、さらに遡るとマニラ文書館 (Archivo de Manila) として知られていた。cf. Menegon E., *Archivo Franciscano Ibero-Oriental (AFIO), Madrid (Spain)*, in *Sino-Western Cultural Relations Journal* 17 (1995) 4-5.

5 〔原注〕Cf. Agustin de Madrid, *Relación, del viage que hizo el Abad Don Juan Bautista Sydot, desde Manila al Imperio del Japón, embiado por Nuestro Santissimo Padre Clemente X. Sacada...*, [Madrid, 8 marzo 1717], p. 12 e i due attestati di don Francesco Rayo Doria, Protonotaro Apostolico e del Gen. Miguel de Elorriaga del 29 aprile 1710, in Ms 1635, ff. 131-132.

6 〔原注〕Cf. i due attestati di don Francesco Rayo Doria, Protonotaro Apostolico e del Gen. Miguel de Elorriaga del 29 aprile 1710, in Ms 1635, ff. 131-132.

7 〔原注〕テキストには以下のものが含まれている。著者アゴスティン・デ・マドリードによるシドティのマニラ滞在に関する情報、マニラから日本への航海日誌 (現在は、カサナテ文庫 Ms. 1635 に所蔵)、および il *Capitulo de Carta del Provincial* (Fray Francisco de Santa Inés, ndr) *de dicha Provincia de S. Gregorio de Philipinas, del estado en que se halla*

Breve relazione estratta da varie lettere... Sopra l'Arrivo nella Città di Manila, partenza per l'Impero del Giappone, arrivo, e dimora in quello dell'Abbate D. Gio. Battista Sydoti. Con un esatto Diario del Viaggio à detto Impero del Giappone, e stato in cui si trova. Tradotta dall'Idioma Spagnolo nell'Italiano da Gio. Fra[n]cesco Sangermano Corvo, per il Bernabò, Roma 1718).

Álvarez y Baena J. A., *Hijos de Madrid, ilustres en santidad, dignidades, armas, ciencias y artes*, t. I, En la Oficina de D. Benito Cano, Madrid 1789, p. 9.

"Annali di Nagasaki", 1704-1710.[8]

APF, ACG, vol. 77, f. 366 (cit. in Pedot, *La S. C. De Propaganda Fide*, p. 333 n. 109); vol. 77, f. 367 (cit. in Pedot, *La S.C. De Propaganda Fide*, p. 333 n. 110); vol. 77, f. 372 (cit. in Pedot., *La S.C. De Propaganda Fide*, p. 333 n. 111); vol. 84, f. 529 & 663v (Roma, 12 novembre 1714; cit. in Pedot, *La S. C. De Propaganda Fide*, p. 333 n. 112 & p. 334).

APF, *Acta de anno 1714*, f. 529, *ad Cong. diei 27 augusti*, n. 4 (cit. in Tassinari, *The End*, cit., p. 250 n. 10).

APF, LSC, vol. 103, f. 272 (Roma, 25 settembre 1714; cit. in Tassinari, *The End*, p. 250 n. 10); vol. 84, f. 530 e vol. 103, f. 273 (cit. in Pedot, *La S.C. De Propaganda Fide*, p. 334 n. 113 & p. 334 n. 115).

APF, *Atti delle Congregazioni particolari e Congressi (India e Cina)*, vol. III, ff. 386-387 (cit. in Pedot, *La S. C. De Propaganda Fide*, p. 335) & vol. 1742-48, f. 31, dell'1 ottobre 1742 (cit. in Pedot, *La S.

---

dicho Abad. de 3 de Julio de 1713.

8 〔訳註〕田辺茂啓・小原克紹著、丹羽漢吉・森永種夫校訂『長崎實録大成』(長崎文献社、1973-1974)。

C. De Propaganda Fide, pp. 335-336).

APF, SOCP, vol. 21 (1701-1703), f. 279r, *Soggetti deputati per le missioni della Cina dalla Sacra Congregazione de Propaganda Fide*, 30 dicembre 1701 & *Tab. 1. Ecclesiastici e laici della legazione Tournon* (cit. in Menegon, *Culture*, p. 580).

Arai H., *Johan Battista Monogatari (La storia di Giovanni Battista)*, [1709-1710].[9]

Arai H., *Seiyô Kibun (=Note sull'Occidente)*, 3 voll. mss., 1715; 刊本として、(a cura di Otsuki Fumihiko e Mitsukuri Shūhei), Hakusekisha, Tokyo Meiji 15 [1882].[10]

 * 1ª trad. in inglese: Brown S. R., [...] *Sei Yo Ki-Bun, or Annals of the Western Ocean*, in *Journal of the North-China Branch of the Royal Asiatic Society*, NS n. II (1865), Part I, pp. 53-67 & Part II, pp. 67-84; [...] *Sei-Yoö Ki-Bun (Annals of the Western Ocean) An account of a translation of a Japanese Manuscript* n. III (1866), Part III, pp. 40-62.

 * 1ª trad. in tedesco: Lönholm L. H., *Arai Hakuseki und Pater Sidotti*, in *Mittheilungen der Deutschen Gesellschaft für Natur- und Völkerkunde Ostasiens*, Bd. VI heft 54 (1894) pp. 149-189 (特に、pp. 149-176).

 * 英語による部分訳として、*The Capture and Captivity of Père Giovanni Batista Sidotti in Japan from 1709 to 1715 (translated from the [...] of Arai Hakuseki, by the Rev. W. B.*

---

9 〔訳註〕新井白石著、箕作秋坪・大槻文彦校訂『ヨハンバツティスタ物語』(『新井白石全集』4所収、白石社、1882)。

10 〔訳註〕新井白石著、箕作秋坪・大槻文彦校訂『西洋紀聞』(『新井白石全集』4所収、白石社、1882)。

Wright), in *Transaction of The Asiatic Society in Japan*, Yokohama, vol. IX (1881) pp. 156-172.

 * 英語による部分訳として、*Père Sidotti in Japan (A Condensed Translation from the Seiyo-Kibun)*, in *The Chrysanthemum. A Monthly Magazine for Japan and Far East*, vol. 2 n. 9 (1882/4) pp. 390-399.

 * イタリア語訳として、a cura di Lorenzo Contarini, *Ricerche su Sidotti e Seiyō Kibun-Testo A* (pre-1998) & *Testo B* (assemblato da Augusto Luca), dattiloscritti, in Archivio Saveriano Roma, XIII. 5544 & XIII.5543 (www.centro-documentazione.saveriani.org), confluita parzialmente in Contarini-Luca, *L'ultimo Missionario*, 2009.

Arai H., *Sairan Igen* (=Geografia del mondo), 5 voll., 1725.[11]

ASPa, *Notai defunti*, Giuseppe Miraglia, vol. 11688, cc. 131r-133r, 14 ottobre 1726 (cit. in F. Scibilia, *Terremoto e architettura storica. Palermo e il sisma del 1726*, Edizioni Caracol, Palermo 2015, p. 157).

Atto di Battesimo di Filippo Paolo Sidoti, in ASDPa, Diocesano, S. Croce, Corda n. 3810 (1663-1664) f. 28v.

Atto di Battesimo di Giovanni Battista Sidoti, in ASDPa, Diocesano, S. Croce, Corda n. 3813 (1666-1667) f. 32v.

Atto di Battesimo di Paolo Sidoti, in ASDPa, Diocesano, S. Croce, Corda n. 3816 (1669-1670) f. 28v, n. 303.

Atto di Morte di Filippo Sidoti, in *Libro del Rev^{mo} Capitolo di q. Cattedrale maggior Chiesa di Palermo dell'anno 1728 sesta Ind.^{ne}*,

---

 11 〔訳註〕新井白石著、箕作秋坪・大槻文彦校訂『采覧異言』(『新井白石全集』4所収、白石社、1882)。

in Archivio della Cattedrale di Palermo.

B. M. vol. V, n. 978 (cit. in Pedot, *La S. C. De Propaganda Fide*, p. 332 n. 106).

Bericht über die Ausreise von Rom-Marseille, in *[Sammlung von 12 Dokumenten: Originalbriefen, Abhandlungen, Concepten, ecc. über das Wirken des Missionars Giov. Batt. Sidotti und seinen Märtyrertod in Japan, umfassend die Jahre 1702 bis c. 1710]*, Hiersemann, Leipzig s.d. (cit. in Streit R.-Dindinger J., *Bibliotheca Missionum*, vol. VI, p. 404).

Bernino D., *Vita del Ven. cardinale D. Gius. Maria Tomasi de' Chierici Regolari*, Nella Stamperia di Rocco Bernabò, Roma 1722, pp. 83-84.

[Brief] Francisco Duarte da Fonseca S.J. an Barthélemy Des Bosses S.J., Wien, 5 Februar 1716, in Leibniz G. W., *Briefe über China (1694-1716). Die Korrespondenz mit Barthélemy Des Bosses und anderen Mitgliedern des Ordens* (Herausgegeben und kommentiert von Rita Widmaier und Malte-Ludolf Babin), Felix Meiner Verlag, Hamburg 2017, pp. 378-383 (特に、p. 383) & p. 562 n. 6.

[Brief] Giovanni Battista Messari S.J. an [Micheal Fait S.J.], Macao, 5 Januar 1708, in Leibniz, *Briefe über China (1694-1716)*, pp. 93-99 (specie pp. 96-97) & p. 470 n. 25.

I. Brief P. Caroli Slaviczek [Karel Slavíček], [...] An R. P. Julium Zwicker [...], zu Canton, den 8 Nov. 1716, in Joseph Stöcklein (ed.), *Der Neue Welt-Bott*, Verlag Philips, Martins und Joh. Veith seel. Erben, Augsburg und Graz 1726, vol. I, VII, n. 155, pp. 14-19 (特に、pp. 18-19).

Butler A., *The lives of the Fathers, Martyrs, and other principal Saints*, vol. XII, Thomas Richardson & Sons, London [1798], p. 67 n. 1.

Capítulo de Carta del Provincial (Fray Francisco de Santa Inés) de dicha Provincia de S. Gregorio de Philipinas, del estado en que se halla dicho Abad. de 3 de Julio de 1713, in Agustin de Madrid, *Relación*, pp. 17–19.

Carlo Orazio da Castorano, *Brevi notizie della Cina*, ms., 11 aprile 1740, in Marcellino da Civezza, *Saggio di bibliografia geografica storica etnografica sanfrancescana*, Per Ranieri Guasti, Prato 1879, pp. 106–107.

Carta de Diego Camacho y Ávila, obispo de Guadalajara, Aguascalientes, 15 de noviembre de 1709, in AGI, Filipinas, 302, n. 1.

Carta de Domingo de Zabalburu sobre haberse iniciado la fábrica del seminario gracias a las limosnas conseguidas por el Abad [Sidoti], erigido conforme a los estatutos que dejó el arzobispo antes de pasar a la sede de Guadalajara remitiendo testimonio para que se vean, Manila, 22 de junio de 1707, in *Expediente sobre fundación de seminario en Manila*, 1707-1708, in AGI, Filipinas, 308, n. 4.

[*Carta de la Mesa de la Misericordia al Rey (Felipe V)*], Manila, 22 de junio 1719, in AGI, Filipinas, 226, n. 1, f. 14r (cit. in Manchado López, «*Desamparo*, pp. 417–418).

Carta del comisario general de Indias, Fray José Sanz, al fiscal del Consejo, don Andrés de Escorobarrutia y Zupide, Madrid, 12 de octubre de 1721, in AGI, Filipinas, 226, n. 1, f. 31r–31v (cit. in Manchado López, «*Desamparo*, p. 418).

Carta de Mons. Camacho y Ávila al Cabildo de Badajoz, [en Manila, a] 14-11-704, in ACB, Cartas, fol. 297 (cit. in Rubio Merino, *Don Diego*, p. 409 n. 23).

Carta de Mons. Camacho y Ávila al Rey [Felipe V], en Manila, a 16-5-705, in AGI, Filipinas, 290 (cit. in Rubio Merino, *Don Diego*, p.

417 n. 48 & p. 420).

Carta de Mons. Camacho y Ávila al Rey [Felipe V], en Manila, a 16-10-705 in AGI, Filipinas, 290 (cit. in Rubio Merino, *Don Diego*, p. 410 n. 28).

Certificación del escribano de la Mesa de la Misericordia relativo al acuerdo adoptado por dicha institución en su sesión de 7 de septiembre de 1707, Manila, 19 de septiembre de 1735, in AGI, Filipinas, 226, n. 1, ff. 200v-201r (cit. in Manchado López, «*Desamparo*, pp. 423-424).

Collantes D., *Historia de la Provincia del Santisimo Rosario de Filipinas, China, y Tunkin Orden de Predicadores. Quarta Parte Desde el año de 1700 hasta el de 1765*, En la Imprenta de dicho Colegio y Universidad: por Juan Franc. de los Santos, [Manila] 1783, pp. 50-51, 61-62.

Concina D., *De vita et rebus gestis P. Thomae Mariae Ferrarii Ordinis Praedicatorum S. E. R. Cardinalis Tituli S. Clementis*, Apud Haredes Jo: Laurentii Barbiellini Romae 1755, p. 65.

Crescimbeni G. M., *Ristretto della vita del Cardinal Carlo Tommaso Maillard de Tournon. Torinese*, in *Le vite degli Arcadi illustri*, Parte Terza, Nella Stamperia di Antonio de' Rossi, Roma 1714, pp. 1-19.

Cronaca di don Giuseppe Lo Voi e Vasquez, in Lo Piccolo F., *Diari palermitani inediti (1557-1760). Cronache da un archivio parrocchiale*, Flaccovio Editore, Palermo 1999, pp. 107-150（特に、p. 120）.

De Bonis C., *Orazione funebre*, in *Componimenti fatti nel funerale dell'Eminentiss. e Reverendiss. Signore F. Tommaso Maria Ferrari...*, Nella Stamperia di Felice Mosca, Napoli 1717, pp. 1-24.

De Castro A. M., *Misioneros Agustinos en el Extremo Oriente 1565-1780 (Osario Venerable)* [ms., Manila 1770], Edición, Introducción y Notas por el P. M. Merino. Consejo Superior de Investigaciones Cientificas. Instituto de San Toribio de Mogrovejo, Madrid 1954, p. 508.

de Charlevoix P.-F.-X., *Histoire et description générale du Japon*, P.-F. Giffart, Paris 1736, t. II, pp. 483-486.693.

de Elorriaga M., *[Relazione]*, pre-2 febbraio 1716.[12]

de Elorriaga M., *Letters [manuscript]: Manila, [Philippines], to Marcelo Angelita, [Mexico?], 1712 July 22-1714 July 18*, in Newberry Library Chicago (notizia e sunto in *Calendar of Philippine Documents in the Ayer Collection of Newberry Library* (Edited by Paul S. Lietz), The Newberry Library, Chicago 1956, pp. 30-31, 61-62. 64).

De Espinosa I. F., *Chrónica Apostolica y Seraphica de todos los collegio de Propaganda Fide de esta Nueva España, de Missioneros Franciscanos Observantes*, Por la Viuda de D. Ioseph Bernardo de Hogal, México 1746, Parte Primera, *Aprobacion* [p. 4] (ripubblicazione: De Espinosa I. F., *Chrónica de los Colegios de Propaganda Fide de la Nueva España*. New Edition with Notes and Introduction by Lino G. Canedo, Academy of American Franciscan His-

---

12 〔原注〕スペイン語によるこの文書——現存するかどうかは不詳——は、イエズス会員のアントニオ・トゥッチョ（Antonio Tuccio）神父が筆写し、マニラでマッテオ・リーパ神父に渡された。cf. M. Ripa, *Storia della fondazione, della Congregazione e del Collegio de' Cinesi sotto il titolo della Sagra Famiglia di G.C.*, t. I, Napoli 1832（再版：Istituto Universitario Orientale, Napoli 1983）（著述されたのは 1735-40 年）, p. 292.

tory, Washington D. C. 1964, pp. 21-22).

Dejima Rankan Nisshi, in *Seiyō Kibun* (a cura di Michio Miyazaki), Heibonsha, Tōyō bunko 1976, pp. 239-277 (cit. in Tollini, *Giovanni Battista Sidoti*, pp. 91-110).[13]

de Viera y Clavijo J., *Noticias de la Historia general de la Islas de Canaria*, Tomo Quarto, En la Imprenta de Blas Román, Madrid 1783, pp. 316-317 (cit. in P. Ontoria Oquillas, *Palabras pronunciadas en la presentación de su libro "Misterio y contexto de la reliquia de San Clemente en Santa Cruz de Tenerife"*, Santa Crux de Tenerife, 17 de marzo de 2017, in www.amigos25julio.com).

Di Poggio A., *Relazione della Vita, viaggio al Giappone, e Martirio del Sig. Abbate D. Gio. Batista Sidoti Sacerdote Palermitano*, ms., XVIIIs. (cit. in Sarteschi F., *De scriptoribus Congregationis Clericorum Regularium Matris Dei*, Ex Typographia Angeli Rotilii e Philippi Bacchelli, Roma 1753, p. 267).

Documenti vari, in *ASV. Sezione Clemente XI*.

Du Halde J. B., *Préface*, in *Lettres édifiantes & curieuses, écrites des Missions Etrangeres, par quelques Missionaires de la Compagnie de Jesus*, vol. XIII, Chez Nicolas Le Clerc, Paris 1718, pp. 13-16 (ripreso in *Memoires pour l'histoire Des Sciences et des beaux Arts*, De l'Imprimerie de S.A.S., Trevoux 1719, pp. 1039-1041).

Expediente sobre obra pía del abad Juan Bautista Sidoti (1721-1741), in AGI, Filipinas, 226, n. 1, in www.pares.mcu.es.

Faure P., *Lettre au Pere de la Boësse*, Golfe de Bengala, le 17 Janvier

---

13 〔訳註〕『出島蘭館日誌』(宮崎道生校注『西洋紀聞』(平凡社、1980) pp. 201-204)。あわせて、今村明恒『蘭学の祖今村英生』(朝日新聞社、1942) をも参照されたい。

1711, in *Lettres édifiantes et curieuses. Ecrites des Missions Etrangeres par quelques Missionaires de la Compagnie de Jésus.* X. Recueil, Chez Nicolas Le Clerc, Paris 1732, pp. 47-73 (特に、pp. 47, 56-65).

Harenberg J. C., *Pragmatische Geschichte des Ordens der Jesuiten*, K. H. Hemmerde, Halle und Helmstadt 1760, p. 566.

Histoire universelle depuis le commencement du monde jusqu'a present, Traduite de l'anglois d'une société de gens de lettres, t. XX, Chez Arkstée & Merkus, Amsterdam-Leipzig 1763, pp. 541-542.

Imamura Genueimon Nikki (cit. in A. Tollini, *Giovanni Battista Sidoti (1668-1715) missionario siciliano in Giappone*, in Ho Theológos 6 n. 23 (1979) p. 108 n. 35).[14]

Istruzioni per indrizzo alla vita spirituale. Ad uso della Ven. Congregazione degli Ecclesiastici sotto titolo della Santissima Vergine del Fervore. Esistente dietro la Tribuna della Ven. Chiesa di S. Giuseppe di questa Città, Per le Stampe del Gagliani, Palermo 1796.

Juan de la Concepción, *Historia general de Philipinas*, Por Balthasar Mariano Donado, Sampaloc [Manila] t. VI, 1788, pp. 77-83 & t. XIV, 1792, pp. 345-347.

Juan Francisco de S. Antonio, *Chrónicas de la Apostolica Provincia de San Gregorio de Religiosos Descalzos de N. S. P. San Francisco en las Islas Philipinas, China, Japon &c.*, Parte Primera, Imprenta de uso de la propria Provincia, Sampaloc, Extra-muros de la Ciudad de Manila 1738, p. 194.

Kort verbaal van het voorgevallene ten hurze der Heeren Nangasacki-

---

14 〔訳註〕『今村源右衞門日記』(箭内健次編『通航一覧』5所収、清文堂、1968)。

schen Gouverneurs, of Stadsvoogden, Farrima, *en* Figono C^i.s^a., *ontrent zeker Roomsch Priester,* Johan Baptista Sidoti *genaamd, in 't laatst van A.* 1708 *hier in Japan op 't Eiland Iaconossima, een der buiten-leggende Eilanden van Zatsuma, aan land gezet,* in Valentijn F., *Oud en Nieuw Oost-Indiën,* vol. quinto, parte seconda: *Beschryving Van 't Nederlandsch Comptoir op de Kust van Malabar, En van onzen Handel in Japan, Mitsgaders een Beschryving van Kaap der Goede Hoope. En 't Eyland Mauritius, Met de zaaken tot de voornoemde Ryken en Landen behoorende,* Joannes Van Braam, Dordrecht-Gerard Onder De Linden, Dordrecht-Amsterdam 1726, pp. 157-164.

Leibniz G. W., *Der Briefwechsel mit Bartholomäus Des Bosses,* (Übersetzt, herausgegeben und mit einer Einleitung, Anmerkungen und Registern versehen von Cornelius Zehetner), Felix Meiner Verlag, Hamburg 2007, p. 582.

Lettera dei padri [Onorato] Ferraris e [Filippo] Cesati al Padre Generale, Filippo Petrucci, Madras, 29 giugno 1720 (cit. in Lovison F. M., *La missione dei Chierici Regolari di S. Paolo (Barnabiti) nei Regni di Ava e Pegù (1722-1832),* in *Barnabiti Studi* 17 (2000) p. [39] 45).

Lettera di Fr. Giuseppe della Solitudine (José de la Soledad) a Papa Clemente XI, Madrid, 11 marzo 1714, in Archivio Vaticano, Biblioteca Clemente XI, vol. 263, f. 352 (cit. in Tassinari, *The End of Padre Sidotti,* p. 250 n. 10).

Lettera di Jean François de La Baluere S. dos Miss. Ap. licus a..., Makaönis die Maj 22^a anno 1710, in Ms 1635, f. 135.

Lettera di Tommaso Falcoja al Sig. D. Matteo Ripa in Cina, Napoli, 3 agosto 1715, in Falcoia T., *Lettere a S. Alfonso, Ripa, Sportelli,*

Crostarosa. Testo critico, Introduzione e Note a cura di P. Oreste Gregorio, EP, Roma 1963, pp. 39-44 (特に、p. 41).

Lettere di visita 1684-1685, in ASDPa, Diocesano, Corda n. 638, f. 10v (28 settembre 1684).

Lettere di visita 1689-1690, in ASDPa, Diocesano, Corda n. 642, f. 10r (19 settembre 1689).

Lettere di visita 1694-1695, in ASDPa, Diocesano, Corda n. 647, f. 114r (13 agosto 1695).

Lettere di visita 1696-1697, in ASDPa, Diocesano, Corda n. 649, ff. 60v-61r (31 gennaio 1697).

Lettera scritta da Pondisceri. A' 10 di Febbraio 1704 [al dott. Paolo Marchesi], *dal Dottore Giovanni Borghesi Medico della Missione spedita alla China dalla Santità di N. S. Papa Clemente XI*, Per il Zenobj Stampatore, Roma 1705.

Littera ad Carolum Thomam, S. R. E Presbytero Cardinali de Tournon, Romae, 18 Octobris 1707, in *Clementis XI Pont. Max., Epistolae et Brevia Selectiora Anni MDCCVII*, Ex Typographia Reverendae Camerae Apostolicae, Romae 1724, pp. 403-406.

Littera ad Didacum Archiepiscopum Manilae, Electum Guadalaxarensi, Romae, 18 Octobris 1707, in *Clementis XI*, p. 405.

Maldonado de Puga J. M., *Religiosa Hospitalidad. Por los hijos del Piadoso Coripheo Patriarcha, y Padre de Pobres S. Juan De Dios. En su Provincia de S. Raphael de las Islas Philipinas*, Por Joseph de la Puerta, Granada 1742, pp. 237-238.

Manuel de San Juan Bautista (al secolo: Manuel Puga), *Historia Philipica, apostólica, evangélica. Chrónica de la única Provincia de San Gregorio de Philipinas*, ms., XVIIIs., t. IV, f. 380, in AFIO, F 12/2 (cit. in Pérez, *Labor patriótica*, p. 202 n. 106).

Martinez de Zuñiga J., *Historia de las Islas Philipinas*, Por Fr. Pedro Argüelles de la Concepcion, Sampaloc [Manila] 1803, pp. 420-421.

Memoires pour l'histoire Des Sciences et des beaux Arts, De l'Imprimerie de S. A. S., Trevoux 1719, pp. 1039-1041.

Memorial impreso, s.d., in AGI, Filipinas, 226, n. 1 (cit. in Manchado López, *La obra pía*, p. 109 n. 13).

Memorie della Vita di D. Francesco Marchese Palermitano, Canonico della Santa Metropolitana Chiesa di Palermo, Primaria del Regno di Sicilia, Per Gio: Battista Aiccardo, Palermo 1728, p. 8.

Memorie storiche della legazione e morte dell'Eminentiss. Monsignor Cardinale di Tournon, vol. VIII, Appresso Giuseppe Bettinelli, Venezia 1762, p. 3.

Miura B., *Samidare-shō*, 1784 (tr. ing.: *Translations Samidare-shô By Miura Baien*. Translated by Leon Hurvitz, in MN vol. 8 (1952/1-2) pp. 289-326 e vol. IX (1953/1-2) pp. 330-356).[15]

Mongitore A., *Bibliotheca Sicula*, t. I, Ex Typographia Didaci Bua, Palermo 1707, p. 337.

Mongitore A., *Diario palermitano*, in *Diari* VII, p. 194.

Mongitore A., *Diario palermitano*, in *Diari* IX, p. 209.

[Monroy Scuderi G.], *Li Doveri dell'Uomo Ecclesiastico in Società Posti in veduta Nella vita, e Virtù del Paroco Monsignor D. Isidoro del Castillo Vicario Generale Della Metropoli di Sicilia. Da un Solitario Ad istanza Di D. Santo Lodato*, t. I, Regia Stamperia di D. Giuseppe Epiro, Palermo 1777, pp. 223-224.

Ms. 1635. *Miscellanea di scritti vari circa il viaggio che l'abate Gio-*

---

15 〔訳註〕三浦梅園『五月雨抄』(『梅園全集』上巻所収、名著刊行会、1979)。

vanni Battista Sidoti cercò di fare in Giappone, in Biblioteca Casanatense, Roma.[16]

Murillo Velarde P., *Geographia Historica*, t. VII, En la Imprenta de Manuel de Moya, Madrid 1752, pp. 248.

Murillo Velarde P., *Historia de la Provincia de Philipinas de la Compañia di Jesus*. Segunda Parte, En la Imprenta de la Compañia de Jesus, por D. Nicolas de la Crux Bagay, Manila 1749, pp. 383 e 411.

Nagasaki Chushin Romajin no Koto (Rapporto sul Romano dall'Ufficio del Magistrato di Nagasaki, in *Seiyō Kibun* (a cura di Michio Miyazaki), Heibonsha, Tōyō bunko 1976, pp. 201-204; cit. in Tollini, *Giovanni Battista Sidoti*, pp. 91-110).[17]

Nagasaki Jitsuroku Tai Sei, in Tollini, *Giovanni Battista Sidotti*, p. 107.[18]

Noticias privadas de Manila a S. M. Católica, Manila, a 22-6-707, in AGI, Filipinas, 308, (menzionata in Rubio Merino, *Don Diego*, p.

---

16 〔原注〕このイタリア語の文書には、以下の史料が含まれている。航海日誌（1708-09）のさまざまな版（ff. 1-20, 100-126）、エロリアガ将軍の陳述（日付なし：ff. 24-34）、乗組員たちの1708-09年間の陳述（ff. 35-99）、日本への第一回目の航海（1707年）中のシドティの日課表（f. 100）、東インドに関する最初の提案（日付なし: ff. 127-129）、教皇庁書記長のフランシスコ・ラヨ・ドーリアとエロリアガ将軍の証言（1710年：ff. 131-132）、シドティの殉教に関するエロリアガ将軍の報告（1718年：ff. 132-134）、シドティ自筆の書簡（1708年10月10日付：f. 137）、パラオ諸島発見の報告とさまざまな地図（1709年：ff. 138-202）などである。

17 〔訳註〕『長崎注進邏馬人事』（宮崎 239-275）。

18 〔訳註〕田辺茂啓・小原克紹著、丹羽漢吉・森永種夫校訂『長崎實録大成』（長崎文献社、1973-1974）。

425 n. 72).

Orazione funebre in lode di Monsignore D. D. Filippo Sidoti, Canonico Maestro Cappellano, e Vicario Generale della Santa Chiesa Palermitana Difonto a 12 aprile (sic) *di quest'Anno 1734. Recitata nella Chiesa delle Moniali volgarmente dette di Santo Vito dal P. Antonio Ignatio Mancusi della Compagnia di Gesù.* Stam. camerale di D. Placido Grillo, Messina 1735.

Parigi 19 Febraro, in *Il Corriere Ordinario* 43 (9 Marzo 1720).

Parte moderna, ossia continuazione della Storia universale dal principio del mondo sino al presente, vol. 21, Antonio Foglierini, Amsterdam 1778, p. 458.

Père Norbert [fr. Pierre Parisot, OFMCap.], *Mémoires historiques présentés en 1744 au souverain Pontife Benoît XIV. Sur les Missions des Pères Jésuites aux Indes Orientales...,* t. I, Chez Jean Pierre Le Fevre, Besançon 1747, troisième édition.

Pirri R.-Mongitore A.-Amico V.M., *Sicilia Sacra,* 3rd. ed. t. I, Apud haeredes Petri Coppulae, Panormi 1733, coll. 264.291-292.

Pitonius F. M., *Disceptationum Ecclesiasticarum,* Pars I, Typis, & Sumptibus Josephi Monaldi, Romae 1704.

Rayo Doria F., [*Original letters, treatises, records, etc. (12 documents in all), concerning the work of the missionary Giovanni Battista Sidotti and his martyrdom in Japan, a period covering the years 1702-ca. 1710*] *1713-1731* (cit. in *The Philippine Islands,* vol. LIII, p. 323 e, con qualche divergenza e assenza, in Streit-Dindinger, *Bibliotheca Missionum,* vol. VI, p. 404[19]).

---

19 〔原注〕「フィリピンについて触れている史料は、以下の通りである。
 I.〔ジブラルタルからマニラまでの航海、マニラ滞在、日本への航海、

Reboulet S., *Histoire de Clement XI*, Claude Delorme et François Girard, Avignon 1752, t. I, p. 158 & t. II, p. 233.

Reitano M., *Il Rogiero in Sicilia*, Cant. 10, stanz. 61, p. 277（cit. in

---

シドティの死に至るまでの出来事についての詳細な報告〕イタリア語による約 240 ページの八つ折り本。II.〔シドティについての最後の知らせと、フィリピンの友人たちへの短い感謝を述べる〕アンジェリータ（Angelita）の署名のある 1731 年 2 月 10 日付書簡。同じく、アンジェリータの手による書簡書簡 2 通が同封されている。イタリア語で、6 ページからなる四つ折り本。III.〔マニラ滞在についての報告の一部〕。16 ページからなる八つ折り本。イタリア語。IV.〔同報告の一部〕。イタリア語。16 ページの八つ折り本。V. 1712 年……の日付でマニラから発信の書簡と、聖フランシスコ会管区長……クリストバル・イティスの書簡の一節と、これらの書簡とは別人の筆跡によるサバルブル総督夫人フランシスカ・デル・バッリオ宛の書簡。日本におけるシドティの運命を伝えている。VI.〔アンジェリータ宛フランシスコ・ラーヨ・ドーリアの書簡〕マニラから、1713 年 7 月 18 日付けで発信。フォリオ版 2 ページ。スペイン語。シドティについての最新ニュースを伝える（2 部）。VII. 報告書に見えるエロリアガ将軍の言葉を伝える。将軍自身の署名があり、フィリピンからローマ在住のミラの大司教にして〔布教聖省のことか〕の副長官であるであるフランシスコ・ニコライに送付された。マニラから 1718 年 8 月 12 日付で発信。おそらくカンデラによってローマで 1722 年 5 月 6 日に書かれた。スペイン語で、シドティの日本滞在とその死を報告している。VIII. フィリピン総督の命によってなされたエロリアガ将軍の証言。シドティ神父の徳と、神父が日本の住民に聖なるカトリックの信仰を伝えることを望んで日本に到着したことを述べている。フォリオ版で 10 ページ。目録ではイタリア語となっているが、実際はスペイン語である。同時に、マニラから日本までの航海の詳細を記している。以上の史料は、ヒヤースマン（Hiersemann）の目録 no. 1288 に掲載され、また、no. 327 には 1800 マルクの価格がつけられている」（*The Philippine Islands*, vol. LIII *Bibliography*, 1908, p. 323)。

Mongitore, *Bibliotheca Sicula*, t. I, p. 337).

Relazione Del Viaggio dall'Isola di Tenariff nelle Canarie fino à Pondisceri nella Costa di Coromandel di Monsignor Carlo Tommaso Maillard di Tournon Patriarca di Antiochia, e Visitatore Apostolico con le facoltà di Legato à Latere à i Regni della Cina, e dell'Indie Orientali, Per Gaetano Zenobj, Roma 1704 (ripubblicata: *Del Viaggio dall'Isola di Tenariff nelle Canarie fino a Pondisceri nella Costa di Coromandel di Monsignor Carlo Tommaso Maillard di Tournon Patriarca di Antiochia, e Visitatore Apostolico con le facoltà di Legato a Latere nei Regni della Cina, e dell'Indie Orientali*, in *Memorie storiche dell'Eminentiss. Monsignor Cardinale di Tournon*, vol. I, Appresso Giuseppe Bettinelli, Venezia 1761, pp. 167-204).

Relazione Della preziosa morte dell'Eminentiss., e Reverendiss. Carlo Tomaso Maillard di Tournon Prete Card. della S. R. Chiesa, Commissario, e Visitatore Apostolico Generale, con le facoltà di Legato a latere nell'Impero della Cina, e Regni dell'Indie Orientali, Seguita nella Città di Macao li 8. del mese di Giugno dell'anno 1710. E di ciò, che che gli avvenne negli ultimi cinque mesi della sua vita, Per Francesco Gonzaga, Roma-Per Gio: Battista Aiccardo, Palermo 1712.

Ripa M., *Giornale (1705-1724)*, Vol. I (*1705-1711*) (Introduzione, testo critico e note di Michele Fatica), Istituto Universitario Orientale, Napoli 1991, pp. 179-182 (lo scritto, degli anni 1730-1740, riporta quasi del tutto quanto già scritto da lui stesso in *Storia della fondazione*).

Ripa M., *Storia della fondazione della Congregazione e del Collegio de' Cinesi sotto il titolo della Sagra Famiglia di G. C.*, t. I, Napoli 1832 (rist.: Istituto Universitario Orientale, Napoli 1983), pp. 275, 286-292 (lo scritto è degli anni 1735-1740).

Sacra Rituum Congregatione... Panormitana Beatificationis, & Canonizationis Ven. Servi Dei Fr. Sancti A S. Dominico Laici Professi Ordinis Eremitarum Excalceatorum S. Augustini, *Positio super dubio*, Typis Reverendae Camerae Apostolicae, Romae 1757.

Salmon Th., *Hedendaegsche Historie, of Tegenwoordige Staet van Allevolkeren*, Isaak Tirion, Amsterdam 1729, p. 312.

Sieben und dreyssigste Continuation *Anderes Stück/ worin Eine doppelte Benlage des* Diarii *enthalten. Erste Benlage des* Diarii. *Bericht von einer Reise nach Nagapatnam/ so von den benden Missionarien, herrn Nicolaus Dal und herrn Andreas Worm, zu Ausgang des* Ianuarii 1733 *dahin angestellet worden*, in *Der Königl. Dänischen Missionarien aus Oest-Indien eingesandter Ausführlichen Berichten. Erster Theil...* , vol. 37 (hrsg. Von Gotthilf August Francken), Verlegung des Waysenhauses, Halle 1735, p. 123.

Storia do Mogor or Mogul India 1653-1708 by Niccolao Manucci venetian. Translated with Introduction and Notes by William Irvine, vol. IV, John Murray, London 1908, pp. 42-43.254 (il ms. è del 1698-1705).

The adventurous lansing in Japan of Abbe Giovanni Baptista Sidotti in 1708, in Archivo Provincial de Santo Tomás de Ávila (Padres Dominicos), Lado 2, Secciòn Japòn. 27, t. 030 (cf.: www.archiprov-avila.org.).

The Deshima Diaries. Marginalia 1700-1740 (edd. Paul van der Velde and Rudolf Bachofner), The Japan-Netherlands Institute Tokyo, Brill, Tokyo 1992, pp. XXII.106.121.

The Modern Part of an Universal History, from the Earliest Account of Time, vol. IX, London 1759, pp. 166-168.

Tremigliozzi G., *Memorie storiche della Società degli Spensierati di Rossano*, in Gimma G., *Elogj Accademici della Società degli Spensierati di Rossano*, Parte II, A spese di Carlo Troise Stampatore Accademico della Medesima Società, Napoli 1703, p. 443.

van Haren Onno Zwier, *Van Japan. Met Betrekking Tot de Hollandse Natie*, En De Christelyke Gods-Dienst, Simon Clement, Zwolle 1775, pp. 85ss.

Verzeichnuss... von Josephus Kropff (Num. 536), in *Allerhand So Lehr als Geist reiche Brieffe, Schriften und Reise Beschreibungen,...* vol. 27 (Zusammengetragen don Petro Probst), Betruckt und zu sinden ben Leopold Johann Raliwoda, Wien 1748, pp. 37-40（特に、pp. 38-39).

研 究 書

辞書・百科事典の「シドティ／シドッティ」に関する項目

Giovanni Battista Sidotti, in www.it.wikipedia.org.

Giovanni Battista Sidotti, in www.wiki.samurai-archives.com.

Giovanni Battista Sidotti, in www.worldheritage.org.

Lewin B., *Sidotti, Giovanni Battista*, in *Kleines Lexicon der Japanologie Zur Kulturgeschichte Japans* (Herausgeber Bruno Lewin), Harassowitz Verlag, Wiesbaden 1995, pp. 436-437.

Pedot L., *Sidotti Giovanni Battista*, in *EC*, vol. XI, Ente per l'Enciclopedia Cattolica e per il libro cattolico, Città del Vaticano 1953, pp. 543-544.

Sidoti, in de Feller F.X., *Biographie universelle, ou Dictionnaire historique...*, Nouvelle Édition, vol. XI, Imprimerie d'Outhenin-Chalandre Fils, Besançon-Méquignon Junior et J. Leroux Libraires/Gaume Frères Libraires, Paris 1844, pp. 451-452.

Sidotti (Jean-Baptiste), in Moréri L.-Drouet M., *Le grand dictionnaire historique, ou le mélange curieux de l'histoire sacrée et profane. Nouvelle édition*, t. IX, Partie II, Chez les Libraires associés, Paris 1759, p. 420 (1ª ed.: t. VI, 1725, p. 502).

Sidotti (John Baptist), in Papinot E., *Historical and Geographical Dictionnary of Japan*, vol. 2, Librairie Sansaisha, Tokyo 1910, p. 596.

Sidotti, Giovanni Battista, in Frédéric L., *Le Japon. Dictionnaire et civilisation*, Éditions Robert Laffont S. A., Paris 1996.

Sidòtti, Giovanni Battista, in *DEI*, vol. XI, Istituto della Enciclopedia Italiana, Roma 1960, p. 263.

Sidòtti Giovanni Battista, in www.treccani.it/enciclopedia.

Sidotti Giovanni Battista, in www.worldcat.org.

Tragella G. B., *Sidotti Giovanni Battista*. in *DE*, vol. III, , p. 846.

Sidotti in DBI（準備中）.

教会／キリスト教の歴史

Beckmann J., *La propagazione della fede in Asia*, in *Storia della Chiesa* (a cura di Hubert Jedin), JB, Milano, Prima ristampa 1987 della Seconda edizione 1981 (or.: 1970), vol. VII *La Chiesa nell'età dell'Assolutismo e dell'Illuminismo XVII-XVIII secolo*, pp. 371-374.

Daniel-Rops H., *Storia della Chiesa di Cristo*, vol. V *La Chiesa dei tempi classici*, t. II *L'era delle grandi incrinature*, Marietti, Torino-Roma 1961 (or.: 1958), p. 105.

参 考 文 献

Henrion M. R. A., *Histoire générale de l'Église, depuis la prédication des Apôtres jusqu'au pontificat de Grégoire XVI*, t. IX, cinquième édition, Gaume Frères, Libraires, Paris 1843, pp. 494-495 & t. X, cinquième édition, Gaume Frères, Libraires, Paris 1843, pp. 20-21.

Hertling L.-Bulla A., *Storia della Chiesa*, 7th ed. Edizione riveduta, aggiornata e ampliata, CN, Roma 2001, p. 530 (or. ted.: 1967).

Latourette Scott K., *A History of the Expansion of Christianity*, vol. III *Three Centuries of Advance A.D. 1500 A.D. 1800*, Harper and Brothers, New York 1939, p. 334.

Lécrivain Ph., *Il fascino dell'Estremo Oriente, o il sogno interrotto*, in *Storia del Cristianesimo*, Borla-CN, Roma 2003, vol. IX *L'età della ragione (1620/30-1750)*, p. 692 (or.: *Histoire du Christianisme des origines à nos jours*, t. IX *L'Âge de raison (1620/30-1750)*, Desclée, Paris 1997, p. 765).

Moffett S. H., *A History of Christinity in Asia. Volume II. 1500-1900*, Orbis Books, Maryknoll, New York 2005.

Morenas F., *Continuation de l'histoire ecclesiastique de M. l'Abbé Fleury en abregé*, t. II, Chez Claude Delorme, Paris 1751, p. 226.

Rohrbacher R. F., *Storia universale della Chiesa Cattolica dal principio del mondo sino ai di nostri*. Prima edizione italiana sulla terza edizione, vol. XIV, Biblioteca Ecclesiastica Editrice, Torino 1852, pp. 480-481.

Tiedemann R. G., *Christianity in East Asia*, in *The Cambridge History of Christianity. Vol. VII, Enlightenment Reawakening and Revolution 1660-1815* (editors Stewart J. Brown and Timothy Tackett), Cambridge University Press, Cambridge 2006, pp. 468-470.

キリスト教精神史

Brovetto C., *Il Settecento spirituale: fuoco sotto la cenere (1700-1799)*, in Brovetto C.-Mezzadri L.-Ferrario E.-Ricca P., *La spiritualità cristiana nell'età moderna*, Borla, Roma 1987, p. 388.

日本史

Arai Hakuseki, in *Dictionnaire historique du Japon*, Librairie Kinokuniya, Tokyo 1963, Fasc. 1 Lettre A, pp. 53-55.

Caroli R., *Storia del Giappone*, Editori Laterza, Bari-Roma, ediz. digitale 2016, cap. IV (precedente ediz.: Caroli R.-Gatto F., 2004. 2006).

Griffis W. E., *The Mikado's Empire*, Harper & Broters Publishers, New York 1876, pp. 262-263.

Hall J. W., *Das Japanische Kaiserreich*, Fischer Bücherei, Franfurt a. M. 1968, p. 216.

Hane M., *Premodern Japan. A Historical Survey*, Charles Scribner's Sons, New York 1972, p. 157.

Murdoch J., *A History of Japan. Vol. III The Togukawa Epoch 1652-1868*, Kegan Paul, Trench Trubner & Co., Ltd., London 1926, pp. 304-309.

Sansom G., *A History of Japan 1615-1867*, Stanford University Press, Stanford, California 1963, p. 150.

日本におけるキリスト教／カトリックの歴史

Cary O., *A History of Christianity in Japan. Roman Catholic, Greek Orthodox, and Protestant Missions*, Charles E. Tuttle Company, Vermont & Tokyo 1976, cap. VII (manca la numerazione delle pagine. 1ª ediz.: 1909).

Delplace L., *Le Catholicisme au Japon. L'Ère des Martyrs 1593-1660*,

Librairie Albert Dewit, Bruxelles 1910, t. II, pp. 247-249.

Duteil J.-P., *Le christianisme au Japon, des origines à Meiji* (2003) p. 10, in www.clio.fr.

Jennes J., *A History of the Catholic Church in Japan. From Its Beginnings to the Early Meiji Era (1549-1873) A Short Handbook*, Oriens Institute for Religious Research, Tokyo 1973, pp. 151.179.186.

Jennes J., *History of The Catholic Church in Japan. From its Beginnings to the Early Meiji Era (1549-1873)*, The Committee of Apostolate, Tokyo 1959, pp. 178-180, 186-188.

Marnas F., *La* "Religion de Jésus" (Iaso ja-kiō) *ressuscitée au Japon. Dans la seconde moitié du XIXe Siecle*, t. I, Delhomme et Briguet, Paris-Lyon 1896, pp. 59-77.[20]

Pagés L., *Histoire de la religion chrétienne au Japon depuis 1598 jusqu'a 1651*. Première Partie, Charles Douniol, Paris 1869, p. 883.[21]

学術書・研究雑誌

Abad Pérez A., *El abad Sidotti y sus Obras Pías al servicio de las misiones (1707-1715)* in *MH* 40 n. 117 (1983), pp. 109-119.

Abad Pérez A., *Misioneros Franciscanos Españoles en China siglos XVIII-XIX (1722-1813)*, Editiones Collegii S. Bonaventurae, Quaracchi 2006, p. 261.

Abad Pérez A.-Sánchez Fuertez C., *La Descalcez Franciscana en*

---

20 〔訳註〕マルナス著、久野圭一郎訳『日本キリスト教復活史』(みずす書房、1985)。
21 〔訳註〕パジェス著、吉田小五郎訳『日本切支丹宗門史』(岩波書店、1938)。

España, Hispanoamérica y Exstremo Oriente. Sintesis histórica geográfica y bibliográfica, in *AIA* vol. 59 n. 234 (1999), pp. 457-788 (特に、679-680).

Allgemeine Missions-Zeitschrift, Drud und Verlag von C. Bertelsmann, Gütersloh 1875, p. 121.

Altman A. A., *The Press and Social Cohesion during a Period of Change The Case of Early Meiji Japan*, in *Modern Asian Studies* 15 (1981/4) pp. 865-876 (特に、p. 867 n. 3).

Alva I., *Redes comerciales y estrategias matrimoniales. La mujeres en el comercio del Galeón de Manila (siglos XVII-XVIII)*, in *Revista Complutense de Historia de América* vol. 42 (2016) pp. 203-220 (特に、p. 215 n. 39).

Amico V.-Di Marzo G., *Dizionario topografico della Sicilia*, Tipografia di Pietro Morvillo, Palermo 1856, vol. II, p. 264.

Anesaki M., *Japanese Criticism and Refutations of Christianity in the Seventeenth and Eighteenth Century*, in *Transactions of the Asiatic Society of Japon*, 2nd Ser., vol. VII (1930), pp. 9-10.

Annales de la Propagation de la Foi, t. XXI, Chez l'Editeur des Annales, Lyon 1849, p. 234.

Arimura R, *Las misiones católicas en Japón (1549-1639): análisis de las fuentes y tendencias historiográphicas*, in *Anales del Instituto de Investigaciones Estéticas* vol. XXXIII n. 98 (2011), pp. 55-106 (特に、pp. 77-78).

Aston W. G., *A History of Japanese Literature*, Cambridge University Press, Cambridge 2015, pp. 253-256 (versione digitale dell'originale del 1899).

Ayusawa S., *Geography and Japanese Knowledge of World Geography*, in MN vol. 19 (1964/3-4), pp. 275-294.

Bastard, in *Biographie universelle, ancienne et moderne. Supplément*, t. 57, Chez L.G. Michaud, Paris 1834, p. 275.

Beretta L., *Il viaggio in Italia di Tokugawa Akitake (1867). La missione in Europa del fratello dell'ultimo shogun*, C.I.R.V.I., Moncalieri 2008, p. 25.

Bernard H., *Les premiers rapports de la culture européenne avec la civilization japonaise*, in *Bulletin de la Maison franco-japanaise de Tokyo*, t. 10 (1938/1) pp. 1-27 (特に、pp. 9-14; come libro: Paul Geuthner, Tokyo 1938, pp. 71-72).

Bertuccioli G., *Chiara, Giuseppe*, in DBI, vol. 24 (1980) pp. 516-518.

Biografía Eclesiástica completa, t. XII, Eusebio Aguado, Madrid-Narciso Ramirez, Barcelona 1862, p. 564.

Boglino L., *Del corpo di Santa Felicissima V. e M. romana nella Chiesa dell'Ospedale dei Sacerdoti di Palermo*, in *La Sicilia Sacra* 2 (1900) pp. 376-379.

Bottari S. M., *Padre Gian Battista Sidoti*, in *Medaglioni sacerdotali*, Scuola Grafica Siciliana, Palermo 1985, pp. 9-12 (le pagine riportate nel volume sono del 1981).

Bottari S. M., *Sac. Giovan Battista Sidoti*, in *Medaglioni sacerdotali II*, Scuola Grafica Siciliana, Palermo 1993, pp. 13-22 (l'art. riporta gli articoli apparsi su quotidiani di Collura - pp. 13-14 - & Castellan- 15-22).

Bowring R., *In Search of the Way. Thought and Religion in Early-Modern Japan, 1582-1860*, Oxford University Press, Oxford 2017, pp. 28, 150, 295.

Boxer C. R., *Jan Compagnie in Japan, 1600-1850. An Essay on the cultural, artistic and scientific influence exercised by the Hollanders in Japan from the seventeenth to the nineteenth centuries*,

Springer, New York 1950.

Boyd J., *Hannah Riddell. An Englishwoman in Japan*, Charles E. Tuttle Publishing Co., Tokyo 1996.

Brou A., *L'Abbé Jean-Baptiste Sidotti. Confesseur de la foi. Mort à Yedo en 1715*, in *Revue d'Histoire des Missions* 14 (1937/3), pp. 367-379; 14 (1937/4), pp. 494-501; 15 (1938/1), pp. 80-91.

Burney J., *Chronological History of The Voyages and Discoveries in The South Sea or Pacific Ocean*, vol. V, Luke Hansard & Sons, London 1817, pp. 11-12.

Cammilleri R., *Shimabara no ran. La grande rivolta dei samurai cristiani*, Milano 2012, p. 49.

Cantù C., *Storia universale*. Vol. XIII. Epoca XIV, Presso gli Editori Giuseppe Pomba e C., Torino 1843, p. 450.

Capasso C., [...; tr. it.: *Studi sul missionario Sidotti*], in *Studies. Kobe College* 49 (2002/2), pp. 109-143 (特に、*Summary*, p. 109).[22]

Casartelli L.C., *The Catholic Church in Japan*, in *The Dublin Rewiew* vol. 116 (januar-april 1895), pp. 257-289 (特に、p. 268).

Castellani A., *Arai Hakuseki*, in *EI*, vol. III (1929) p. 922.

Cobbing A., *The Japanese Discovery of Victorian Britain. Early Travel Encounters in the Far West*, Japan Library, Richmond 1998, p. 6.

Cocchia E., *Il Giappone vittorioso, ovvero la Roma dell'Estremo Oriente*, Ulrico Hoepli, Milano 1909, p. 104.

Contarini R.-Luca A., *L'ultimo Missionario. L'Abate Giovanni Battista Sidotti e la sua scomparsa in Giappone nel 1708*, Edizioni Italia Press, Milano 2009.

---

22 〔監訳者註〕カロリーナ・カパッソ「宣教師シドッティの研究」(『神戸女学院大学論集』49-2 (2002)、pp. 109-143)。

Costituzioni Capitolari della Metropolitana Chiesa di Palermo, Tipografia Pontificia, Palermo 1921, pp. 17-24.

D'A. T., *Intrepidity of A Roman-Catholic Missionary*, in *The Evangelical Magazine and Missionary Chronicle*, vol. XXIV, June 1816, J. Dennett, London, pp. 214-216.

De Borja M. R., *Basques in The Philippine*, University of Nevada Press, Reno, Nevada 2005.

De Graaf H. J., *De missionaris Pr. Sidoti en de V. O. C.（Vereenigde Oost-Indische Compagnie, ndr）1707*, in *De Heerbaan. Algemeen zendingstijdschrift* 2 n. 10 (1949), pp. 281-289.

De Graaf H. J., *Joan Baptista Sidoti, martellar in Japan 1668-1715*, in *Moesson* 27, 9 (1982), pp. 6-8.

De Groot H., *Engelbert Kaempfer, Imamura Gen'emon and Arai Hakuseki. An early exchange of knowledge between Japan and Netherlands*, in *The Dutch Trading Companies as Knowledge Networks* (Edited by Siegfried Huigen, Jan L. de Jong and Elmer Kolfin), Brill, Leiden-Boston 2010, pp. 201-210（特に、pp. 206-208）.

De la Costa H., *The development of the native clergy in the Philippines*, in TS, vol. 8 (1947/2), pp. 219-250.

Dela Goza R. S.-Cavanna J. M., *Vincentians in the Philippines*, Salesiana Publishers, Manila 1985, p. 64.

Descalzo Yuste E., *La Compañia de Jesús en Filipinas（1581-1768）: realidad y representación*. Tesis Doctoral. Universidad Autónoma de Barcelona, Bellaterra 2015, pp. 232. 605. 623. 726.

Díaz-Trechuelo López Spínola M. L., *Arquitectura española en Filipinas（1565-1800）*, EEHA, Sevilla 1959, p. 273.

Di Fiore G., *Maillard de Tournon, Carlo Tommaso*, in DBI, vol. 67 (2006), pp. 539-544.

Di Giovanni G.-Narbone A.-Ferrigno G., *Storia del Seminario Arcivescovile di Palermo*, Tipografia F. Barravecchia e Figlio, Palermo 1887.

Divino F., *Prefazione*, in Marchioro F., *Giappone e Cina. Una Storia senza fine. Le atrocità giapponesi in terra cinese tra passato e presente*, Enigma Edizioni, Firenze 2017, p. 12.

Dixon J. M., *Christian Valley*, in *Transactions of the Asiatic Society of Japan* (Yokohama), vol. XVI (1888/3), pp. 207-214.

Doak K. M., *Xavier's Legacies. Catholicism in Modern Japanese Culture*, UBC Press Vancouver-Toronto 2011, pp. 5-6.

Dougill J., *In Search of Japan's Hidden Christians. A Story of Suppression, Secrecy and Survival*, Tuttle, North Clarendon 2012.

Elison G., *Deus Destroyed. The Image of Christianity in Early Modern Japan*, Harvard University Press, Cambridge MA 1973, pp. 237-242.

Endo H., *Oman and Japan. Unknown Cultural Exchange between the two countries*, Muscat Printing Press, Muscat 2012, p. 46.

Etayo-Pinol M. A., *L'edition espagnole a Lyon aux XVIeme et XVIIeme siècles selon le Fonds Ancien de la Bibliothèque Municipale de Lyon-Part-Dieu*. Thèse de Doctorat d'Histoire à l'Université Jean Moulin. Lyon III. Année 1990/1991, p. 147.

Falero A. J., *Humanismo en Japón* in *Teoría del Humanismo* (ed. Pedro de Hallón De Haro), vol. VI, Editorial Verbum, Madrid 2010, p. 255.

Farge W. J., *A Christian Samurai. The trials of Baba Bunkō*, The Catholic University of America Press, Washington D.C. 2016, pp. 219-220, 230.

Fernández P., *Foreword*, in Tollini A., *The Adventurous Landing in Japan of Abbe Giovanni Battista Sidotti in 1708*, in PS vol. 14 n. 42

(1979), pp. 496-499.

Ferrando J.-Fonseca J., *Historia de los PP. Dominicos en las Islas Filipinas y en sus misiones del Japon, China, Tung-kin y Formosa*, Imprenta y Estereotipia de M. Rivadeneyra, Madrid, t. II, 1870, pp. 309-310 e t. IV, 1871, p. 43.

Ferrari Tommaso Maria, in Moroni, vol. XXIV (1844), pp. 187-189.

Fogel J., *Between China and Japan. The Writings of Joshua Fogel*, Brill, Leiden-Boston 2015, p. 34.

Furukawa T., *The Growth of Anti-Religious Rationalism and the Development of the Scientific Method in Japan*, in *Cahiers de l'Histoire Mondiale*, 7 (1963), pp. 739-755.

Fujita N. S., *Japan's Encounter with Cristianity. The Catholic Mission in Pre-Modern Japan*, Paulist Press, New York 1991, pp. 228ss.

Furui T., *L'ultimo missionario. La storia segreta di Giovanni Battista Sidotti in Giappone*, ETS, Milano 2017 (traduzione dal giapponese Sumiko Furukawa. Revisione e note Stefano Locati; orig.: *Mikkō – Saigo no bateren Shidotti*, Tokyo 2010).[23]

Furukawa T., *The Growth of Anti-Religious Rationalism and the Development of the Scientific Method in Japan*, in *Cahiers de l'Histoire Mondiale*, 7 (1963), pp. 739-755 (特に、p. 746).

García López M.B., *Planta del Seminario de San Clemente de Manila*, in *Filipinas. Puerta de Oriente. De Legazpi a Malaspina* (ed. Alfredo J. Morales), SEACEX, Lunwerg, Madrid, 2003, pp. 227-228.

Gaspar de San Agustin-Diaz C.-López Bardón T., *Conquista de las Islas Filipinas*, vol. II, L. N. de Gaviria, Valladolid 1890, pp. 380-383.

---

23 〔訳註〕古居智子『密行　最後の伴天連シドッティ』（新人物往来社、2010。増補版は敬文舎、2018）。

Gli atti di cinque martiri nella Corea con l'origine della fede in quel Regno scritta da Monsignor Vescovo di Pekino a Monsignor Vescovo di Caradra, pel Fulgoni, Roma 1801, p. 109.

Gómez Platero E., *Catálogo biográfico de los Religiosos Franciscanos de la Provincia de San Gregorio Magno de Filipinas desde 1577 en que llegaron los primeros a Manila hasta los de nuestros días*, Imprenta del Real Colegio de Santo Tomás, Manila 1880, p. 361.

Grant Goodman K., *Japan and The Dutch 1600-1853*, Curzon, Richmond 2000, pp. 45-47, 202.

Grant Goodman K., *Japan: The Dutch Experience*, Bloomsbury, London-New Delhi-New York-Sydney 2012 (1ª ediz.: 1986), pp. 45-47.

Grant Goodman K., *The Dutch impact on Japan (1640-1853)*, nuova ediz., Brill, Leiden 1967.

Gravier Ph., *De l'empereur au shōgun: études sur les écrits d'un lettré confucianiste de l'époque de Edo, Arai Hakuseki (1657-1735)*, Thèse de doctorat, INALCO, Paris 2004.

Grépinet V., *Conversation au fil du pinceau entre lettrés de l'archipel et de la péninsule. Arai Hakuseki et les envoyés coréens à Edo en 1711*, in *Cipango. Cahiers d'études japonaises*, 17 (2010), pp. 1-19 (特に、p. 8).

Guida delle Missioni Cattoliche, Unione Missionaria del Clero in Italia, Roma 1935, pp. 167, 172, 586.

Gutiérrez L., *Historia de la Iglesia en Filipinas (1565-1900)*, Editorial Mapfre, Madrid 1992, pp. 208-209, 234-235.312.

Hallack C.-Anson P. F., *These Made Peace. Studies in the Lives of the Beatified and Canonized Members of the Third Order of St. Francis of Assisi*, Burns & Oates, London 1957, p. 199.

Harbsmeier M., *Interrogating Travelers. On the Production of Western*

Knowledge in Early Modern Japan, in *Travel, Agency, and the Circulation of Knowledge* (eds. Gesa Mackenthun, Andrea Nicolas, Stephanie Wodianka), Waxmann, Münster, pp. 201-220 (特に、pp. 213-217).

Henrion M. R. A., *Histoire générale des missions catholiques. Depuis le XIIIe siècle jusqu'à nos jours*, t. II. Première partie, Gaume Frères, Libraires-Éditeurs, Paris 1847, pp. 371-373.

Hernández González M., *Fiestas y creencias en Canarias en la Edad Moderna*, Ediciones Idea, Santa Crux de Tenerife 2007, pp. 126-127.

Huigen S., *Dit bedryf van onze Natie. François Valentyn over het abjecte gedrag van de Nederlanders in Japan*, in *TNTL* 127 (2011), pp. 343-370 (特に、le pp. 355-358, 365).

Iannello T., *Shōgun, kōmōjin e rangakusha. Le Compagnie delle Indie e l'apertura del Giappone alla tecnologia occidentale nei secoli XVII-XVIII*, Libreriauniversitaria.it edizioni, Padova 2012, pp. 81-96, 104-105, 115.

Iguchi M., *Java Essay. The history and culture of a southern country*, Matador, Kibworth Beauchamp 2015, p. 33 n. 9.

Jackson T., *Network of Knowledge. Western Science and the Tokugawa Information Revolution*, Hawaii University Press, Honolulu 2016.

Jacobs E. M., *The Redhaired in Japan. Dutch influence on Japanese carthography (1640-1853)*. Thesis at The University British Columbia. Faculty of Arts. Department of History 1983.

Jansen M. B., *The Making of Modern Japan*, The Belknap Press of Harvard University Press, Cambridge, MA-London 2002, p. 92.

Japan, in *Encyclopaedia Metropolitana; or, Universal Dictionary of Knowledge* (eds. E. Smedley, H. J. Rose, H. J. Rose), vol. XX, B.

Fellowes et alia, London 1845, p. 481.
Japan, in *The Spirit of the Pilgrims*, vol. IV (1831/10), pp. 528-538 (特に、pp. 533-534).
Japan Handbuch. Nachschlagewerk der Japankunde. Im Auftrage des Japaninstituts Berlin herausgegeben von Prof. Dr. M. Ramming, Steiniger-Verlage Berlin 1941, pp. 32, 91, 546.
Josephson J. A., *The Invention of Religion in Japan*, The University of Chiacago Press, Chicago-London 2012, pp. 68-70.
Kang S., *Western Civilization as Exhibited in a Sino-Japanese Poem from the Edo Period. An Analysis of Arai Hakuseki's* "The Alarm Clock", in Annals of "Dimitrie Cantemir". Christian University, vol. XV (2016/1) pp. 68-81 (specie p. 70).
Kato E, *Aspects of Early Anglo-Japanese Relations*, in *The History of Anglo-Japanese Relations. Volume I The Political-Diplomatic Dimension 1630-1930* (edd. Ian Nish and Yoichi Kibata) Macmillan Press LDT, Houndmills and London 2000-St Martin's Press Inc., New York 2000, pp. 31-59 (specie p. 58).
Katō S., *Storia della letteratura giapponese vol. II. Dal XVI al XVIII secolo* (trad. e a cura di Adriana Boscaro), Marsilio, Venezia 1980.
Keene D., *Frog in the Well. Portraits of Japan by Watanabe Kazan 1793-1841*, Columbia University Press, New York 2006, pp. 250 n. 11, 261 n. 28.
Keene D., *The Japanese Discovery of Europe, 1720-1830. Revised edition*, Stanford University Press, Stanford 1969, pp. 70, 211n, 235n.
Kowner R., *From white to yellow. The Japanese in European Racial Thought 1300-1735*, McGill-Queen's University Press, Montreal & Kingston-London-Ithaca 2014, pp. 454 n. 8, 500, 501 n. 73.
Krämer H. M., "This Deus is a Fool's Cap Buddha". 'The Christian Sect'

as Seen *by Early Modern Japanese Buddhists*, in *Zeischrift für Globalgeschichte und vergleichende Gesellschaftsforschung* 20 (2010/4), pp. 75-97 (特に、pp. 89-90).

La testimonianza di Marcello Muccioli sulla stele commemorativa per il Sidotti a Tokyo, in Istituto Italiano per l'Africa e l'Oriente. Roma-Università degli Studi di Napoli "L'Orientale", *Italia-Giappone 450 anni* (a cura di Adolfo Tamburello), Roma-Napoli 2003, vol. I, p. 74.

Leone G., *Echi dall'Estremo Oriente*, in *Fiamminghi e altri Maestri. Gli Artisti Stranieri nel Patrimonio del Fondo Edifici di Culto del Ministero dell'Interno*, L'«Erma» di Bretschneider Roma 2008, p. 66.

Longhitano A., *Le relazioni «ad limina» della Diocesi di Catania (1595-1890)*, vol. I, Studio Teologico S. Paolo Catania-Giunti Firenze 2009, p. 404 n. 6 & p. 412.

Luca A., *Prefazione*, Parma, 25 aprile 2008, in Contarini-Luca, *L'ultimo Missionario*, pp. 7-9.

Luengo Gutiérrez P., *Noticias sobre obras en la Iglesia de Tondo en el siglo XVIII*, in *Laboratorio de Arte* 22 (2010), pp. 221-222.

Maës H., *Hiraga Gennai et son temps*, École Française d'Extrême-Orient, Paris 1970, p. 110.

Manchado López M. M., *«Desamparo en que con la vida, se pierde el alma». Las controversias en torno a la obra pía del Abad Sidoti para la recogida de niños chinos abandonados (Filipinas, 1705-1740)*, in *Revista de Indias* vol. LXXI n. 252 (2011), pp. 415-448.

Manchado López M. M., *La obra pía del abad Sidoti para las misiones de los montes de Filipinas (1705-1741)*, in *Archivo Agustiniano* 95 n. 213 (2011), pp. 105-132.

Mancini M., *Retrodatazioni di nipponismi in italiano*, in *Plurilinguismo, multiculturalismo, apprendimento delle lingue Confronto tra Giappone e Italia* (a cura di Silvana Ferreri), Sette Città, Viterbo 2009, pp. 63-86 (特に、p. 66), & in www.dspace.unitus.it, p. 3.

Martínez Cuesta Á., *El Clero filipino. Estudios históricos y perspectivas futuras*, in MH 40 (1983), n. 118 pp. 331-362 (特に、p. 335).

Martinez Cuesta Á., *Historia de los Agustinos Recoletos*, vol. I *Desde los origines hasta el siglo XIX*, Editorial Augustinos, Madrid 1995, p. 401.

Martinez Ortiz J., *Fuentes relativas a Indias existentes en la Biblioteca Universitaria de Valencia. Collección de impresos y manuscritos de los siglos XVI al XIX*, Generalitat Valenciana. Consell Valencià de Cultura, Valenciá 1990, p. 29.

Massarella D., *The Japanese Embassy to Europe (1582-1590)*, in *The Journal of the Hakluyt Society*, Februar 2013 p. 7 & in www.hakluyt.com.

Matsuo K., *Histoire de la littérature japonaise des temps arcaïques à 1935*, E. Malfère, Paris 1935, pp. 76-77.

Mémoires de la Congrégation de la Mission (Lazaristes), *La Congrégation de la Mission en Chine*. Nouvelle édition revue, corrigée et continuée, t. I, A la Procure de la Congrégation de la Mission, Paris 1911, pp. 97, 144.

Menegon E., *Archivo Franciscano Ibero-Oriental (AFIO), Madrid (Spain)*, in *Sino-Western Cultural Relations Journal* 17 (1995), 4-5.

Menegon E., *Culture di corte a confronto. Legati pontifici nella Pechino del Settecento*, in *Papato e politica internazionale nella prima età moderna* (a cura di Maria Antonietta Visceglia), Viella, Roma

2013, pp. 563-600.

Mesquida J., *Origin of the "Misericordia" of Manila*, in *Ad Veritatem* vol. 2 (2003/2), pp. 423-462.

Mira G. M., *Bibliografia siciliana*, vol. II, Ufficio Tipografico diretto da G. B. Gaudiano, Palermo 1881, p. 366 (rist. anast.: Arnaldo Forni Editore, Bologna 1996).

Missionary Records, India-the Life of W. Carey, D.D. &c., in *The Calcutta Christian Observer*, vol. VI n. 57 (April 1837) pp. 199-206 (特に、pp. 199-200).

Miyahira N., *Christian theology under feudalism, nationalism and democracy in Japan*, in *Christian Theology in Japan* (ed. by Sebastian C. H. Kim), Cambridge University Press, Cambridge 2008, p. 113.

Miyazaki M., *Arai Hakuseki et l'Europe*, in *Actes du XXIX Congrès international des Orientalistes. Paris, Juillet 1973*, in *Japon* vol. I, Paris 1976, pp. 79-86.

Muccioli M., *Inauguration of Father Sidotti's Memorial Stone in Tōkyō*, in *East and West* vol. 7 (1956/3), pp. 256-266.

Münsterberg O., *Japans auswärtiger Handel von 1542 bis 1854*, J. G. Cotta'sche Buchland Nachf., Stuttgart 1896, p. 69 n. 1.

Nagashima Y., *De dansk-japanske kulturelle forbindelser 1600-1873*, Museum Tusculanums Forlag. Københavns Universitet, Københavns 2003, pp. 55-60, 480, 548, 553, 560.

Nakagawa H., *La réfutation du christianisme par Hakuseki Arai*, in [titolo in giapponese, ndr] 23 (1992), pp. 31-43.

Nakagawa H., *Introduction à la culture japonaise Essai d'anthropologie réciproque*, Presses Universitaires de France, Paris 2005.

Narbone A., *Istituzioni della ven. Congregazione Maria SS. del Fervore esistente nel Collegio Massimo d.C.d.G.*, Palermo 1822.

Nebreda A. M., *The Japanese Legacy. The Japanese University Student Confronts Religion. Part III*, in MN vol. XXIII (1968/1-2), pp. 31-65 (特に、pp. 35.50).

Nejime K., *The Immortality of the Soul and Japan: the Worldwide Problem of the Italian Renaissance*, in *Bulletin of Gakushuin Women's College* n. 17 (2015), pp. 99-108 (特に、p. 108) & in www.glim-re.glim.gakushuin.ac.jp.

Nelson J. K., *Japanese Traditions*, pp. 544-577 (特に、p. 567), in *Japanese Religious Traditions*, Oxford University Press, Oxford 2014 & in www.academia.edu.

Nespral J. A. H., *Spanish Church and State 1565-1615/1850-1900. Factors in the Process of Philippine nationalism*. Extracto de la Tesis Doctoral presentada en la Facultad de Teología de la Universidad de Navarra, Pamplona 1997, p. 319 (la tesi è del 1995).

Notizie storiche della Chiesa dell'Ospedale della Convalescenza. Dimostrazione dell'autenticità del Corpo di S. Felicissima V. e M. Che si venera nella stessa Chiesa S. N. A., Tipografia Lucchese, Palermo 1936, p. 8.

Numata J., *Western Learning. A Short History of the Study of Western Science in Early Modern Japan*, The Japan-Netherlands Institute, Tokyo 1992 (or. giap.: 1989), pp. 34-36.[24]

Nuovi libri sopra il Giappone, in *La Civiltà Cattolica* 60 vol. 3 (1909), pp. 331-342 (特に、p. 339).

Olaechea Labayen J. B., *Incidencias politicas en la cuestión del clero indigena en Filipinas*, in *Revista Internacional de Sociología*,

---

24 〔訳註〕沼田次郎『洋学』(吉川弘文館、1989) の英訳。

segunda época, t. 30 (1972/1-2), pp. 152-186 (特に、pp. 162ss.).

Ontoria Oquillas P., *Misterio y Contexto de la reliquia de San Clemente en Santa Cruz de Tenerife*, Ediciones Idea, Santa Crux de Tenerife 2017.

Osborne S., *Quedah. Cruise in Japanese waters. The fight on the Peiho*. New Editions, William Blackwood and Sons, Edinburgh and London 1857, p. 379.

Osterhamel J., *Die Entzauberung Asiens. Europa und asiatischen Reiche im 18. Jahrhundert*, Verlag C. H. Beck, München 1998, p. 98.

Ota N., *Wakon-Yosai* [...] *and globalization*, in *Japan in the Age of Globalization* (eds. Carin Holroyd and Ken Coates), Routledge, Abingdon 2011, pp. 148-157 (特に、p. 154).

Palermo G., *Guida istruttiva per potersi conoscere con facilità tanto dal siciliano, che dal forestiere. Tutte le magnificenze, e gli oggetti degni di osservazione della Città di Palermo Capitale di questa parte de' Reali Dominj Giornata Terza e Quarta*, Palermo 1816, p. 23.

Palmigiano L., *Cronologia dei Maestri Cappellani della Chiesa Palermitana*, Stamperia della Vedova Solli, Palermo 1855, pp. 46-50.

Papinot E., *Historical and Geographical Dictionnary of Japan*, vol. 2, Librairie Sansaisha, Tokyo 1910.

Paramore K., *Ideology and Christianity in Japan*, Routledge Taylor and Francis Group, London 2009, pp. 105-108, 111, 113.

Pardo de Tavera T. H., *Notas para la Memoria de Anda y Salazar*, in ID., *Una Memoria de Anda y Salazar*, Imprenta "La Democracia" Manila 1899, p. 49.

Pedot L. M., *La S.C. De Propaganda Fide e le Missioni del Giappone*

(*1622-1838*). *Studio storico-critico sui documenti dell'archivio della stessa S.C. ed altri archivi romani*, Tipografia Pont. Vesc. S. Giuseppe-G. Rumor, Vicenza 1946, pp. 332-336.

Pellegrino B., *Pietà e direzione spirituale nell'epistolario di Tommaso Falcoia*, in *Rivista di Storia della Chiesa in Italia* 30 (1976) pp. 451-488 (特に、p. 481).

Pérez L., *La Venerable Orden Tercera y la Archicofradia del Cordón en el Extremo Oriente (Conclusión)*, in *AIA* 17 t. XXXIII n. 98 (1930), pp. 177-212 (特に、p. 212).

Pérez L., *Labor patriótica de los Franciscanos españoles en el Extremo Oriente, particularmente en Filipinas, en las obras de colonización, beneficencia y cultura, y en defensa del dominio patrio*, in *AIA* vol. XXXII 16 (1929) pp. 182-212 (specie pp. 201-202).

[Picot M. P. J.], *Mémoires pour servir a l'histoire ecclésiastique, pendant le dix-huitième siècle*. Seconde édition, considérablement augmentée, De l'imprimerie de Adrien Le Clere, Paris 1815, pp. 64-65.

Pigeot J., *Le prêtre et le lettré: un dialogue des cultures dans le Japon du XVIIIe siècle*, in *Axes* vol. 14 (1982/1-2), pp. 49-62.

Pinto dos Santos J. M., *The "Kuroda Plot" and the Legacy of Jesuit scientific influence in Seventeenth century Japan*, in *BPJS* nn. 10/11 (2005), pp. 97-191 (特に、p. 144).

Po-chia Hsia R., *Mission Frontiers. A Reflection on Catholic Missions in the Early Modern World*, in *The Frontiers of Mission. Perspectives on Early Modern Missionary Catholicism* (edited by Alison Forrestal and Seán Alexander Smith), Brill, Leiden, 2016, pp. 185-186.

Po-chia Hsia R., *The World of Catholic Renewal 1540-1770*, 2nd ed. Cambridge University Press, Cambridge 2005 (1ª ediz.: 1998), p. 209.

Poggi Borsoto F. M., *Guía historico-descriptiva de Santa Crux de*

Tenerife, t. II, Cabildo de Tenerife, Santa Crux de Tenerife 2004, p. 65.

Pourquoi les Protestants n'envoient-ils ni Missionaires, ni Bible au Japon? (traduit du hollandais), in De Foere L., *Le spectateur belge*, t. XI, Chez la Veuve De Moor et Fils, Bruges 1820, p. 5 n. 1.

Proust J., *L'Europe au prisme du Japon XVIe-XVIIIe siècle. Entre humanisme, Contre-Réforme et Lumières*, Albin Michel, Paris 1997, pp. 285-286.[25]

Quatriglio G., *Santa Felicissima nell'incisione settecentesca di Giuseppe Ciaccio*, Epos, Palermo 1982.

Rambelli F., *The Idea of India* (Tenjiku) *in Pre-Modern Japan. Issues of Signification and Representation in the Buddhist Translation of Cultures*, in *Buddhism Across Asia. Networks of Material, Intellectual and Cultural Exchange*, vol. I (edited by Tansen Sen), Institute of Southeast Asian Studies, Manhoar, Singapore, pp. 259-290（特に、p. 280）.

Rasel Masako N., *Finding their Place in the World. Meiji Intellectuals and the Japanese Construction of an East-West Binary, 1868-1912*. Thesis, Georgia State University 2011 e in www.scholarworks.gsu.edu/history_diss./26, pp. 51-52.

Ravanini R., *La ricezione delle Stampe Giapponesi nell'Occidente Moderno e Contemporaneo*. Tesi di Laurea. Corso di Laurea Magistrale in Economia e Gestione delle Arti e delle Attività Culturali. Università Ca' Foscari. Venezia. AA 2012-2013, pp. 83-84.

Real Academia de la Historia, *Catálogo dela collección «Pellicer», antes*

---

25 〔訳註〕プルースト著、山本淳一訳『16-18世紀ヨーロッパ像——日本というプリズムを通して見る』（岩波書店、1999）。

denominada «*Grandezas de España*», t. II, Imprenta y Editorial Maestre, Madrid 1958, p. 140.

Robinson C. H., *History of Christian Missions*, International Theological Library, New York 1915, p. 224.

Rocco B., *Una lettera di G. B. Sidoti dall'India*, in *Ho Theológos* 6 n. 23 (1979), pp. 111-114.

Rosso A. S., *Apostolic Legations to China of the eighteent century*, P. D. and I. Perkins, South Pasadena 1948.

Rubio Merino P., *Don Diego Camacho y Ávila Arzobispo de Manila y de Guadalajara de México (1695-1712)*, Escuela de Estudios Hispano-Americanos, Sevilla 1958.

Ruiz-De-Medina J., *El Martirologio del Japón 1558-1873*, Institutum Historicum S.I., Roma 1999, pp. 13 n. 2, 257, 269, 783, 845.

Ruiz-De-Medina J., *Il contributo degli Italiani alla missione in Giappone nei secoli XVI e XVII*, in *La Civiltà Cattolica* 141 vol. I, Quad. 3353 (1990), pp. 435-448 (特に、p. 448).

Russo U.-Tiboni E., *L'Abruzzo dall'Umanesimo all'età barocca*, Ediars, Pescara 2002, p. 433.

Saito Y., *La fortuna della scuola olandese «rangaku» in Giappone*, in *Annali della Fondazione Luigi Einaudi*, vol. XIX (1985), pp. 93-108 (特に、p. 95 n. 6).

Sanfilippo P., *Vita di Santa Rosalia*, Stamperia di Francesco Lao, Palermo 1840, p. 47.

Santiago L. P. R., *The Hidden Light. The First Filipino Priests*, in *Philippine Studies* vol. 31 (1983/2), pp. 129-188 (特に、pp. 150-156. 161-164. 179)

Santiago L. P. R., *The Hidden Light. The First Filipino Priests*, New Day, Quezon City 1987, pp. 38-44, 179 n. 35.

Santiago L. P. R., *The first group of Filipino Priests (1698-1706). Biographical Profiles*, in *Philippine Quarterly of Culture and Society*, vol. 12 (1984/1), pp. 1-24 (特に、pp. 1-3, 8, 128-129).

Santiago L. P. R., *The second group of Filipino Priests (1707-1723). Biographical Profiles*, in *Philippine Quarterly of Culture and Society*, vol. 12 (1984/2), pp. 128-181 (特に、p. 128).

Schumacher J. N., *The Early Filipino Clergy: 1698-1762*, in *Philippine Studies* vol. 51 (2003/1), pp. 7-62.

Schwedt H. H., *Fra Giansenisti e filonapoleonici. I Domenicani al S. Offizio romano e alla Congregazione dell'Indice nel Settecento*, in *Praedicatores, Inquisitores-III. I domenicani e l'Inquisizione romana*. Atti del III Seminario internazionale su "I domenicani e l' Inquisizione". Roma 15-18 febbraio 2006 (a cura di Carlo Longo), Istituto Storico Domenicano, Roma 2008, pp. 591-613 (特に、pp. 603-604).

Scuderi G., *L'insediamento a Palermo della Compagnia di Gesù*, in ID., *Dalla Domus studiorum alla Biblioteca Centrale della Regione Siciliana. Il Collegio Massimo della Compagnia di Gesù a Palermo*, Biblioteca Centrale della Regione Siciliana "Alberto Bombace" Palermo 2012, p. 92 n. 168.

Semizu Y., *Oranda Tsûji and the Sidotti Incident. An Interview with an Italian Missionary by a Confucian Scholar in Eighteenth-century Japan*, in Ian Mason (ed.), *Triadic Exchanges. Studies in Dialogue Interpreting*, St. Jerome Publishing, Manchester 2001, pp. 131-145.

Sica M.-Verde A., *Breve storia dei rapporti culturali italo-giapponesi e dell'Istituto italiano di cultura di Tokyo*, Angelo Longo Editore, Ravenna 1999, p. 29.

Sources of Japanese Tradition 1600-2000 (edds. W. M. Theodore de

Bary-Carol Gluck-Arthur E. Tiedemann), vol. 2, Parte 1, Columbia University Press, New York 2006, pp. 326-327.

Sugimoto M.-Swain D. L., *Science and Culture in Traditional Japan*, Tuttle, Rutland-Tokyo 1989, pp. 310-311 (1ª ediz.: 1978).

Summary, in [testo in lingua giapponese], Tokyo 2016, pp. 9-10.

Szcześniak B., *The Penetration of the Copernican Theory into Feudal Japan*, in *The Journal of the Royal Asiatic Society of Great Britain and Ireland* vol. 76 (1944/1), pp. 52-61.

Takeshita T., *La Yōgaku (Rangaku) e la prima introduzione della scienza occidentale in Giappone*, in Istituto Italiano per l'Africa e l'Oriente, *Il Giappone*, vol. 13 (1973), pp. 9-36.

Tamburello A., *Memorie d'epoca sul Sidotti*, in Istituto Italiano per l'Africa e l'Oriente. Roma-Università degli Studi di Napoli "L'Orientale", *Italia-Giappone 450 anni* (a cura di Adolfo Tamburello), Roma-Napoli 2003, vol. I, p. 73.

Tassinari R., *La temeraria sfida di Sidotti* (Beppu, 28 agosto 1982), in *Cristo tra Shinto e Buddha*, Gesp, Città di Castello 1991, pp. 85-92 (trad. dal giap.: Salesian House, Beppu Giappone).

Tassinari R., *L'ultimo missionario. Dramma storico in tre atti*, Ancora, Pavia 1942.

Tassinari R., *The End of Padre Sidotti. Some new Discoveries*, in *MN* vol. V (1942/1), pp. 246-253.

The Americana. A Universal Reference Library vol. 11, Scientific American Compiling Department 1911.

The Beauties of the Evangelical Magazine, vol. II, William W. Woodward, Philadelphia 1803, pp. 429-431.

The Cinese Repository, vol. VI, Canton 1838, p. 473.

The Columbia Anthology of Japanese Essays. Zuihitsu *from the Tenth to the Twenty-First Century* (edited and translated by Steven D. Carter), Columbia University Press, New York 2014, p. 157 nn. 21, 23.

The Image of the Prophet between Ideal and Ideology A Scholarly Investigation (edited by Christiane Gruber and Avinoam Shalem), De Gruyter, Berlin 2014, pp. 297, 302.

The Oxford History of Historical Writing. Vol. III *1400-1800,* (edited by José Rabasa, Masayuki Sato, Edoardo Tortarolo, and Daniel Woolf), Oxford University Press, Oxford 2012, p. 92.

The Philippine Islands, vol. XXVIII, *1637-38* (1905), p. 546 [119].

The Philippine Islands, vol. XLVII, *1728-1759* (1907), p. 209.

Thurston H., *The Strange Story of the Abbate Sidotti. I,* in *The Month* vol. 105 (1905), pp. 569-581 & ID., *The Strange Story of the Abbate Sidotti. II,* in *The Month* vol. 106 (1905), pp. 20-32.

Thurston H.-Boxer C.R., *The Strange Story of the Abbate Sidotti,* Simpkin. Marshall, and Co., London 1905.

Thurston H., *John Baptist Sidotti,* in *Great Catholics* (edited by Claude Williamson), Nicholson and Watson, London 1938.

Told Round a Brushwood Fire. The Autobiography of Arai Hakuseki. Translated and with an introduction and notes by Joyce Ackroyd, University of Tokyo Press & Princeton University Press, Princeton-Tokyo 1980, pp. 13, 31, 112, 194, 333, 334.

Tollini A., *Giovanni Battista Sidoti (1668-1715) missionario siciliano in Giappone,* in *Ho Theológos* 6, n. 23 (1979), pp. 91-110.

Tollini A., *Giovanni Battista Sidotti in Japan,* in *PS* vol. 15, n. 45 (1980), pp. 471-475.

Tollini A., *L'ultimo missionario in Giappone: Giovanni Battista Sidotti,* in Istituto Italiano, *Italia-Giappone,* vol. I, pp. 66-73.

Tollini A., *Sidotti in Manila (1704-1708)*, in PS vol. 17, n. 51 (1982), pp. 129-134.

Tollini A., *The Adventurous Landing in Japan of Abbe Giovanni Battista Sidotti in 1708*, in *PS* vol. 14, n. 42 (1979), pp. 499-508 (riassunto di quanto già pubblicato in *Ho Theológos*).

Tollini A., *The Landing in Japan of Giovanni Battista Sidotti in 1708*, in *Tradition and Modern Japan* (ed. P. G. O'Neill), Paul Norbury Pubblications, Ltd, 1981, pp. 74-80, 281-282.

Torikai K. M., *Diplomatic Interpreters in Post-World War II Japan. Voices and the Invisible Presence in Foreign Relations*. Thesis for degree of Doctor of Philosophy. University of Southampton. Faculty of Law, Arts & Social Sciences. School of Humanities, 2006, p. 63.

Tournon (Carlo Tommaso Maillard de), in EE, t. III, pp. 909-910.

Tournon Maillard C. T., in Moroni, vol. LXXIX (1856), pp. 26-29.

Turnbull S., *The Samurai and the Sacred*, Osprey Publishing, Oxford 2006, pp. 126-127.

Üçerler M. A. J., *The Jesuits enterprise in sixteenth-and seventeenth-century Japan*, in *The Jesuits* (edited by Thomas Worcester), Cambridge University Press, Cambridge 2008, pp. 153-168 (特に、pp. 163-164).

Uditore, in Moroni, vol. LXXXII (1857), pp. 144-279.

Un missionaire au Japon au XVIIIe siècle, in *Les Missions Catholiques*, t. XVI (janvier-décembre 1884) pp. 333-335, 343-345, 353-356, 367-369, 380-382 (tr. it.: *Un missionario nel Giapone* (sic) *nel secolo XVIII*, in *Le Missioni Cattoliche* (1885), pp. 299-300, 320-322, 344-347, 355, 359).

Una testimonianza su Giovan Battista Sidotti, in *L'Asia Orientale* n. 12

(1994).

Uy A.V., *The Native Clergy From the Late 19th Century to the Early 20th Century*, in *The Filippine Revolution and Beyond* (edited by Elmer A. Ordoñez), vol. I, Philippine Centennial Commission, Manila 1998, pp. 245-270 (特に、pp. 246, 251-252).

Vaalzow C. L. (ed.), *Die Polemik des siebenzehnten Jahrhunderts*, In Commission der Maurerschen Buchhandlung, Berlin 1824, pp. 110-111.

van der Velde P., *The Interpetrer Interpreted. Kaempfer's Japanese Collaborator Imamura Genemon Eisei*, in *The Furthest Goal. Engelbert Kaempfer's Encounter with Tokugawa Japan* (eds. Beatrice M. Bodart-Bailey and Derek Massarella), Japan Library, Folkestone 1995, pp. 50-52, 54, 56.

Vawdrey C., *The Story of Father Sidotti*, in *Missionary Bulletin* vol. X (1956/9), pp. 663-667.

Vergara J., *Datos y fuentes para el estudio de los seminarios conciliares en Hispanoamérica: 1563-1800*, in *AHIg* 14 (2005), pp. 239-300.

Vienna M. G., *I diritti umani in Giappone*, in *Diritti umani e Valori asiatici* (a cura di Eva Pföstl), Istituto di Studi Politici "S. Pio V", Editrice APES S.r.l., Roma 2008, p. 247.

Von Collani C., *Claudio Filippo Grimaldi S.J. Zur Ankunft del Päpstlichen Legaten Charles-Thomas Maillard de Tournon in China*, in *Monumenta Serica* vol. 42 (1994/1), pp. 329-359.

von Gerlach M., *1543-Japan Entdeckt? Die Strittigkeit der Entdeckungsdarstellung im Licht der portugiesisch-spanischen Rivalität*. Inaugurationsdissertation zur Erreichung des Doktorgrades. Universität Tübingen. Fakultät für Kulturwissenschaften 07/2006, p. 19 n. 28.

von Kuenburg M., *Kirishitan Yashiki, das ehemalige Christengefängnis in Koishikawa*, in *MN* vol. I (1938/2), pp. 300-304.

von Pastor L., *Storia dei Papi. Nel periodo dell'Assolutismo*, vol. XV, Nuova ristampa, Desclée e C. Editori Pontifici, Roma 1943, p. 294.

Wakabayashi B. T., *Anti-Foreignism and Western Learning in Early-Modern Japan*, 3rd ed. (1st ed: 1986). *The* New Theses *of 1825*, The Council on East Asian Studies, Harward University, USA 1999, pp. 67, 71, 87, 93-97 その他随所に.

Yoshida T., *A Japanese Reaction to Aristotelian Cosmology*, in *History of Mathematical Science: Portugal and East Asia II. Scientific Practices and the Portuguese Expansion in Asia (1498-1759)*, University of Macau, China 10-12 October 1998 (Edited by Luís Saraiva), World Scientific, Singapore 2004, pp. 153-164 (特に、p. 162).

Zavala A. Z., *Yaso kunjin kitô genbun. Texto original de las oraciones del catequista cristiano (1658-1712)*, in *Relaciones* 131 (2012), pp. 183-241.

通信社、官報、日刊紙などの記事

Agenzia Fides, 7 aprile 1956, p. 106.

Agenzia Tosei New, 30 marzo 1956.

Breve cronologia delle persecuzioni in Giappone, in *Nova et Vetera* (Fraternità sacerdotale San Pio X (2008/4) p. 23.

Canducci T. M., *Notizie dal Giappone*, in *Notiziario dei Frati Minori dell'Emilia Romagna* 46 n.s., n. 210 (nov. 2014), pp. 21-22 (特に、p. 22).

Cardini F., *Paradosso Giappone tra antico e moderno*, in *Luoghi dell'Infinito* (nov. 2016), pp. 9-18 (特に、p. 17).

Castellan W., *Nostra Signora di Edo. Un prezioso cimelio che ricorda l'ultimo Missionario del Giappone della prima ora: Padre Giovanni Battista Sidoti. Ricorre quest'anno il 250° della sua morte*, in *OR* 29-30 novembre 1965, p. 6.

Cimatti V., *Una gloriosa pagina di storia missionaria italiana* (*Lettera a don Ricaldone*, ndr), Miyazaki, 31 marzo 1941, in BS 65 (1941/7), pp. 159-164.

Collura P., *Il prete martire*, in GdS. *Lettere al direttore*, 22 gennaio 1983, p. 2.

Gaziano L., *Giovanni Battista Sidotti nel ricordo di Carmelo Umana*, in *Palermo Parla* n. 97 (ott.-nov. 2014), p. 53.

Germani F., *Un monumento al missionario palermitano D. Giovanni B. Sidotti (1669-1715)*, in *Venga il tuo Regno* 12 (1956), pp. 137-141.

Mazzocchi L. *La via buddista e la via cristiana*, in *Fraternità. Bollettino di collegamento con gli amici dell'Eremo di San Pietro alle Stinche*, Gennaio-Giugno 2011, pp. 69-94 (特に、pp. 74-80).

Ogawa S., *How did Father Sidotti live in Japan?* In *Vita cattolica* (2008/10), pp. 4-8.[26]

Ontoria Oquillas P., *Arribada y estancia en Tenerife de monseñor Maillard de Tournon, patriarca latino de Antioquía (I)*, in *El Día/La Prensa*, 7 de mayo de 2016, pp. 1-3.

Ontoria Oquillas P., *La 'auténtica' de la canilla de san Clemente de la iglesia de La Concepción de Santa Crux de Tenerife (y II)*, in *El Día/La Prensa*, 3 de septiembre de 2016, pp. 5-7.

Padrón Acosta S., *Sobre la parroquia matriz-La reliquia de San*

---

26 〔訳註〕小川早百合「シドッティとはどんな人物だったのか」(『カトリック生活』10月号所収 (2008))。

Clemente, in *La Tarde*, 26 agosto 1943.

Parodi B., *Palermo ha dimenticato una santa*, in *GdS*, 11 gennaio 1983, p. 3.

Pelliccia C., *Rino Camilleri. Un siciliano e le origini dell'evangelizzazione nipponica*, in *Colloquia Mediterranea*. Rivista della Fondazione Giovanni Paolo II 3（2013/1）pp. 117-131（特に、pp. 125-126）.

Romagnoli G., *Missionari gesuiti in Giappone: dallo spagnolo san Francesco Saverio al siciliano Giovanni Battista Sidotti*, in *La nuova Fenice* 18（2013/6）p. 12.

Tassinari C., *Santa Maria di Edo*, in *BS* 81（1957/27）pp. 421-422.

Tassinari R., *Brevi cenni sul P. Sidotti*, in Cimatti V., *Una gloriosa pagina*, pp. 161-164.

Trovato S., *Il prete di Palermo ucciso in Giappone. Via al Processo per renderlo Beato*, in *GdS*, 20 giugno 2017, p. 12.

遺骨の発見（2014 年）と確定（2016 年）に関する記事（日付順）

Carrer S., *Sidotti, l'ultimo missionario*, in www.ilsole24ore.com, 12 luglio 2015.

Carrer S., *Giappone: ritrovati i resti dell'«ultimo missionario» italiano, Sidotti*, in www.ilsole24ore.com, 4 aprile 2016 e www.stream24.ilsole24ore.com, 4 aprile 2016.

Ritrovati i resti mortali di don Giovanni Sidotti, ultimo missionario martire italiano in Giappone, in www.tv2000.it, 4 aprile 2016.

Menichetti M., *Intervista a fra Mario Tarcisio Canducci*, in *Radio Vaticana*, 5 aprile 2016.

S. C., *Giappone: ritrovati i resti di padre Sidotti, l' "ultimo missionario" italiano in Sol Levante*, in www.zenit.org, 5 aprile 2016.

300-year-old remains said to be Italian Jesuit priest, in *The Japan Times*, april 6, 2016.

Identitas martir misionaris abad ke-17 di Jepang dibenarkan, in www.indonesia.ucanews.com, 06/04/2016.

Ossos de 'mártir cristão' são encontrados no Japão: 'importância histórica', in www.guiame.com.br, 8 abril de 2016.

Menichetti M., *A Tokyo i resti dell'Abate Sidotti "ultimo missionario del Sol Levante"*, in *Radio Vaticana*, 8 aprile 2016.

Manni P.G., *L'abate Sidotti è ancora in Giappone*, in *Missionari Saveriani* (2016/5) p. 3.

F. S., *L'ultimo italiano in Giappone*, in *Focus storia*, 1 giugno 2016.

Ricci Sargentini M., *Sono del missionario Sidotti i resti ritrovati a Tokyo*, in *Corriere della Sera*, 2 giugno 2016.

Un missionaire italien du XVIIIe siècle exhumé au Japon, in www.leparisien.fr, 2 juin 2016.

Japón. Hallan restos del misionero italiano Giovanni Battista Sidotti quie murió martirizado, in *La Gaceta cristiana*, 5 junio 2016.

How a jailed priest steered Japan's view of the world in *The Japan Times*, june 8, 2016, p. 3.

Martini Grimaldi C., *Storia del missionario che si travestì da samurai. Il gesuita e il consigliere*, in *OR*, 8 giugno 2016, p. 5.

Trovati i resti padre Sidotti: il missionario entrò in Giappone vestito da samurai, in *Askanews*, 9 giugno 2016.

V.S. *Il martirio dell'abate Sidoti, una storia di fedeltà e coraggio*, in www.Asianews.it, 15 giugno 2016.

Fazzini L., *Ritrovati i resti di padre Sidotti*, in *Avvenire*, 16 giugno 2016, p. 24.

De Rubeis A., *Dopo 300 anni quelle ossa raccontano una storia di martirio*, in *Il Ponte*, 11 agosto 2016.

Canducci M., *Il "samurai" del Vangelo*, in *Il Ponte*, 13 agosto 2016.

Canducci M., *Il "samurai" del Vangelo*, in *Primavera di vita serafica e Missioni Francescane* settembre 2016, p. 5.

Carrer S., *La missione impossibile di Sidotti*, in *Il Sole 24 ore*, 25 settembre 2016, p. 26.

Tanigawa A., *Unearthing the Grave of Missionary Giovanni Battista Sidotti*, in www.yomiuri.co.jp, 7 novembre 2016.[27]

Carrer S., *Tokyo: ricostruito il volto dell'«ultimo missionario» Sidotti*, in www.ilsole24ore.com, 16 novembre 2016 e www.stream24.ilsole24ore.com, 16 novembre 2016.

Carrer S., *"Silence": è italiano il vero protagonista del film*, in *Il Sole 24 ore*, 16 gennaio 2017.

プレス・リリース

A Villa Niscemi Tavola Rotonda su padre Sidotti, in www.comune.palermo.it/noticext.php?id=4877 (15 settembre 2014).

直接の関連はないが引用した文献

Breve relatione della gloriosa morte che il P. Antonio Rubino della Compagnia di Giesù Visitatore della Provincia del Giappone, e Cina, sofferse nella Città di Nangasacchi dello stesso Regno del Giappone, con quattro altri Padri della medesima Compagnia, per gl'Heredi del Corbelletti, Roma 1652.

Calepini A., *Dictionarium Latino Lusitanicum, ac Japonicum*, Collegio

---

27 〔訳者註〕谷川章雄「宣教師シドッティの墓の発掘」(『読売新聞』2016年10月24日)。

Iaponico Societatis Iesu, Amacusa 1595.[28]

Congregazione per l'evangelizzazione dei popoli, in *Annuario Pontificio per l'anno 2006*, LEV, Città del Vaticano 2006, p. 1871.

Di Matteo S., *Palermo. Storia della città. Dalle origini ad oggi*, Kalós, Palermo 2002.

Di Poggio A., *De S. Rosalia Panormi*, Apud Augustinum Epirum & Felicem Marinum Typographos, Panormi 1700.

Di Poggio A., *Il possesso giustificato predica panegirica della Concezzione Immacolata di Maria Vergine nostra Signora detta nella Metropolitana di Palermo dal rev. padre Alessandro Poggi della Congregazione della Madre di Dio.* Il martedì dopo la quarta domenica di Quaresima, Nella regia stamperia di Agostino Epiro, Palermo 1700.

Lettera di Francesco Cancellieri al sig. Abate Don Niccola Saverio Dormi [...] sopra l'origine delle parole Dominus *e* Domnus *e del Titolo di* Don *che suol darsi ai Sacerdoti ai Monaci ed a molti Regolari*, Presso Francesco Bourliè, Roma 1808.

Marchese F., *Sacerdos in Villa. Enchiridion Theologiae Moralis*, 2nd ed. (1st ed.: 1698). Typis Cortese, Panormi 1706.

Mastrilli G. B., *Compendio della vita, e morte di p. Marcello Mastrilli*, Per Luc'Antonio Di Fusco, Napoli 1671.

Mugnòs F., *Teatro genologico delle famiglie illustri, nobili, feudatarie, et antiche De' Regni di Sicilia Ultra, e Citra*, Parte Terza, Nella Stamparia di Giacomo Mattei, Messina 1670, pp. 373–374.

---

28 〔監訳者註〕キリシタン版の一本『羅葡日対訳辞書』のことで、1595年に当時天草にあったイエズス会の学院（コレジヨ）から刊行された。影印本が2017年に清文堂から出版されている。

Palizzolo Gravina V., *Il blasone in Sicilia ossia raccolta araldica*, Visconti e Huber, Palermo 1871-1875, p. 348.

Pelliccia C., *Tre Saveriani cinesi missionari in Giappone. Note*, in *Quaderni del Centro Studi Asiatico* vol. 9（2014/1）pp. 15-26（特に、p. 18 n. 17）.

Stabile F. M., *Palermo*, in *Storia delle Chiese di Sicilia*（a cura di Gaetano Zito）, LEV, Città del Vaticano 2009, pp. 579-663.

ウェブサイト

Antunes E., *Um literato e pensador do período Edo*, Associação Brasileira de Estudos Japoneses. II Jornada de Estudos Japoneses 2004, in www.estudosjaponeses.com.br.

Apostolico, in www.treccani.it/vocabolario.

Arai, Hakuseki, in www.treccani.it.

Biblioteca Digital Hispánica. Biblioteca Nacional de España, in www.bdh.bne.es.

Carrer S., *In uscita un libro su Sidotti, il missionario-kamikaze*, in www.ilsole24ore.com, 31 luglio 2017.

Carrer S., *Yakushima celebra Sidotti, immigrato clandestino*, in www.ilsole24ore.com, 18 dicembre 2016.

Carrer S., *Yakushima, l'isola del missionario-kamikaze Sidotti*, in www.stream24.il sole24ore.com, 31 luglio 2017.

Cimatti V., *Agli Amici e Benefattori della Missione e dell'Opera salesiana in Giappone. Relazione n. 3*, Miyazaki, novembre 1939, in www.sdl.sdb.org/greenstone/collect/cimatti1.

Cimatti V., *Lettera alla sig.ra Flora De Giorgi*, Tokyo, 31 marzo [1956], in www.sdl.sdb.org/greenstone/collect/cimatti1.

Dispensa, p. 77, in www.00.unibg.it.

Duarte Leite Pinto dos Santos J. M., *A Study in Cross-Cultural Transmission of Natural Philosophy: the* Kenkon Bensetsu. Dissertação de Doutoramento em História dos Descobrimentos, 2011. Universidade Nova de Lisboa. Faculdade de Ciências Sociais e Humanasa, pp. 73n. 171.120n.297.186.260, in www.cham.fcsh.unl.pt.

Galeffi F. G.-Tarsetti G., *'Mariner, Musician and Missionary, and the true Priest Always'. Teodorico Pedrini's life in Xitang*, in www.academia.edu/25320426.org, pp. 125-151 (specie p. 135).

Giovanni Battista Sidotti, in www.en.wikipedia.org/wiki/Giovanni_Battista_Sidotti.org.

Giovanni Battista Sidotti, in www.youtube.com.

Kelly H., *Proto*-Genbun Itchi *Discourse and the Philology of Itō Jinsai*, in *Early Modern Japan 2013*, p. 3 n. 1, in www.kb.osu.edu.

La magia di Yakushima, p. 147, in www.luxurymagazine.it.

Lo Faso di Serradifalco A., *La numerazione delle anime di Palermo nel 1713*, 2009, Parte I, p. 109, in www.socistara.it/studi/php.

Martyrology. The demographics of Christian martyrdom. AD 33–AD 2011, p. 252, in www.icl.nd.edu.

Opperhoofd at Dejima, in www.self.gutenberg.org.

Os Mártires Cristãos no Japão, p. 2, in www.merceariasukiyaki.com.br.

Payer A., *Chronik Thailands vor 1782*, in www.payer.de/thailandchronik/chronik1737.

Tankha B., *The Asian Construction of Asia*, pp. 43-53 (特に、pp. 47-48), in www.icu.repo.nii.ac.jp.

www.adelieland.com

www.ishr-web.org

www.iictokyo.esteri.it

www.scs.edu.ph
www.stutler.cc/russ/kirishitan.html.
www. wiki. siciliangenealogy. website/index. php?... Giovanni_Battista. org.
www.wolfgangmichel.web.fc2.com

索　引

〔監訳者註〕
1　原書にしたがって、本書に記載される人名および地名を項目にあげて作成した索引である。ただし、脚注からの抽出は適宜行った。
2　配列は五十音順にした。
3　外国人の人名と外国の地名については、原綴りを記しておいた。
4　原語が外国語の場合はローマ字綴りを併記しておいた。
5　綴りが一定していない場合は、もっとも妥当と思われるものを採り、明らかに誤っている場合は正しい綴りに訂正した。
6　「イエス・キリスト」「ジョヴァンニ・バッティスタ・シドティ」「日本」と「マリア」は項目に掲げていない。

【あ】

アウグスチノ会　81, 87, 88, 90, 93, 95, 152, 167
アカプルコ（Acapulco）　84
アグスティン・デ・マドリード（Agustin de Madrid）　53, 55, 63, 75, 76, 83, 91, 95, 97, 163, 164, 168, 215
アバウレア、マルティン・デ（Abaurrea, Martin de）　85, 214
アメリカ（United States of America）　12, 32
厦門　88, 187
鮎沢信太郎　33
新井家　34
新井琴　34, 182
新井成美　182
新井白石　6, 8, 11, 29, 33, 34, 35, 36, 41, 48, 50, 55, 57, 59, 61, 64, 65, 67, 69, 75, 100, 101, 107, 117, 118, 119, 120, 121, 122, 123, 124, 125, 126, 127, 128, 129, 131, 133, 135, 136, 137, 138, 139, 140, 141, 142, 143, 144, 145, 146, 147, 148, 149, 150, 153, 154, 155, 156, 157, 158, 159, 160, 173, 174, 175, 177, 182, 183, 184, 185, 188, 189, 190, 191, 192, 217, 218
アラビア（Arabia）　113
アルバイ（Albay）　84
アルメノ、イニャツィオ・マルコス（Almeno, Ignazio Marcos）　74
アロヨ（Arroyo, Alfonso）　184
阿波　189
アンジェリータ、マルチェッロ（Angelita, Marcello）　64, 230
アンダルシア（Andalusia）　68
アンティオキア（Anthiochia）　13, 22, 57, 66, 70, 71, 72, 74, 206

【い】

イエズス会　12, 20, 22, 25, 26, 31, 32, 35, 40, 42, 43, 44, 45, 52, 56, 64, 71, 72, 88, 96, 97, 128, 160, 163, 166, 168, 169, 183, 184, 204, 206, 220
イギリス　67

池田悦夫　39, 40
イタリア（Italia）　5, 24, 25, 26, 28, 29, 30, 36, 40, 47, 48, 111, 113, 155, 170
イタリア文化会館（Instituto Italiano di Cultura（Tokyo））　36, 158
市十郎　101
市兵衛　101
今村源右衛門　106, 108, 110, 111, 112, 117, 122, 123, 223, 224
イリチェート、ジョヴァンニ・バッティスタ・ダ（Illiceto, Giovannni Battista da）　86
インディアナ大学（Indiana University）　32
インド（India）　6, 13, 60, 66, 68, 69, 70, 71, 110, 113, 168, 175, 181, 183, 204, 228
インノケンティウス11世（Innocentius XI）　204
インノケンティウス12世（Innocentius XII）　13, 58, 59

【う】
ヴァレンティン、フランソア（Valentijn, François）　100, 110, 112, 117, 161
ヴァレンテ、ディオゴ（Valente, Diogo）　192
ヴィエイラ、アンドレ（Vieira, Andre）　184
ヴィレケンス（Wilekens）　108
ウィーン（Wein）　168
ヴェトナム（Vietnam）　26, 163
ヴェネツィア（Venezia）　28
ヴェルウィルゲン、アルベール・フェリックス（Verwilghen, Albert-Felix）　25, 26
ヴォルム、アンドレアス（Worm, Andreas）　169
ウフィチ美術館（Uffizi）　98

【え】
江戸　→　東京
エボリ（Eboli）　76
エリソン、ジョージ（Elison, George）　191
エロリアガ（Elorriaga, Miguel de）　77, 84, 87, 90, 94, 95, 96, 97, 99, 165, 167, 169, 170, 208, 230
エロワン、ルイ（Eloins, Louis）　64
エンナ（Enna）　44

【お】
大島（筑前）　191
大隅　101, 120, 188
大隅半島　99
大槻文彦　8, 145, 182, 217, 218
大友宗麟　192
大友義統　206
大橋幸泰　40
大村純忠　183
岡本三右衛門　35, 45, 121, 128, 191
オカモト・マクフェール、アイコ（Okamoto-Macphail, Aiko）　32
小川早百合　212, 215, 261
オーストリア（新オランダ）　143
オスペダーレ・デイ・サチェルドーティ（Ospedale dei Sacerdoti）　62
尾之間（屋久島）　189
オランダ　67, 105, 110, 111, 131, 151, 190

【か】
カーヴェ（Cave, Mose）　13, 61
鹿児島（市、教区）　42, 99, 104
ガシュ、ジュゼッペ（Gasch, Giuseppe）　52
カサナテ文庫（Bibliotheca Casanatense）　187, 215
カスティーリャ（Castilla）　84, 88,

214
カターニア (Catania) 53, 58
カターニア聖パウロ神学院 (Studio Teologico S. Paolo) 14
カタルーニャ (Cataluña) 66
加津佐 186
カッソーラ、フランチェスコ (Francesco Cassola) 44
カッロッタ、フィリッポ (Carrotta, Filippo) 51
カッロッタ、ジョアンナ (Carrotta, Ioanna) 51
カディス (Cadice) 67, 68, 113
カナリア諸島 (Canarias) 6, 13, 66, 67, 68, 69, 111, 113, 129, 130, 205
カビテ (Cavite) 84, 88
カ・フォスカリ大学 (Università Ca' Foscari) 28, 41
加福喜七郎 117, 122, 123, 191
カプチン・フランシスコ修道会 14
カマチョ・イ・アビラ (Camacho y Ávila, Diego) 77, 78, 79, 80, 81, 82
カマリネス (Camarines) 84
神の母修道会 (Ordine dei Chierici Regolari della Madre di Dio) 175
カラシアオ (Calasiao) 84
カラーブリア (Calabria) 53
カラミアネス (Calamianes) 84
川村恒喜 161
カンデラ、アンドレア (Candela, Andrea) 64, 230
カンドゥッチ、マリオ・タルチジオ (Canducci, Mario Tarcisio) 37, 39
広東 128, 166, 191

【き】
キアラ、ジュセッペ (Chiara, Giuseppe)
 → 岡本三右衛門

喜右衛門(屋久島の農民) 102
喜兵衛 101
喜望峰 71
九州 42, 99
休助 101
キュエンブルク、マックス・フォン (Max von Kuenburg) 160
切支丹屋敷 11, 25, 26, 39, 44, 118, 122, 137, 151, 160, 161, 162, 177, 188, 191

【く】
グアダラハラ (Guadalajara) 77, 78, 80, 82
グアダルキビール川 (Guadalquivir, バエティス川) 68
クイリナーレ (Quirinale) 59
久保浦 189
栗生 189
クリスティーナ(Christina, もとスウェーデン女王) 61
クリストバル・デ・ヘスス (Cristóbal de Jesus) 95, 207
グレゴリアナ大学 (Pontificia Università Gregoriana) 14
グレゴリウス15世 (Gregorius XV) 21
クレメンス8世 (Clemens VIII) 21
クレメンス11世 (Clemens XI) 3, 22, 23, 63, 65, 74, 80, 82, 95, 115, 116, 125, 126, 133, 134, 135, 140, 146, 149, 151, 152, 165, 168, 174
黒川寿庵 138, 152, 153, 191

【け】
ケンペル、エンゲルベルト (Kaempfer, Engelbert) 108, 180

【こ】

ゴア（Goa）　73, 183, 192, 206
小石川　26, 44
恋泊（屋久島）　102, 103
香山嶼　191
交趾 → コーチシナ
髙祖敏明　40
国立科学博物館（東京）　38, 39, 41
五次右衛門（屋久島の農民）　102
甑島　190
コーチシナ（Cochinchina）　85, 163, 181, 206
小西マンショ　181
コニリアロ、フランチェスコ（Conigliaro, Francesco）　14
駒木根肥後守政方　19, 107, 108, 110, 111, 112, 114, 115, 117
ゴリ、アニェゼ（Gori, Agnese）　55
ゴリ、ジュゼッペ（Gori, Giuseppe）　55
コルッラ、パオロ（Collura, Paolo）　27
コルデロ、ジュゼッペ（Cordero, Giuseppe）　64, 128
コレジヨ・マッシモ（Collegio Massimo）　57
コロマンデル海岸（Coromandel）　69, 71
コンスタンティヌス大帝（Constantinus）　140
コンタリーニ、ロレンツォ（Contarini, Lorenzo（Renzo））　26, 29, 34, 49, 159

【さ】

斎藤（マリアの宣教者フランシスコ修道会修道女）　38
坂上和弘　40
薩摩　13, 100, 104, 105, 114, 124, 171, 189, 190, 207, 208
薩摩半島　99
サバルブル（Zabalburu Aecheverri, Domingo）　77, 79, 84, 86, 87, 94, 186, 230
ザビエル、フランシスコ（S. Francisco Xavier）　1, 42, 87, 128, 129, 133, 152
ザベリオ宣教会（Pia Societa di San Francesco Saverio per le Missioni Eter（Saveriani））　26
サルデーニャ（Sardegna）　36
サレジオ会（Società Salesiana di S. Giovanni Bosco Salesiani）　26, 30, 31, 160
サロ岬（Saló）　66
サンジョルジョ、フランチェスコ（Sangiorgio, Francesco）　64, 128
サンタ・クルス（Santa Cruz）　68, 70, 205
サンツ（Sanz）　175
サンルカール（Sanlucar）　68

【し】

ジェノヴァ（Genova）　6, 12, 66, 67, 68, 113
ジェラーチ、カルロ（Geraci, Carlo）　51
ジェルマニ（Germani, Ferdinando）　25, 34, 182
シゴッティ、ピエトロ（Sigotti, Pietro）　64
シチリア（Sicilia）　3, 11, 20, 27, 35, 39, 44, 48, 49, 52, 53, 168, 176, 177
志筑忠雄　180
シックス（Six, オランダ商人）　107, 108
実兵衛　101
シトー会（Ordo Cisterciensis）　24
シドティ、アレオノーラ（Sidoti,

Aleonora) 49, 50, 113, 125, 126, 134, 146, 174
シドティ、ジョヴァンナ・エレオノラ・クロチフィッサ（Sidoti, Giovanna Eleonora Crocifissa）12, 49, 50, 51, 113, 146
シドティ、ジョヴァンニ（Sidoti, Giovanni）49, 113
シドティ、パオロ（Sidoti, Paolo）54, 55, 185
シドティ、フィリッポ・パオロ（Sidoti, Filippo Paolo）12, 49, 50, 51, 52, 53, 54, 62, 113, 125, 126, 134, 146, 176, 185
シドティ家　55
品川兵次郎　117, 122, 123, 191
篠田謙一　38, 40
渋谷葉子　40
ジブラルタル（Gibraltar）67, 229
島津大蔵　104
島津将監　104
島津吉貴　102, 103, 123, 124
シャム（Siam）64, 85, 132, 205
シャルルヴォア（Charlevoix, Pierre-François-Xavier de）158, 161
修史館　32
淳心会（スクート会）25
ジョアン5世（ポルトガル王）168
ジョヴァンニ・フランチェスコ・ディ・サン・グレゴリオ（Giovanni Francesco di S. Gregorio）167
上智大学　40
ジョルジ、ドメニコ（Georgi, Domenico）38, 40
信仰篤き聖母マリア信心会（Congregazione degli Ecclesiastici sotto titolo della Santissima Vergine del Fervore）58, 71, 72, 204
清国 → 中国

【す】
スウェーデン（Sweden）61
ストランビーノ（Strambino）44
スペイン（Spain）6, 12, 53, 66, 77, 78, 84, 88, 111, 131, 151, 214
スベルニア、ジローラモ（Sbernia, Girolamo）71, 204, 206

【せ】
聖イサベル学院（マニラ）84
聖ヴィト修道院（パレルモ）50, 51, 52
聖カリスト（S. Callisto, ローマのカタコンベ）13, 62
聖クララ会　53, 75
聖クレメンス（S. Clemens）70
聖クレメンス神学校（プラハ）166
聖クレメンス神学校（マニラ）6, 13, 23, 77, 78, 80, 82, 85, 91, 174
聖クレメンテ教会（ローマ）70, 116
清左衛門　101
聖十字架教会（パレルモ）48, 54
聖パウロ（S. Paulus）76, 184
聖フアン・デ・ディオス病院（マニラ）76, 77, 85
聖フェリチッシマ（S. Felicissima）13, 62
聖フランシスコ（S. Franciscus）181
聖ヤコブ（S. Iacobus Maior）184
聖ヨハネ（S. Ioannes）59, 184
聖ロザリーア（S. Rosalia）27
セビリア（Sevilla）68
ゼベダイ（Zebedaeus）184
セルケイラ、ルイス・デ（Cerqueira, Luis de）192

【そ】
ソレダード、ホセ・デ・ラ（Soledad, José de la）151, 152

【た】

ダウ、アドリアン（Dau, Adrian）　107, 108, 112, 115, 116
高山右近　183, 186
高山飛驒守　183
タカール（Tachar）　72, 204
タシナリ、レナート・クロドヴェオ（Tassinari, Renato Clodoveo）　29, 30, 31, 34, 160, 161, 162, 178
タタール（Tartaria）　132
谷川章雄　37, 40, 182, 264
種子島　98, 188, 208
種子島蔵人　104
タヤバス（Tayabas）　84
タラゴナ（Tarragona）　66, 67
ダル、ニコラウス（Dal, Nicolaus）　169
檀野礼助　161, 162

【ち】

チヴィタヴェッキア（Civitavecchia）　66
チェザーティ、フィリッポ（Cesati, Filippo）　168
チマッティ、ヴィンチェンツォ（Cimatti, Vincenzo）　31, 160
中国　22, 23, 33, 34, 59, 63, 64, 66, 72, 74, 85, 86, 88, 109, 114, 128, 131, 132, 133, 140, 142, 154, 164, 165, 171, 176, 181, 206
長助　2, 3, 11, 37, 39, 137, 138, 152, 153, 154, 156, 158, 159, 161, 175, 177, 178, 192, 194

【て】

テアティノ修道会　61
デ・アンジェリス、ジローラモ（De Angelis, Girolamo）　44
ディエゴ・デ・ヘス（Diego de Jesus）　95
ディ・ポッジョ、アレッサンドロ（Di Poggio, Alessandro）　176
出島　13, 44, 100, 106, 107, 108, 111, 112, 115, 117
テネリフェ島（Tenerife, カナリア諸島）　12, 68
テモテ（Timotheos）　184
デルボッリアガ（D'Elborriga）　170

【と】

東京　2, 6, 11, 13, 25, 26, 27, 30, 36, 37, 38, 39, 41, 44, 50, 57, 100, 101, 105, 111, 112, 114, 115, 117, 118, 119, 120, 121, 123, 135, 140, 150, 151, 154, 158, 161, 167, 174, 175, 181, 183, 190, 192
東京国立博物館　98, 188
トゥッチ（Tucci）　169
トゥッチョ、アントニオ（Tuccio, Antonio）　96, 220
唐の浦　98, 189
藤兵衛（阿波久保浦の漁師）　101
藤兵衛（屋久島の農民）　102, 103, 174
徳川家継　155, 192
徳川家宣　11, 50, 117, 120, 121, 139, 145, 147, 149, 151, 157, 182, 192
徳川家光　43, 44
徳川家康　43
徳川綱吉　109, 120, 121
徳川秀忠　43
トスカーナ（Toscana）　39
トッリーニ、アルド（Tollini, Aldo）　28, 29, 41
トナト　26, 181
トマージ、ジュゼッペ・マリア（Tomasi, Giuseppe Maria）　61
トマージ家　61
ドミニコ会（Ordo Praedicatorum）　45, 59, 171
豊臣秀吉　42, 43

トラヴァリアト、ジョヴァンニ
　　（Travagliato, Giovanni）　14
トリノ（Torino）　22
トルコ（Turkey）　131, 132
トルトサ河（Tortosa）　66
トレント（Trento）　78, 186

【な】
永井讃岐守直允　104
長崎　6, 13, 36, 43, 44, 50, 65, 98, 100,
　　104, 105, 106, 107, 108, 111, 112, 115,
　　117, 118, 119, 120, 121, 122, 123, 135,
　　157, 163, 164, 167, 171, 174, 180, 183,
　　186, 188, 189, 190, 192
ナバ・デ・エル・レイ（Nava de el Rey）
　　88
ナポリ（Napoli）　44, 63, 76, 169
名村八左衛門　109, 117
成澤廣修　38, 39, 40
ナルボーネ、アレッシオ（Narbone,
　　Alessio）　176
南京　128

【に】
新納市正　104
ニコライ（Nicolai, Francesco）　170,
　　230

【は】
パヴィア（Pavia）　31
バザン、フェルディナンド・デ（Bazan,
　　Ferdinando de）　52, 56, 62
バジリオ、マリオ（Basilio, Mario）　55
バージレ、マッテオ（Basile, Matteo）
　　52
バスタール、ドゥニ・ド（Bastard, Denis
　　de/Dionigio de Fontaine/De
　　Fontenay）　69
バタビヤ（Batavia/Giakarta）　167,
　　170
バダホス（Badajoz）　77
パチーノ、ロッコ（Pacino, Rocco）　48
ハプスブルク家　48
パラオ諸島（Palaos）　84, 228
パリ（Paris）　168
パリ外国宣教会（Societé des Missions
　　Etrangères）　32, 88
パリーニ（Parini, Giuseppe）　23
はる　2, 3, 11, 37, 39, 137, 138, 152,
　　153, 154, 158, 159, 161, 175, 177, 178,
　　192, 194
バルセロナ（Barcellona）　66
バルナバ会　12, 168
バルベリーニ、カルロ（Barberini, Carlo）
　　63
パルマ（Parma）　183
パレルモ（Palermo, 教区・教会・市）
　　3, 5, 11, 12, 13, 21, 26, 27, 28, 29, 36,
　　39, 40, 48, 51, 52, 53, 54, 57, 58, 60,
　　61, 62, 64, 71, 72, 88, 111, 125, 176,
　　178, 179
パレルモ教区歴史文書館（Archivio
　　Storico Diocesano di Palermo）
　　14, 27, 58
パレルモ大学（Università degli Studi di
　　Palermo）　14
パンガシナン（Pangasinan）　84

【ひ】
ピウス11世（Pius XI）　181
平戸　183
平内（屋久島）　102

【ふ】
ファルコハ、トンマーゾ（Falcoja,
　　Tommaso）　165
フイシェル（Huischer）　107, 108
フィリピン（Filippine）　5, 13, 23, 30,

42, 47, 48, 64, 75, 76, 77, 79, 80, 81, 85, 86, 90, 96, 104, 113, 114, 127, 128, 155, 163, 170, 171, 186, 206, 214, 229, 230
フィレンツェ（Firenze）　98
フェッラーリ、トンマーゾ（Ferrari, Thommaso Maria）　13, 45, 59, 60, 61, 62, 63, 70, 116
フェッロ、アンナ（Ferro, Anna）　48
フェッロ、ベルナルディーノ（Ferro, Bernardino）　48
フェラリス、オノラート（Ferraris, Onorato）　168
フェリペ5世（Felipe V）　53, 78, 82
フェレイラ、クリストヴァン（Cristóvão Ferreira）　45
フォントネ（Denis de Fontaine/Dionigio de Fontenay）　69, 71
プーガ、マヌエル（Puga, Manuel）　30
布教聖省　11, 21, 22, 63, 64, 81, 86, 95, 96, 132, 133, 151, 152, 167, 180, 230
府内（大分）　192
ブラウン、サムエル・ロビンズ（Brown, Samuel Robbins）　32, 33, 49, 127, 157, 181, 191
ブラスケス、ペドロ・バウティスタ（Pedro Bautista Blasquez）　43
プラーナ（Plana）　168
プラハ（Praha）　166
フランシスコ会　12, 21, 23, 30, 37, 42, 43, 50, 51, 53, 76, 85, 86, 93, 163, 181, 184, 207, 214, 230
フランシスコ・デ・サンタ・イニェス（Francisco de Santa Ines）　163, 169
フランス（France）　13, 30, 59, 66, 67, 68, 69, 71, 111, 130, 131
プーリア（Puglia）　59
ブリト、ジョアン（Brito, João）　206

古居智子　12, 243
ブルロット（Brullotto → ポンディシェリをも合わせて見よ）　69
豊後　192

【へ】
北京　170
ベックマン（Beckmann, J.）　183
別所播磨守常治　19, 104, 107, 110, 114, 115
ペトルッチ、フィリッポ（Petrucci, Filippo）　168
ベルギー（Belgium）　184
ペレス、ロレンソ（Perez, Lorenzo）　77

【ほ】
ボッタリ、サルヴァトーレ（Bottari, Salvatore Maria）　27
ボニオ、カルロス・デ（Bonio/Berrio, Carlos de）　97, 127
ホノリウス3世（Honorius III）　181
ボバディリャ（Bobadilla）　168
ボヘミア（Bohemia）　166
ボルゲーゼ／ボルゲージ、ジョヴァンニ（Borghese/Borghesi, Giovanni）　64, 67
ポルトガル（Portugal）　43, 111
ボルネオ（Borneo）　168
ホールン、ニコラス・ヨアン・ファン（Hoorn, Nicolaas Joan van）　154, 192
ボローニャ（Bologna）　183
ポンディシェリ（Pondicherry, インド）　12, 69, 70, 71, 72, 204, 205, 206

【ま】
マイ、ジョヴァンニ・バッティスタ（Maij, Giovanni Battista de）　64

索引

マイヤール・ド・トゥルノン、カルロ・トンマーゾ（Maillard de Tournon, Carlo Tommaso） 13, 22, 23, 49, 57, 63, 64, 66, 68, 70, 71, 72, 74, 81, 114, 128, 154, 165, 204, 206
マカオ（Macao） 12, 22, 43, 88, 89, 165, 171, 183, 192
マストリッリ、マルチェッロ（Mastrilli, Marcello） 44, 97, 109, 183
松下（屋久島） 102
マッシモ学院（パレルモ、Collegio Massimo） 57
松村明 8
マデュレ（Madurè） 206
マドラス（Madras） 71, 73, 74, 113
マドリード（Madrid） 53, 96, 214
マニラ（Manila、市、教区） 6, 12, 13, 23, 43, 53, 65, 66, 69, 73, 74, 75, 76, 77, 78, 80, 81, 82, 83, 84, 85, 86, 87, 88, 90, 91, 94, 95, 96, 99, 113, 114, 116, 120, 128, 163, 164, 165, 167, 169, 170, 174, 183, 186, 206, 207, 214, 215, 222, 229, 230
マヌエル・デ・サン・ニコラス・デ・トレンティノ（Manuel de San Nicolas de Tolentino） 87, 88, 90
マラス、ピノ（Marras, Pino） 36
マラッカ（Malacca） 170
マラッカール（Malaccar） 70, 72, 204, 205, 206
マラバール（Malava） 206
マリアナス諸島（Marianas） 84
マリアーニ、サビノ（Mariani, Sabino） 64
マリアの宣教者フランシスコ修道会（Franciscan Missionaries of Mary） 37
マルケーゼ、フランチェスコ（Marchese, Francesco） 60

マルティンス、ペドロ（Martins, Pedro） 192
マンクーゾ／マンクージ、イニャツィオ（Mancuso/Mancusi, Ignazio） 52, 54
マンスダーレ、ヤスペル・ファン（Mansdale, Gasper Jasper van） 107, 108, 109, 111, 115
マンドゥリア（Manduria） 59

【み】
三浦梅園 171, 227
三木パウロ 43
南ベトナム　→　コーチシナ
宮川房之 188
宮崎 31
宮崎道生 8, 100, 189, 223
宮之浦（屋久島） 103
ミラ（Mira） 170, 230
ミラノ（外国宣教）会（PIME） 25, 30
ミンドロ（Mindoro） 84

【む】
無原罪の御宿り教会（サンタ・クルス） 70
村岡典嗣 8

【め】
メキシコ（新イスパニア） 77, 78, 83
メッシーナ（Messina） 96
メッシーナ、マルチェッロ（Messina, Marcello） 14
メナ（Mena） 69

【も】
モンレアーレ（Monreale） 52

【や】
屋久島 6, 13, 29, 41, 42, 91, 94, 95, 98,

99, 101, 102, 104, 114, 120, 188, 189, 193, 207, 208
安兵衛（屋久島の農民）　102
柳沢八郎右衛門信尹　118, 122, 123

【ゆ】
ユダヤ　142
湯泊　101

【よ】
横田備中守由松　118, 122, 123
吉野作造　182

【ら】
ラヨ・ドーリア、フランシスコ（Rayo Doria, Francisco）　96, 230
ランフランコ（Lanfranco）　67
ランペン（Lampen）　107

【り】
リスボン（Lisboa）　183
リッジョ（Riggio, Andrea）　58, 59
リッチ、マッテオ（Ricci, Matteo）　131, 191
リーパ、マッテオ（Ripa, Matteo）　75, 76, 165, 169, 170, 222

【る】
ルカ、アウグスト（Luca, Augusto）　26, 150, 159
ルソン　→　フィリピン

ルビーノ、アントーニオ（Rubino, Antonio）　44, 183, 190, 191

【れ】
レイテ（Leyte）　84
レオ 13 世（Leo XIII）　22, 181
レオニサ、フランシスコ（Leonisa, Francisco）　96
レブロリ（Lebrogli）　72, 205

【ろ】
ロ・サルド、ドメニコ（Lo Sardo, Domenico）　14
ロス、ヨハネス（Ross, Johannes）　25
ロッコ、ベネデット（Rocco, Benedetto）　27
ロッサーノ（Rossano）　53
ローマ（Roma）　5, 11, 12, 13, 14, 20, 21, 22, 23, 36, 48, 57, 58, 59, 60, 61, 62, 63, 65, 66, 70, 72, 95, 96, 104, 110, 111, 113, 115, 116, 119, 120, 128, 132, 135, 136, 140, 152, 167, 168, 185, 192, 205, 230
ロンドン大学（University of London）　31
ロンバルディーア（Lombardia）　24

【わ】
ワーゲマンス（Wagemans）　107
早稲田大学　37, 40, 182

監訳者あとがき

　本書は、Mario Torcivia, *GIOVANNI BATTISTA SIDOTI（Palermo, 22 agosto 1667-Tokyo, 27 novembre 1715）: Missionario e martire in Giappone*（2017 年にイタリアの Rubbettino 社から出版）を日本語に訳出して刊行するものである。著者のマリオ・トルチヴィア師自身が明言するとおり、「本書はシドティについての初の学術的な伝記」（12 ページ。ページ数は日本語訳版のもので、以下同様）であり、シドティにまつわって従来から踏襲されてきた基本的情報の誤りも、根拠を示して訂正されている。日本語訳版を世に出す意義と意味もここにある。ただし本訳書は、原著の記述を尊重しつつも、シドティの亡くなった年を実際には 1714 年として示すなど、通常の意味の訳出出版とは少々趣が異なる。その理由は以下に詳述する。

　著者トルチヴィア師は、わが国で「禁教下の江戸時代最後の宣教師」といわれるジョヴァンニ・バッティスタ・シドティと同じイタリア・シチリアのパレルモ出身で、1964 年に生まれている。かつてのシドティ同様、パレルモ教区のカトリック司祭である。本書の「著者紹介」にあるとおり、シチリア・カターニアの聖パオロ神学院の霊性神学教授として、あるいはローマ教皇庁列聖省の神学顧問として活躍する一方、信仰に生きたさまざまな人物の学術的に裏付けられた伝記を多数著している。

　とはいえ、師がシドティに注目したのは、単にシドティが歴史に埋もれ、故国イタリアでも長く忘れ去られていた同郷の偉人、同じカトリック司祭の尊敬すべき先輩だからというのみではない。師の筆致はシドティを称揚するのでなく、むしろ抑制的で、歴史

研究の常道にのっとり史料に基づいて、あるいは、見解の異なる文献史料を地道に比較照合させながら、淡々と実際の生きた姿に迫ろうとしている。その狙いを師は、遠く離れた文化と文化のあいだに恐れることなく橋を架けた「ひとりの真の人間と出会い、その人を知った歓びを読者に伝えたい」（13 ページ）からだと記している。

こうした研究姿勢は本書を貫いているが、とりわけシドティの生涯をたどる章の前におかれた「はじめに」（19 ページ以下）において、先行するシドティの紹介史・研究史を通覧し、見解の違いや論点を整理しながら、広く行き渡っている誤記や誤解を解きほぐしていく手法は、説得力に富み、目が開かれる思いがする。

たとえば、「シドティ」(Sidoti) というファミリー・ネームの表記である。現在、欧米でも日本でも「Sidotti（シドッティないしシドッチ）」とする例が多く見られる。トルチヴィア師はこの点を、ジョヴァンニ・バッティスタが生後間もなく洗礼を授かったサンタ・クローチェ（聖十字架）教会の、現存する 1666-1667 年当時の洗礼台帳にさかのぼって調べて、正しい姓の表記を明らかにすると同時に、シドティに言及した種々の文献資料を渉猟して、18 世紀末まではその正しい表記が守られていた事実をも考証している。そして、「本研究がシドティの姓の誤記に終止符を打ち、正しい姓で呼ばれることを願う」（20 ページ）と控えめに訴えている。

こうした師の実証的な研究のおかげで、生まれた年も 1667 年と断定され（従来は多く 1668 年とされてきた）、シドティがイエズス会員だとか、いやフランシスコ会員だとか、現在でもそうした説明を加える人が少なくないが、彼は修道会に所属してはおらず、パレルモで司祭叙階を受けた教区司祭であること、なども明らかにしている。こうした誤記や誤解が広まった根源的理由を、

師は、「出身地（シチリア側）の史料をまったく調べていない証拠である」（49ページ）と、これまでのおおかたの研究姿勢を批判的に指摘している。

　一方で師は、「日本語が読めないので、『西洋紀聞』の日本語原文は引用できない。イタリア語訳は未刊のため、コンタリーニの書を使用した」（34-35ページ）と正直に記している。こうした事情は、原文が日本語の他の史資料についても同様で、原著には主題に沿う形で、それら日本語文献の欧米語への翻訳版からの引用も数多く見られる。そのため今回の日本語への訳出に際しては、著者トルチヴィア師の了承を得たうえで、原文が日本語の史資料の場合は、外国語に訳されたものからの重訳を避け、日本語史資料の原文から直接引用することにした。それは新井白石の『西洋紀聞』のみではなく、同じく白石の『ヨハンバツティスタ物語』や他の基本的一次史料の『長崎實録大成』、『今村源右衛門日記』、『長崎注進邏馬人事』などについても当てはまる。

　加えて「原注」は、若干の明らかな記述ミスは訂正を加えたうえで基本的にそのまま掲げ、日本語に訳出できるところは訳出して示す一方、「訳註」をかなり付して、より一層正確な内容理解に資するよう努めた。また、『西洋紀聞』からの原文引用に続いて、《　》で囲んで現代語私訳を付けた。少々煩わしく感じる方もおられるかもしれないが、ご寛恕いただければと思う。

　さらに、原著者は「参考文献」に掲げてはいないものの、シディ研究には欠かせないと私ども翻訳チームが判断した文献資料、たとえば『新井白石日記』や『徳川実記』、『通航一覧』等をも参照しつつ訳出作業に取り組んだ。これらの作業の成果は「訳註」に反映させており、原著の巻末に付けられた「年譜」も、私どもが項目を大幅に増補して提示している。

　これらの結果、私どもの日本語訳版は、原著の文字通りの意味

からは離れている場合もある。しかしこれは、これまでの説明から明らかなように、原著の記述を無視したり曲解したりするものでは決してない。むしろその論旨と趣旨とをよりよく生かし、伝えようと試みた結果である。

　そうした中でただ一点、シドティが死去した年月日をめぐる問題については、監訳者としての見解と立場を述べておきたい。それは、今回の翻訳作業の中で、私どもが一番頭を悩ませたのがこの問題だったからである。

　実は、シドティが亡くなった年については1714年説と1715年説とがあり、月日についても研究者のあいだで意見が分かれている。トルチヴィア師は、原著のタイトルに明示しているように「1715年11月27日」とする説を採っているが、先行研究のあいだに意見の相違があることは重々承知しておられる。実際、諸説を整理して巻末の「付録」に「死亡年月日の表記一覧表」（203ページ）として掲げ、本文では、シドティの「死」を扱う箇所（151ページ以下、とりわけ156ページ以下）において丁寧な考察と論証を試みておられる。一方、日本の研究者のあいだでは「1714年11月27日」と断定する見解がほぼ定説として確定している。今回の訳出出版に際して、原著の記述を尊重して1715年説を採るか、日本ですでに固まっている定説を採るか、そのいずれの立場に立つかという問題に直面したわけである。

　今年3月に来日されたトルチヴィア師にお会いした折、失礼とは思いつつも、日本での定説を説明して師のこの問題についてのお考えを伺ってみた。すると師は、自分はロレンツォ・コンタリーニに従っており、死亡年月日についてはアウグスト・ルカが詳細に論証して得た結果に従っている、との返答であった（その後、4月29日と30日に届いた原著者からのメールでは、この問題に関する私どもの意向と立場とを汲んで、日本語訳版でのシド

監訳者あとがき

ティの死亡年月日の扱いは監訳者の判断にゆだねるとし、「1714年説」を容認している)。

『西洋紀聞』の上巻本文には、シドティは「此年」の「10月21日(11月27日)の夜半」に死んだ(引用文中の( )に入れた言葉は監訳者が加えたものである)と記されていて、「此年」とは、前後の文脈から判断すれば「正徳5年(1715年)」と解釈される。実際、そこでの記述を整理してみると、次のようになる。①正徳4年(1714年)の冬、長助とはるの夫婦が「シドティに受戒して其徒と」なったことを申告して自首。②明年(1715年)3月、オランダ人商館長が江戸に上って朝貢した折、シドティが「かの夫婦のものに戒さづけし罪を糺されて、獄中に」繋がれたことを知る。③この年の冬10月7日(11月13日)、長助が病死。④シドティも病を得て、同じ月の21日(27日)の夜半に死去した。こうして『西洋紀聞』のこの記述のみに依拠すれば、シドティの死んだ年月日は「正徳5年10月21日(1715年11月27日)」ということになり、ルカは基本的にこの立場に立っている。

ところが、白石がその日その日の出来事を記した『新井白石日記』によれば、江戸に上ってきたオランダ人と会い、シドティの一件を耳にして意見を求めたのは「正徳4年3月3日(1714年4月16日)」のこととされており、『徳川実記』に書き留められたシドティの死に関わる記事も、「正徳4年」の出来事としている。つまり、長助とはるが自首した年を「正徳3年(1713年)の冬」とすべきところを、白石の記憶違いからか「正徳4年の冬」と誤記した。これがほとんどの日本の研究者の立場であり、監訳者もこの見解と立場に立つものである。

実は白石自身、『西洋紀聞』の上巻末尾近くに、「シドティの一件はすでに年月が経ってしまっているので、今は忘れてしまったことが多く、記載するところに誤りがさぞ多かろう」と書き記し

ている。『西洋紀聞』の校訂本を出された宮崎道生氏も、この上巻末に白石が「正徳5年2月」と自署していることに言及しつつ、シドティの死を契機にこの書を書き始めたものの、「その内容を詳しく検討して見ると、その完成は没年の享保10年（1725）か、もしくはその一年前の享保9年だったと推考せざるをえない」（『新訂　西洋紀聞』平凡社、1968年所収の「解説」424ページ）としている。

　紙幅をかなり割いたが、こうした監訳者の立場についての説明は、このたびの翻訳出版が日本でなされる以上、欠かせないものと思料する。そのため、原則的に原著本文の記述と構成を尊重しつつも、「凡例」と「訳註」は日本語訳版に即した記述としており、本書題目のサブタイトルおよび「年譜」や「死亡年月日の表記一覧表」の記載内容にも、上述した立場と見解を反映させている。各偶数ページの上部に付した柱のうち、日本でのシドティについて記す部分については「日本にて（1708年‐1714年）」としたのも、同じ趣旨による。これらの点については、読者諸賢のご理解を願いたい。

　今回の翻訳出版プロジェクトが完成するまでには、多くの人のご協力とご支援を得た。まず、この日本語訳版に、熱いメッセージを込めた「推薦のことば」を快く寄せてくださったカトリック東京大司教区の菊地功大司教に感謝を申しあげたい。
　次に、2017年秋に出版されたばかりの「シドティについての初の学術的な伝記」の存在を私どもに知らせ、日本でのその翻訳出版を薦めてくださったイタリア人のフランシスコ会宣教師マリオ・カンドゥッチ神父に感謝したい。同神父は同時に、原著者トルチヴィア師とのあいだの仲介と諸事の連絡の労を取り、遅れがちであった私どもの作業の進捗を大いに助けてくださった。

監訳者あとがき

　この翻訳出版プロジェクトが立ち上がったのは、2018年4月であった。その2年前の2016年4月4日、トルチヴィア師も原著の「日本における『再発見』」（32ページ以下）で丁寧に詳しく紹介しているとおり、東京都文京区教育委員会が記者発表を行った。2014年7月に同区内の切支丹屋敷跡地から出土した3体の人骨が、その後の調査研究によって、シドティとその世話をしていた日本人夫婦のものであることが科学的に確実である、と発表したのであった。イタリア大使館からの要請を受け、当時、上智大学キリシタン文庫所長であり、キリシタン文化研究会会長を務めていた私もその場に立ち会っていて、シドティの遺骨が没年からちょうど300年目に発見された偶然に目を向けつつ、彼の果たした歴史的役割について短く私見を述べた。

　この記者発表は大きな社会的関心を呼び、同教育委員会は改めて2016年11月13日に「シドッチ神父と江戸のキリシタン文化」と題するシンポジウムを開催し、人類学、考古学、歴史学等の研究者がそれぞれの立場から、「科学的に確実である」と判断した根拠を開陳した（詳細は文京区教育委員会編・発行『シンポジウム　シドッチ神父と江戸のキリシタン文化』2018年3月を参照）。私も「シドッチ神父の歴史的役割を再考する」とのテーマで、発表を担当した。

　カンドゥッチ神父はこの両方に参加しており、トルチヴィア師の手になるシドティの伝記が出版されるのを待って、著者のサイン入りの書を私に手渡しながら日本語への翻訳と刊行を強く薦めたのであった。

　イタリア語から日本語への翻訳作業、それも特異な歴史用語の確認が求められ、日本語に置き換えにくい馴染みのない独特の教会用語がふんだんに出てくる原書の訳出作業には、正直なところ骨を折った。そうしたときに、私どもの疑問や質問の解決に助け

の手を差し伸べてくれた日本26聖人記念館館長のドメニコ・ヴィタリ神父、カトリック教会の歴史に詳しいホアン・カトレット神父にも厚く御礼を申しあげたい。もちろん共訳者の北代美和子、筒井砂両名の行き届いた配慮と奮闘がなければ、このプロジェクトは完成しえなかった。このおふたりの協力を得られた幸運に感謝しつつ、心からの謝意を表したい。

なお、本訳書の刊行に当たっては、教文館の温かなご理解のもと、キリシタン文化研究会の「キリシタン文化研究シリーズ」を復興させる形で、その第29冊と位置付けることができた。このシリーズは、ロペス・ガイ著『初期キリシタン時代における準備布教』(1968年) を第1冊として刊行して以来、およそ20年にわたって28冊を世に出した。ちなみに第28冊は、ファービオ・アンブロージオ・スピノラ他原著『カルロ・スピノラ伝』(1985年) であり、刊行の最後を飾ったのは結城了悟著『キリシタンになった大名』(第27冊、1986年) であった。このシリーズを引き継いだ本書は、平成をあいだに挟んで、昭和の末と令和の新しい時代とを結ぶ企画となった。同研究会関係者のご親切な計らいとご協力に感謝を申しあげるとともに、この出版企画を快く引き受けてくださった教文館の渡部満社長に、そして、こまごまとした編集作業を進める中で適確な助言をもってその企画の実現に力添えをしていただいた奈良部朋子さんに、この場を借りて御礼を申しあげたい。教文館が出版元の、定評のある「キリシタン研究シリーズ」同様、新たな装いで再出発したこの「文化研究シリーズ」が今後も継続され、さらに発展することを願うものである。

最後に、言うまでもないことであろうが、この日本語訳版の監修責任は、すべて監訳者にある。至らぬ点や思わぬ間違いもあるかもしれない。お気づきの点は何であれ、ご教示いただければうれしく思う。

2019年5月1日　聖母月を迎えた令和元年の初日に
　　　　　青葉若葉の緑したたる紀尾井の杜を眺めつつ

　　　　　　　　　　　　　訳者を代表して
　　　　　　　　　　　　　髙　祖　敏　明

《著者紹介》
マリオ・トルチヴィア（Mario Torcivia）
マリオ・トルチヴィア師は、1964年イタリア・シチリアのパレルモ生まれ。現在、パレルモ教区司祭で、同じシチリアのカターニアにある聖パオロ神学院の霊性神学担当正教授。イタリア神学学会会員、イタリア典礼・聖人伝研究会会員、ローマの列聖調査申請者委員会委員、霊性神学フォーラム会員。ローマ教皇庁列聖省神学顧問（非常勤）。

著書に *Guida alle nuove comunità monastiche italiane*〔仮訳題、以下同じ：『イタリアにおける新修道共同体案内』〕（2001年）、*Il segno di Bose*〔『ボーゼの印』〕（2003年）、*Tutto fuoco per le anime. Nunzio Russo*〔『魂たちのために火の玉となって。ヌンツィオ・ルッソ伝』〕（2007年）、*Il martirio di don Giuseppe Puglisi*〔『ドン・ジュゼッペ・プリジの殉教』〕（2009年）、*Padre Salvatore Vico*〔『サルヴァトーレ・ヴィコ神父』〕（2011年）、*Le Figlie della Croce*〔『十字架の娘たち』〕（2012年）、*Padre Giorgio Guzzetta*〔『ジョルジョ・グッゼッタ神父』〕（2016年）がある。またルベッティーノ（Rubbettino）出版社からは *Chiamati alla santità*〔『聖性に呼ばれた者たち』〕（2011年）、*Santi palermitani*〔『パレルモの聖人たち』〕（2013年）、*Padre nello Spirito. L'accompagnamento spiritual nell'epistlario dell'oratoriano G.B. Arista*〔『オラトリオ会員G. B. アリスタ神父の書簡に見る霊性』〕（2014年）、*Francescanesimo-mistico a Palerno. La Venerabile sour Fabronia Ferdinanda di Gesù*〔『パレルモの神秘的聖フランチェスコ思想。尊者ファブロニア・フェルディナンダ・ディ・ジェズ修道女』〕（2015年）、*Francescana e bonariana. Gavina Beatrice Manca*〔『フランチェスコ会修道女にしてボナリア会修道女。ガヴィナ・ベアトリーチェ・マンカ伝』〕（2016年）を刊行している。

《訳者紹介》
北代 美和子（きただい・みわこ）
翻訳家。上智大学外国語学部フランス語学科卒。同大学院外国語学研究科言語学専攻修士課程修了。現在、東京外国語大学非常勤講師、日本通訳翻訳学会理事を務めている。
訳書にR. マッツェッティ『ふたりのトスカーナ』（竹書房）、C. コスタンティーニ『バルテュスとの対話』（白水社）、E. モランテ『嘘と魔法』（河出書房新社）など。東京都出身。

筒井 砂（つつい・すな）
日本カトリック司教協議会列聖推進委員会歴史部会委員。上智大学文学部史学科卒。元上智学院職員（上智大学キリシタン文庫職員として勤務し、国内外のキリシタン史研究の発展やラウレス・データーベース構築に寄与した）。
訳書にA. ヴァリニャーノ『日本イエズス会士礼法指針』（キリシタン文化研究会）など。東京都出身。

《監訳者紹介》
髙祖 敏明（こうそ・としあき）

聖心女子大学学長。イエズス会司祭。上智大学文学部哲学科卒。同大学院文学研究科教育学専攻博士課程修了。前上智学院理事長。現在、キリシタン文化研究会会長を務めている。
著書に『「東洋の使徒」ザビエル』（共著、上智大学出版）、『プティジャン版集成　解説』（雄松堂書店）、『シンポジウム「シドッチ神父と江戸のキリシタン文化」報告書』（共著、東京都文京区教育委員会）など。広島県出身。

ジョヴァンニ・バッティスタ・シドティ
―― 使命に殉じた禁教下最後の宣教師 キリシタン文化研究第 29 冊

2019 年 6 月 30 日　初版発行

訳　者	北代美和子／筒井　砂
監訳者	髙祖敏明
発行者	渡部　満
発行所	株式会社　教文館
	〒104-0061 東京都中央区銀座 4-5-1　電話 03(3561)5549　FAX 03(5250)5107
	URL　http://www.kyobunkwan.co.jp/publishing/
印刷所	株式会社　真興社
配給元	日キ販　〒162-0814　東京都新宿区新小川町 9-1
	電話 03(3260)5670　FAX 03(3260)5637

ISBN 978-4-7642-6740-4　　　　　　　　　　　　　　　Printed in Japan

Ⓒ 2019　　　　　　　　　　　　　落丁・乱丁本はお取り換えいたします。

教文館の本

鈴木範久
年表で読む
日本キリスト教史
A5判　504頁　4,600円

非キリスト教国・日本にキリスト教がもたらしたのは何であったのか。渡来から現代まで、国の宗教政策との関係と、文化史的・社会史的な影響とを両軸に据えて描く通史。巻末に詳細な年表110頁を収録。

H. チーリスク著　キリシタン研究第41輯
髙祖敏明監修
キリシタン時代の日本人司祭
A5判　504頁　8,000円

日本人最初の聖職者たちの足跡を、内外の史料を駆使してたどった貴重な研究。日本人司祭として養成され、のちに殉教者となった者、棄教した者、不慮の事故死を遂げた者など、当時の司祭たちの姿が浮かび上がる。

尾原 悟編著　キリシタン研究第43輯
きりしたんの殉教と潜伏
A5判　310頁　5,800円

激しい弾圧のもと、キリシタン達はなぜ殉教の道を選んだのか。殉教の意義、心得、模範を示した『マルチリヨノ栞』をはじめ、当時の極限状況の中、信仰を貫くため大いに力のあった貴重な文書資料を翻刻。

折井善果　キリシタン研究第47輯
ルイス・デ・グラナダと日本
キリシタン文学における日欧文化比較
A5判　336頁　5,000円

『ぎやどぺかどる』に代表されるルイスの著作は、キリスト教の需要にいかに貢献したのか。キリシタン文学が成立する過程に生じた異文化間の共鳴・断絶・需要・変容を実証的研究によって明らかにする。

東馬場郁生　キリシタン研究第50輯
教えと信仰と実践の諸相
きりしたん受容史
A5判　320頁　5,900円

16世紀、神道・仏教・道教などの影響が混淆した日本宗教とキリスト教の交差点で、日本人は何を教わり、どのように信じ、実践したのか。「受け手中心」のきりしたん史の再構築を試みる。

上記は**本体価格（税別）**です。